乔成杰 主编
宋 行 孔健康 副主编

# 监狱执法实务

JIANYU ZHIFA SHIWU

化学工业出版社
·北京·

本书依据我国监狱法和有关行政法规，对监狱执法活动进行了全方位的描述和解构。其主要内容包括：监狱执法概述，监狱执法原则及依据，监狱强制、监狱许可和奖惩，监狱执法责任与罪犯权利救济，监狱执法文书制作及实用技能等。其目的是进一步规范监狱执法实践，提高执法质量，实现监狱工作的法制化和科学化。

本书主要供在职民警培训用，也可作为司法警官类院校刑罚执行、监所管理和教育矫正等专业的教学用书，亦可作为在职民警工作指导用书。

图书在版编目（CIP）数据

监狱执法实务/乔成杰主编. —北京：化学工业出版社，2011.10
ISBN 978-7-122-12431-9

Ⅰ. 监…　Ⅱ. 乔…　Ⅲ. 监狱-行政执法-中国
Ⅳ. D926.7

中国版本图书馆 CIP 数据核字（2011）第 197526 号

责任编辑：旷英姿　　　　　　　　文字编辑：李锦侠
责任校对：宋　夏　　　　　　　　装帧设计：周　遥

出版发行：化学工业出版社（北京市东城区青年湖南街13号　邮政编码100011）
印　　装：北京云浩印刷有限责任公司
787mm×1092mm　1/16　印张 12　字数 294 千字　2012 年 1 月北京第 1 版第 1 次印刷

购书咨询：010-64518888（传真：010-64519686）　　售后服务：010-64518899
网　　址：http://www.cip.com.cn
凡购买本书，如有缺损质量问题，本社销售中心负责调换。

定　　价：45.00 元　　　　　　　　　　　　　　　　　　　　版权所有　违者必究

# 编写人员名单

**主　　编**　乔成杰

**副 主 编**　宋　行　孔健康

**编写人员**　（以姓名笔画为序）

　　　　　　孔健康　乔成杰　李　楠　李箕强　宋　行

　　　　　　张　伦　赵爱华　徐　扬　高　兴　魏志海

# 前　　言

　　刑罚的实现，必须依赖于监狱执法。在现代监狱，监狱执法还担负着矫正罪犯的职能，使执法本身成为矫正的一种手段和技术。如何在法制化和科学化的要求下，合法、正当和文明执法，是现代监狱所面临的重要课题。法律完善、程序正当和人道的理念，是监狱法制化和科学化的基本内涵。但是，无论法律如何完善、程序如何正当，理念如何先进，执法总是人的活动。因此，提高监狱执法者的执法水平和执法质量，就显得尤为重要。本书依据现行我国监狱法和有关法规，立足执法实践，对监狱执法的概念、特征、原则和执法行为等，进行了系统的解构和描述。突出监狱执法的实务操作，是本书的特色。

　　本书主要供在职民警培训用，也可作为司法警官类院校刑罚执行、监所管理和教育矫正等专业的教学用书，亦可作为在职民警工作指导用书。

　　本书由乔成杰主编，宋行、孔健康副主编。参加本书编写的其他人员有：高兴、李箕强、徐扬、赵爱华、张伦、李楠、魏志海。全书由乔成杰和宋行统稿、修改和最后定稿。

　　本书在编写过程中，得到了江苏省司法警官高等职业学校和江苏省高淳监狱的支持。王海宁、吴君丽帮助搜集了部分资料；江苏省监狱管理局副处长杨木高，江苏省溧阳监狱密传银，江苏省边城监狱邱复兴，武警南京支队卜仲阳，江苏省高淳监狱胡啸宇、林芬杰、李立、魏汉龙、于毅、杨勇、李斌等人对初稿的修改提出了很好的建议。在此，对上述单位和同志一并深表感谢！

　　由于编者水平有限，书中难免存在疏漏与不足之处，在此敬请广大读者批评指正！

编　者<br>2011 年 8 月

# 目 录

## 第一章 监狱执法概述 ··· 1
- 一、监狱执法的内涵、外延以及与监狱内部管理的辨析 ··· 1
- 二、监狱执法的特征 ··· 7
- 三、监狱执法的功能 ··· 10
- 四、监狱执法的意义 ··· 13
- 五、监狱执法的法律属性、机理和行为样态 ··· 14
- 参考文献 ··· 19

## 第二章 监狱执法原则 ··· 20
- 一、法治原则 ··· 20
- 二、人道原则 ··· 23
- 三、公平公正原则 ··· 27
- 四、正当原则 ··· 30
- 五、效率原则 ··· 33
- 参考文献 ··· 36

## 第三章 监狱执法依据 ··· 37
- 一、监狱执法依据概述 ··· 37
- 二、监狱基本法律规范 ··· 41
- 三、国际监狱法律规范 ··· 42
- 四、监狱法律规范的完善 ··· 45
- 参考文献 ··· 47

## 第四章 监狱强制 ··· 48
- 一、收监 ··· 48
- 二、刑期执法 ··· 55
- 三、矫正执法 ··· 61
- 四、释放执法 ··· 71

## 第五章 监狱许可 ··· 75
- 一、罪犯通信、会见许可 ··· 75
- 二、分级处遇 ··· 80
- 三、特许离监 ··· 82
- 四、暂予监外执行 ··· 83

## 第六章 监狱奖惩 ··· 87
- 一、监狱奖惩概述 ··· 87
- 二、监狱行政奖惩 ··· 88
- 三、监狱刑事奖惩 ··· 91

## 第七章 监狱执法责任与罪犯权利救济 ··· 96

一、监狱执法责任 …………………………………………………… 96
　　二、罪犯权利救济 …………………………………………………… 100
　　三、监狱执法监督 …………………………………………………… 102

## 第八章　监狱执法文书制作 …………………………………………… 108
　　一、监狱执法文书概述 ……………………………………………… 108
　　二、监狱执法文书的制作要求 ……………………………………… 110
　　三、常用执法文书的制作 …………………………………………… 110

## 第九章　监狱执法实用技能 …………………………………………… 121
　　一、戒具使用技能 …………………………………………………… 121
　　二、警械使用技能 …………………………………………………… 123
　　三、擒拿格斗技能 …………………………………………………… 126
　　四、队列指挥和训练技能 …………………………………………… 129
　　五、信息化装备使用技能 …………………………………………… 131
　　六、突发事件防范与处置技能 ……………………………………… 137
　　七、证据搜集和保全技能 …………………………………………… 144

## 附录 ……………………………………………………………………… 149
　　附录一　中华人民共和国监狱法 …………………………………… 149
　　附录二　中华人民共和国人民警察法 ……………………………… 155
　　附录三　中华人民共和国刑法（节选） …………………………… 160
　　附录四　中华人民共和国刑法修正案（八） ……………………… 163
　　附录五　中华人民共和国刑事诉讼法（节选） …………………… 169
　　附录六　监狱服刑人员行为规范 …………………………………… 170
　　附录七　执法人员行为守则 ………………………………………… 172
　　附录八　囚犯待遇基本原则 ………………………………………… 172
　　附录九　囚犯待遇最低限度标准规则 ……………………………… 173

## 参考文献 ………………………………………………………………… 184

# 第一章 监狱执法概述

我国的刑罚权力体系由制刑权、求刑权、量刑权和行刑权组成。监狱是我国重要的刑罚执行机关，依照刑法和刑事诉讼法的规定，对被判处有期徒刑、无期徒刑和死刑缓期两年执行的罪犯执行刑罚。监狱的刑罚执行活动处于刑罚权力运行体系的末端，其运行状况关乎监狱职能和刑罚"双重预防"目的的实现。监狱刑罚执行活动的错误和低效率，无疑是对刑罚乃至法治的"釜底抽薪"。当代监狱，已成为社会文明进步的窗口，反映着国家公权力和罪犯权利之间的分配、调整和平衡，从一个独特而有效的路径表达了一个国家的法治状况和人权状况。因此，研究监狱的执法活动、执法行为有着极为重要的意义。"刑罚执行，在整个刑事司法程序里，处于最后一个环节，是公平正义的最后一道法治防线。刑罚执行、矫正罪犯，都离不开监狱民警的执法工作。执法工作是贯穿监狱全部工作的总纲，是监狱民警矫正罪犯的一根红线。离开了执法工作，监狱工作是无法想象的。在法治社会里，执法工作，尤其是执法中的公平正义、权利保障、程序合法等成为法治的核心问题和关键要义，监狱执法亦如此。"[1]因此，规范监狱执法行为，提高监狱执法水平，是新时期监狱执法工作的必然选择和重大使命。

## 一、监狱执法的内涵、外延以及与监狱内部管理的辨析

执法的字面意义有四种：一是指执行法令、法律；二是指执法官吏；三是指一切国家机关及其公职人员依照法定权限和程序，贯彻执行和实施法律的活动，包括权力机关的执法检查活动、行政机关的执法活动和司法机关的执法活动；四是专指行政执法，指国家行政机关及其公职人员在行政管理的过程中，依照法定权限和程序，贯彻执行和实施法律的活动。[2]可见执法有广义和狭义之分，广义上的执法，泛指一切国家机关的执法活动，不仅包括国家行政机关的执法，也包括国家司法机关及其公职人员的执法，狭义的执法仅指国家行政机关及其公职人员的执法。

根据我国宪法和相关法律规定，监狱是国家的刑罚执行机关，依法对被判处有期徒刑、无期徒刑和死型缓期两年执行的罪犯执行刑罚，也就是执行人民法院生效的判决和裁定。监狱根据监狱法等相关法律规定，依法对罪犯进行管理、组织劳动、教育、矫正，力求将其改造成为守法公民。本书所指的监狱执法，不包括有关监狱法律的立法活动和抽象执法行为，而是以监狱为执法主体，依照我国现行有效的法律规定，以被关押的罪犯为执法相对人，对其执行刑罚、教育、矫正、改造、管理等具体执法行为和活动的总称。

（一）监狱执法的内涵

监狱执法的内涵包括监狱执法的主体特定；监狱执法的对象特定；监狱执法的内容特定；监狱执法的时空特定等。

1. 监狱执法的主体特定

我国的监狱是国家的刑罚执行机关，在我国不存在所谓的"私人监狱"（或称"监狱私营化"），监狱执法权不允许委托或转授，监狱执法必须通过监狱人民警察的具体行为和活动来实现。我国监狱法第十二条第二款规定，"监狱的管理人员是人民警察"，即监狱人民警察。我国刑法第九十四条认定的"司法工作人员"是指"有侦查、检察、审判和监管职责的工作人员"。监狱人民警察属于我国的警察序列，我国人民警察法第二条第二款规定："人民警察包括公安机关、国家安全机关、监狱、劳动教养管理机关的人民警察和人民法院、人民检察院的司法警察。"同时监狱人民警察是国家公务员，是依法履行公职、纳入国家行政编制、由国家财政负担工资福利的工作人员。因此监狱人民警察的权利、义务和管理，适用我国的警察法和公务员法。监狱执法主体的特定性是指监狱执法权专属于监狱人民警察，除此之外，任何人不得行使，监狱人民警察也不得交予其他人行使，监狱执法活动必须由监狱人民警察亲自和直接实施。监狱法第十四条规定，监狱人民警察不得非法将监管罪犯的职权交予他人行使，构成犯罪的，依法追究刑事责任，尚未构成犯罪的，应当予以行政处分。因此，没有监狱人民警察身份的"以工代干"人员、监狱工勤人员、社会帮教人员、志愿者等均没有监狱执法权。在监狱中，监狱人民警察会选派一些表现较好、有一技之长的罪犯，在班组长、监督岗、统计员等岗位从事一些具体的事务或完成某项任务，但不能视为罪犯协助监狱人民警察管理或从事执法工作。

2. 监狱执法的对象特定

我国监狱依法关押被判处有期徒刑、无期徒刑和死刑缓期两年执行的罪犯。首先，罪犯必须是已决犯，即经过法院审理并且对其判决已经生效。未决犯和因判决、裁定处于上诉期等原因刑罚效力还未最终确定的罪犯不得投送监狱服刑，自然就不是监狱执法的对象。其次，从刑罚种类上看，仅涉及三个主刑种和一个附加刑种，即有期徒刑、无期徒刑、死刑（这里特指死刑缓期两年执行）和附加剥夺政治权利（在刑法学界论述公安机关、人民法院和监狱的执行分工时，形象地称监狱执行"两个半"，即有期徒刑、无期徒刑两个独立刑种和半个死刑刑种，被剥夺政治权利的，自然及于主刑执行期间）。按照我国刑法和刑事诉讼法的规定，被判处管制的犯罪分子，由公安机关执行；被判处拘役的罪犯分子，由公安机关就近执行；死刑（这里特指死刑立即执行）由最高人民法院核准，中级以上人民法院执行；对于被判处有期徒刑的罪犯，在被交付执行刑罚前，剩余刑期在一年以下的，由看守所代为执行；罚金由人民法院执行；没收财产由人民法院执行，必要时可以会同公安机关执行；被宣告缓刑的犯罪分子，在缓刑考验期限内，由公安机关考察，所在单位或者基层组织予以配合；被人民法院裁定假释的犯罪分子，在假释考验期内，由公安机关予以监督，如果没有刑法第八十六条规定的情形，假释考验期满，就认为原判刑罚已经执行完毕，并公开予以宣告；对交付入监前被人民法院决定暂予监外执行的罪犯和服刑期间被省级监狱管理机关批准暂予监外执行的罪犯，由居住地公安机关执行。《中华人民共和国刑法修正案（八）》规定，对于被判处管制的犯罪分子，对宣告缓刑的犯罪分子在缓刑考验期内，对假释的犯罪分子在假释考验期内，依法实行社区矫正，据此可以认为，社区矫正机构也是我国的刑罚执行机关之一。因此，监狱只是我国的刑罚执行机关之一，监狱执法的对象是由我国法律明确规定的，监狱执法的相对人是特定的，仅对特定的罪犯执行刑罚。

3. 监狱执法的内容特定

监狱是国家的刑罚执行机关，监狱执法的内容也是特定的，就是执行刑罚，惩罚与改造罪犯，进而预防和减少犯罪。监狱执法工作从流程上分，可以大致分为收监执法、罪犯服刑期间的执法和罪犯释放执法。从监狱执法的任务上分，可以大致分为对罪犯的生活安置、罪犯权益保障、教育罪犯、组织罪犯劳动、对罪犯进行考核奖惩、实施罪犯的刑罚变更等。如果从监狱执法的属性上分类，可分为行政执法活动和刑事司法活动，行政执法活动包括日常行为规制、强制劳动、教育改造、出入监执法等；刑事司法活动包括侦查狱内犯罪案件、呈报罪犯减刑假释材料等活动。按照监狱执法权的法律运行机理，监狱执法行为又可以分为强制行为、许可行为和奖惩行为等样态。但不管对监狱执法的内容如何分类，监狱执法的内容总是特定的，必须与刑罚执行直接关联，必须以罪犯为执法相对人。因此，要注意辨别监狱进行的某些管理性行为、事务性行为并不是执法行为，如监狱对进监外来人员、车辆进行安全检查，监狱办干工子女学校等。

4. 监狱执法的时空特定

监狱执法具有内部性，即只针对本监狱收押的罪犯。时间上从罪犯被收监开始到罪犯刑罚执行完毕（包括罪犯死亡、赦免等），之前和之后监狱的行为都不是执法行为，例如监狱人民警察将一些有特殊情况的刑满释放的罪犯送至安置地点，监狱对刑满释放人员进行回访、提供回归帮助等。监狱执法的空间也是特定的，即局限在本监狱范围内或在监狱人民警察控制的范围内（如带领罪犯到社会医院就诊，罪犯被允许离监探亲、特许离监等）。

（二）监狱执法的外延

刑罚的执行是有关国家机关将刑事判决所确定的刑罚付诸实施的刑事司法活动，对具有刑罚内容的刑事判决和裁定予以执行。行刑问题是一个包罗万象的"问题域"，它既包括关于刑罚执行、改造犯罪人以及预防重新犯罪的一整套刑事法律执行理论，还涵盖以相关法律、法规等规则体系为依托而建构的行刑制度；它既关注周而复始发生在现实生活和司法实践中的行刑活动与过程，又重视从理论的深度对行刑活动进行观察、反思、实证与规划；它既要求从宏观的角度研究行刑和其他刑事司法活动的关系、行刑价值、行刑法律健全、行刑改革的方向和趋势等错综复杂的大问题，也要求从微观层面探讨行刑机构的完善、行刑场所的改良、各种犯罪人处遇措施的科学化等牵涉广泛的具体问题和局部问题。[3]

1. 监狱执法是刑罚权力运行体系的重要组成部分

刑罚权即由国家设定和运用刑罚的权力，是国家公权力的重要组成部分。刑罚是刑罚权的外在表现，刑罚权则是据以确立刑罚并保证其运行的权力源泉，两者紧密相连，不可分割。刑罚权体现的是国家和犯罪人之间的法律关系。对于刑罚权，按照权力内容构成和运行方式的不同，可分为以下四种。

（1）制刑权　即国家为适应惩治犯罪的需要，在刑事立法中创立、设置刑罚的权力，包括确立刑罚的体系及与其相配套的刑罚制度；设定各种犯罪的法定刑；对现行立法中的刑种、法定刑以及刑罚制度进行修改、补充或者废止，使之更加完善。对刑罚的立法解释，也是制刑权的一部分。在我国行使制刑权的，只能是最高国家权力机关即全国人民代表大会及其常务委员会，国家行政机关以及地方国家权力机关均无权设立刑罚。

（2）求刑权　即由谁通过何种方式请求对犯罪人适用刑罚的问题。这种请求对犯罪人予以刑罚处罚的权力就是求刑权，也就是起诉权。在古代社会，求刑权往往授予被害人。随着国家权力的扩张，求刑权收归国家所有，并授予检察机关行使，表现为公诉的形式，因而成为国家权力的重要组成部分（自诉案件中的求刑权是个人权利，不属于国家刑罚权的范畴）。

（3）量刑权　即刑罚裁量权，它由人民法院依法统一行使，其他任何机关都不具有这一权力。量刑活动要求人民法院在查明案件事实的基础上，对构成犯罪的人依法判处与之相应的刑罚，不构成犯罪的，则不得适用刑罚。对于具有免除刑罚情节的，法院也可判处免予刑事处罚。

（4）行刑权　是执行机关对犯罪人强行执行刑罚的权力。监狱机关在执法活动中行使的权力就属于行刑权。

上述四项权力并非相互独立、性质不同的几种刑罚权，而都是刑罚权的有机组成部分，它们相互联系、相互依存，共同构成刑罚权的整体。尽管在刑事法律与刑罚权的动态运作中，行刑处于最后的环节，但绝不是可以被忽视的环节。正如有的学者强调："刑事执行最终定结才是国家刑事司法活动的完整过程。"我国公安部原部长罗瑞卿曾经指出："在与犯罪进行斗争中，如果我们只会对犯罪分子通过侦查、起诉、审判加以制裁和打击，而不善于在对他们执行刑罚的过程中进行改造，那么我们的工作只是做了一半，也许还不是很重要的一半。"[4]

2. 监狱执法是实现刑罚目的的重要活动

"监狱是国家的物质附属物，是国家刑罚权在运动中的物化工具。"[5]现代意义上监狱的形成与徒刑、自由刑的兴起有关，"徒刑是人类从野蛮的大屠杀、酷刑走向文明刑罚的重要措施，它是社会文明的一朵灿烂花朵，标志着人类在解决自身问题上迈出的一大步，相对于死刑和肉刑而言，它是人类理性的胜利。"[6]"它（监狱）从一开始就是一种附有附加的教养任务的'合法拘留'形式，或者说一种在法律体系中剥夺自由加以改造人的机构。总之，刑事监禁从19世纪起就包括剥夺自由和对人的改造。"[7]惩罚和改造是现代监狱的两种基本属性和实践活动，在社会文明的进程中，一开始被视为"监狱附加功能"的改造，而后逐步上升为主要的功能和属性。关于我国刑罚的职能，通说为"双重预防"，即一般预防和特殊预防相结合。马克思指出："一般说来，刑罚应该是一种感化或恫吓的手段。"（《马克思恩格斯全集》第8卷，第578页）一般预防是通过对犯罪分子适用刑罚，对社会上的不安定分子、潜在犯罪人发挥震慑作用，并通过监狱等刑罚执行场所的现实存在和监狱执法活动的开展，教育提醒公众，进而预防和减少犯罪。特殊预防是通过对罪犯进行以监禁、隔离、惩罚、劳动、教育、训练等内容为主的监狱执法活动，防止其重新犯罪，既包括在服刑期间不再犯罪，也包括通过改造使其顺利回归社会，不再犯罪。在双重预防功能中，监狱执法更加侧重于特殊预防职能的发挥。长期以来，我国监狱坚持以改造人为宗旨，大批刑事犯罪分子通过改造，成为守法公民。在目前构建"和谐社会"和"法治国家"的语境下，降低刑释解教人员的重新违法犯罪率已经成为衡量监狱、劳教工作的"首要标准"。（2008年6月16日，中央政治局常委、政法委书记周永康同志在中央政法委专题研讨班上指出："要把刑释解教人员重新违法犯罪率作为衡量监管工作的首要标准。"刑法学界称之为"首要标准"）

3. 监狱执法活动是实现刑法机能的重要活动

根据不同的立场、理念与概括方法，会总结出不同的刑罚机能。总的来看，刑法的法益保护机能与自由保障机能，是一般学者所承认的。[8]法益保护机能，一是通过对抽象地侵害一定法益的行为设定刑罚，防止一般国民侵害法益；二是通过对现实已经发生的犯罪科处刑罚，防止犯罪人重新侵犯法益。自由保障机能也称人权保障机能，由来于罪行法定主义原则，是指刑法具有通过制约国家刑罚权的行使，保障行为人不受国家权力的侵害，进而保障国民的个人自由及其他利益的机能。换言之，刑法以规定一定的行为是犯罪并给予刑罚处罚的方式，限制国家对刑罚权的发动和利用，在保障善良国民自由的同时，也保障犯罪人自身的自由，即对犯罪人只能根据刑罚的规定进行处罚，不得超出刑罚规定的范围科刑，这使得犯罪人免受不恰当的刑罚处罚，即刑法既是"善良人的大宪章"，也是"犯罪人的大宪章"。刑法的法益保护机能和自由保障机能之间不免会存在紧张关系，如果过分强调刑法的法益保护机能，刑罚的自由保障机能就会受到限制；反之，如果过分强调刑罚的自由保护机能，就会招致法益侵害行为的增加。因此只有调和并充分发挥两方面的机能，才是最理想的。但事实上，近代刑罚优先考虑自由保障机能，包括对犯罪人的权利保护。监狱关押的罪犯是触犯了国家刑法的人，其人身自由被剥夺，权利表现出不完整性，更容易受到侵害，因为其面对的是国家的公权力——刑罚权。刑罚权和所有的公权力一样，在行使的过程中都容易具有滥用和自我扩张的倾向。"一切有权力的人都容易滥用权力，这是一条万古不易的经验，有权力的人使用权力一直到遇有界限的地方为止。"[9]因此，如果不对刑罚权加以限制，它在运行中势必会超越合理的界限，损害犯罪人的权利，侵夺其应有的自由。[10]监狱执法活动强调依法性，既不能放弃、减损对罪犯的惩罚与矫正，使监狱服刑不具有应有的痛苦性、惩罚性，也不能法外施罚，任意而为，肆意侵犯和践踏罪犯应有的权利。因此监狱执法活动在很大程度上必须抛弃主观上的好恶及情感色彩，必须协调和平衡监狱的惩罚、矫正属性和保障罪犯权利的刑罚机能。

（三）监狱执法与监狱内部管理的区别

管理，指社会组织为实现预期目标进行的以人为中心的协调活动，其目的是实现预期目标，其本质是协调，使个人的努力与集体的预期目标相一致，协调的中心是人。[11]广义上的监狱管理既包括以监狱为主体所实施的一切管理活动，如监狱对人、财、物、信息等的管理，监狱人事管理、生产经营管理、刑罚执行管理等，也包括国家、政府、监狱管理机关以监狱和被监禁罪犯为管理对象的立法、执法检查、业务指导、考核评价等管理活动。狭义上的监狱管理，就是通常所说的监狱内部管理，是监狱为实现特定的目标而从事的计划、组织、实施、检查评价、激励等相关管理活动。

监狱执法显然属于广义上的监狱管理活动。监狱执法与狭义上的监狱管理，即监狱内部管理有一定的重叠和相似之处，如监狱执法是监狱内部管理的重要内容，监狱执法活动的开展必须借助管理行为、管理组织、管理方法技术等来实现；监狱内部管理的目的之一是为了确保监狱刑罚执行任务的顺利完成；监狱内部管理和监狱执法均具有主动性的特点。但实际上，两者之间有本质上的区别，主要表现在监狱执法具有外部性，监狱执法体现的是监狱（监狱人民警察）与特定的管理相对人——罪犯之间的法律关系，而监狱内部管理更多体现的是内部性，即强调对监狱组织目标设定、组织成员的管理、协调等。因此，监狱执法与监狱内部管理不能混为一谈，必须加以辨析。

1. 两者的属性不同

监狱执法具有法律属性，而监狱内部管理体现的是组织属性。监狱执法，首先是监狱机关行使国家赋予的特定公权力——刑罚执行权的专属活动，监狱执法活动必须有相应的法律依据，且是现行有效的法律（在监狱执法实践中，监狱管理机关制定的关于刑罚执行的规范性文件，只要其不违反相关法律规定和法律精神，也是监狱执法的重要依据），即有法可依。其次，监狱执法的程序和实体必须符合有关法律规定，执法主体也由有关法律明确规定。因此，监狱执法具有严格的程式性和限定性，监狱执法活动也表现出相当程度的机械性和消极性，不得逾越法律的程序和实体规定，增减执法的内容，变更执法的方式，既不能放弃执法或者减损执法内容，也不得率性擅行，随心所欲。而监狱内部管理表现为以监狱的组织形态为依托，对监狱的人、财、物、信息等相关资源予以整合和协调并充分利用，实现监狱目标的活动。从内涵和本质上来说，监狱内部管理是一个目标设定、计划、实施、检查的组织过程。监狱内部管理具有其特定的功利性，即要实现相应的目标，如监狱的安全指标、经济指标、监狱民警队伍素质指标、监狱系统内部排名指标、监狱的地域影响力等。有些事务性、专题性的管理活动，表现为特定和具体任务的顺利完成，如监狱开展罪犯亲属参观监狱活动，开展劳动竞赛等。监狱内部管理的重心是以人为本，即如何激发人的积极性、主动性和创造性，包括对人的教育、培训、文化熏陶、激励和奖惩等。

2. 主体、针对的对象、活动范围不同

监狱执法的主体法定、特定，即是由法律明确规定的监狱人民警察，其他人没有监狱执法的主体资格。而监狱内部管理的主体广泛，既包括监狱人民警察，也包括不具备警察身份的工人，甚至可以因业务外包、聘任、授权等原因，使得主体是监狱之外的其他人员。监狱执法主要关注法律法规的准确实施和正确执行，执法的相对人只能是被依法关押在监狱的罪犯，凡是与刑罚执行和罪犯没有直接关系的活动都不是监狱执法活动，因此，监狱执法活动范围比较狭窄。而监狱内部管理包含对人（民警、职工、罪犯）、事、物的管理，比如监狱中的组织人事管理、行政事务管理、企业管理、物资管理等，范围比较广泛，内容非常丰富。

3. 行为和活动的稳定性不同

监狱执法有一定的机械性，表现为对现行法律的严格遵守和执行，在法的效力地域范围、效力期限内追求统一性。除非监狱执法所依据的法律发生变化，监狱执法行为和活动的样态是比较稳定的。而监狱内部管理的目标、形式、方法、手段与本监狱的客观情况紧密关联，发展和创新的空间较大，变动性大，影响管理的外界因素也多，必须及时关注外部动态，及时修正管理目标、管理行为，使之具有动态性和适应性。

4. 监狱执法与监狱内部管理相比，单方意志性和强制性更为强烈

监狱执法是公权力行为，表现出强烈的单方意志性和强制性。现行的法律是国家意志和全民意志的集中体现，在执行和实施过程中，监狱人民警察和罪犯都无权予以选择、取舍或更改。尤其对于罪犯来说，相关法律对其的适用和监狱执法活动，其必须无条件地遵守、接受和服从，不以其意志为转移，不需要协商、沟通，不需要征得其同意。同时，监狱执法是以国家强制力为保障的，允许合法暴力的正当使用，使其接受惩罚和改造。相关的法律也规定了相应的法律责任，包括行政和刑事责任，如监狱法中的行政惩处、武器和戒具的使用规定；刑法中的破坏监管秩序罪、脱逃罪、暴动越狱罪等罪名。监狱内部管理也具有一些单方意志性和强制性，但是程度相对较弱。监狱管理作为一种组织过程，是建立在全体成员协调一致的基础上的，在组织实施过程中，要不断地听取成员意见，鼓励成员为完成任务出谋划策。监狱管理的强制力一般表现为组织内部的惩戒，如批评谴责、降低薪酬、纪律惩戒、负面评价等。

5. 监狱执法与监狱内部管理的流程环节不同

监狱执法的流程可以分为寻找相关的法律依据、执行法律、检查评估和执法监督等阶段和环节，而监狱管理一般分为制订计划、组织实施、检查、改进等内容，要通过计划、组织、激励、领导、控制等手段，利用人力、物力、财力、信息等资源。比如组织罪犯劳动，作为监狱执法活动和监狱内部管理活动，其流程、环节及关注点是不同的。从监狱执法的角度，首先是要明确罪犯劳动的法律依据：比如监狱法第六十九条"有劳动能力的罪犯，必须参加劳动"；第七十五条"未成年犯的劳动，应当符合未成年人的特点，以学习文化和生产

技能为主";第七十一条、七十二条、七十三条关于劳动时间、休息、报酬、劳动保护和劳动中致伤、致残或者死亡的处理等规定以及《监狱服刑人员行为规范》(司法部第88号部长令)中关于劳动规范的规定。其次是按照有关罪犯劳动的法律法规、政策、规范性文件等内容,予以组织实施。检查评估和执法监督的重点是:是否有劳动能力的罪犯都参加了劳动,监狱组织劳动是否符合安全、健康和劳动保护的相关规定,相应的法律规范是否得到准确、及时和有效的执行,以及组织劳动对矫正犯罪恶习、增强罪犯悔罪意识、提升劳动技能等方面的绩效情况。而监狱内部管理中的罪犯劳动,重点要考虑劳动项目的选择、劳动效率的提高、劳动现场的管理等,这显然与作为执法活动内容之一的罪犯劳动有很大的区别。

6. 监狱执法和监狱内部管理的目标、评价标准不尽相同

监狱执法的目标是顺利完成刑罚执行任务,将罪犯改造成为守法公民。而监狱内部管理的目标是多元的,除为刑罚执行提供保障条件、强调监狱的安全稳定秩序外,还包括监狱队伍素质的提高、监狱财政资金的安排使用、监狱企业发展和国有资产增值保值等。相应的,监狱执法的考评标准主要围绕刑罚执行效率来设定,如监狱执法的准确率(或执法满意率、执法差错率)、罪犯重新犯罪率、监狱安全事故频率(包括脱逃、自杀、伤害、生产安全事故、食物中毒和疫情爆发)等,而监狱内部管理除了上述考评标准外,还有民警队伍素质指标、经济发展指标和其他各种目标。

## 二、监狱执法的特征

监狱执法行为和执法活动具有依法性、强制性、裁量性、效率性、效力性、主动性和单方面意志性等特征。效力性是指在人民法院生效的裁决没改变前,监狱及其人民警察的执法行为对其自身和罪犯均具有约束力,由此也决定了监狱人民警察依法行使职权的行为具有效力先定性。单方面意志性和主动性是指监狱人民警察依据刑事法律的执法行为是单方面意志的体现,可以直接决定和实施,罪犯必须接受和服从,而无须与罪犯协商,更不需要征得罪犯同意,这是由刑罚属性所决定的。下面重点论述监狱执法的依法性、强制性、裁量性、效率性四个特征。

(一)依法性

监狱执法必须有相关的法律依据,这是执法的前提,同时必须严格遵守法律规定。这主要包括以下内容。

1. 任何执法行为和活动必须有法律依据,即要有相应的法律渊源

我国监狱执法的法律渊源主要有宪法、刑法、刑事诉讼法、监狱法等,其中监狱法是关于监狱的专门法律。同时国务院的行政法规、司法部部门规章和地方性法规、地方政府规章中关于监狱执法方面的规定,也是监狱执法的法律渊源。联合国成立后,产生了以《世界人权宣言》为基础的大量有关人权的公约。我国目前已经加入了25项国际人权公约,这些人权公约如果经过我国的签署和最高立法机关的批准,就成为我们必须遵照执行的法律的一部分。作为监狱执法渊源的法律还必须是现行有效的,未发生法律效力或已失效的法律不能视为监狱执法的法律渊源。如2004年3月2日司法部部务会议审议通过,以司法部第88号部长令发布的《监狱服刑人员行为规范》,自2004年5月1日起施行,原于1990年11月6日司法部第12号部长令颁布的《罪犯改造行为规范》被废止,不再是监狱执法的法律依据。地方性法规和政府规章在适用时要确定地域效力,如省、自治区、直辖市、较大的市人民代

表大会及其常务委员会制定的地方性法规仅在其辖区内有效。在监狱执法实践中，监狱管理机关依据相关法律规定制定的关于刑罚执行的规范性文件也是监狱执法的重要依据，但这些规范性文件必须符合相关法律规定和法律精神。

2. 任何监狱执法行为和活动必须依法进行，不得违背法律规定

首先要准确适用法律，不得任意曲解和错误适用法律。我国对法律的有权解释包括立法解释、司法解释两种。在实践中发现法律存在漏洞和问题的，要按照规定程序报有关部门处理。在法律规范效力发生冲突时，按照我国现行的法律冲突解决办法选择适用法律。其次要遵守法定的执法权限。我国刑罚权力体系强调分工负责、互相配合、互相制约，监狱执法不得打破这种制约和平衡。如刑事诉讼法第二百二十五条第二款规定："对罪犯在监狱内犯罪的案件由监狱进行侦查。"这就赋予了监狱对狱内犯罪案件的刑事侦查权，监狱不得放弃。第二百二十一条第二款规定，"被判处管制、拘役、有期徒刑、无期徒刑的罪犯，在执行期间确有悔改或者立功表现，应当依法予以减刑、假释的时候，由执行机关提出建议书，报请人民法院审核裁定。"对在监狱关押的罪犯的刑罚变更的最终决定权在人民法院，监狱只有建议权，监狱也不得越俎代庖。第三，要遵守法定的执法程序。比如2003年5月1日起施行的《监狱提请减刑假释工作程序规定》（司法部第77号部长令）第六条规定，"监狱提请减刑、假释，应当由分监区集体评议，监区长办公会审核，监狱提请减刑假释评审委员会评审，监狱长办公会决定。"规定了提请罪犯减刑、假释必须经过分监区集体评议、监区办公会审核、监狱减刑假释委员会评审、监狱长办公会决定这四个环节，缺一不可。最后，还要遵守实体性法律规定，如监狱法第五十八条规定给予罪犯警告、记过、禁闭的八种情形和禁闭的期限。不属于这八种情形的，不得对罪犯予以警告、记过和禁闭。

（二）强制性

监狱与军队、警察、法院一样，历来是国家的"暴力机器"。现代意义上的监狱是在刑罚以生命刑、肉刑为主转向以自由刑为主后产生的，通过对犯罪人剥夺自由、监禁来强制实现国家对罪犯犯罪行为的报复和惩罚。随着人类对犯罪问题认识的加深，"教育刑"（也称"矫正刑"）理念逐步兴起，强调对犯罪人不仅要惩罚，更要教育矫正，使其顺利重返社会。但不管是"报复刑"还是"教育刑"都承认惩罚、强制是监狱的本质属性之一，因此监狱执法的强制性是显而易见的。

1. 强制是监狱惩罚属性得以实现的后盾和手段

英国哲学家边沁曾将惩罚造成的痛苦归纳为四类：强制或束缚之苦痛、害怕之苦痛、忍受之苦痛、同情之苦痛及其派生的苦痛。[12]强制与惩罚是紧密相连的范畴，可以说，有惩罚就有强制，离开了强制力保障，惩罚也就不成为惩罚，惩罚也就无法实施了。[13]一般来说，任何一项法律或者判决要能够得到贯彻执行，都必须有强制力作后盾，否则将成为一纸空文。匈牙利法学家朱利叶斯·穆尔指出，"法律要求人们绝对服从它的规则与命令，而不论特定的个人是否赞成这些规则和命令；法律的特征乃在于这样一个事实，即它总是威胁适用物理性的强制手段。"[14]为实现刑罚的目的，国家赋予了监狱及监狱人民警察必要的管理、矫正权力，以及在特定情况下正当使用"合法暴力"的权力，使其对罪犯的惩罚、管理和矫正具有持续的约束力。

2. 强制贯穿于监狱执法活动之中

首先对罪犯的劳动、教育，监狱法规定为强制劳动，规定有劳动能力的罪犯，必须参加劳动。监狱必须对罪犯行进思想教育、文化教育、技术教育。其次罪犯的日常行为必须遵守

《监狱服刑人员行为规范》。该规范包括基本规范、生活规范、学习规范、劳动规范和文明礼貌规范五个部分,基本覆盖罪犯的劳动、生活、学习,是罪犯接受改造必须遵守的行为准则,是考核罪犯改造表现的一项基本内容,是对罪犯实施奖惩的重要依据。最后,监狱法还规定了对罪犯警告、记过、禁闭以及使用武器和戒具的情形,凡达到规定情形的,可以对罪犯实行相应的强制手段。

(三) 裁量性

裁量性是监狱执法的重要特征,主要基于对罪犯管理、矫正的复杂性和多样性,监狱人民警察依法在法定职权范围内,对罪犯的奖惩、处遇和个别化矫正目标的确定、矫正行为的选择等,可以做出必要的自由裁决。

1. 监狱执法方面法律的缺失导致监狱执法活动中存在较多的自由裁量行为

我国虽然是一个成文法和制定法国家,但法律体系还不够完善,同时法律的制定具有滞后性,法律也不可能对所有的问题做出详尽的规定,因此在行政执法和刑事司法中存在一定的自由裁量空间。在刑罚体系中,相对于侦查、起诉、审判活动,刑罚执行的法律更加显得缺乏。关于监狱刑罚执行方面的专门法律只有1994年制定的监狱法,配套的实施细则或法律解释一直没有出台。

2. 监狱执法中的自由裁量行为也是监狱行刑个别化的必然结果

对罪犯的刑罚执行要坚持平等、公平原则,但基于将罪犯改造为守法公民的出发点,也必须关注罪犯的个体差异,包括改造表现、认罪态度、人身危险性等,开展因人施教、个别教育,并采取不同的处遇。

3. 监狱执法中的自由裁量权在监狱执法活动中可以归纳为以下几种情形

行政、刑事奖励幅度;决定收押、分配;选择处罚方式、时限;对情节轻重认定;剥夺权利;保外就医情节认定;事实性质认定;劳动工种安排等。[15]自由裁量权的存在有弥补监狱法律的不足、提高行刑效率、实现实体正义的积极功能,是监狱执法权的重要组成部分。但是,"无限自由裁量是残酷的统治,它比其他人为的手段更具有破坏性。"[16]自由裁量权也有被滥用的可能,会对监狱执法构成严重威胁。

(四) 效率性

效率,是产出与投入的比较。监狱执法有其自身的功利性目标追求,它作为重要的刑罚执行活动,其目标是通过惩罚与改造,最终使罪犯成为守法公民。在构建"和谐社会"的进程中,降低刑释解教人员的重新犯罪率已成为衡量监狱、劳教工作的"首要标准"。虽然刑满释放的罪犯重新犯罪的原因很多,但不容置疑的是,绝大部分重新犯罪是罪犯上次"刑罚体验"的失败。同时,监狱执法的效率性特征还体现在对监狱执法成本的考量上。

1. 监狱执法以将罪犯改造成为守法公民为根本目标

我国长期坚持对罪犯的教育、挽救、改造,使之成为守法公民,最大限度地消除和化解消极因素,最大限度地调动积极因素。因此,在监狱执法的实践中,通过思想、法律教育使罪犯认罪悔罪,通过生产劳动和技能培训,使罪犯掌握一定的生产、劳动技能,回归社会后成为自食其力的劳动者。监狱保障罪犯与家庭、社会的联系,如会见、通信、邮寄包裹等,有利于其释放后迅速融入社会、家庭。可以说,通过监狱执法活动,预防和减少犯罪,尤其是重新犯罪,是监狱对社会最大的贡献,是监狱执法所产生的最大社会效益。监狱执法活动必须以此为根本目标追求,以此为监狱执法工作的出发点和归宿。

2. 监狱执法必须有对执法成本的考量

执法成本表现为监狱执法活动投入的资源总量,在监狱执法活动中,必须注意资源的节约和成本的压缩。芝加哥大学经济学和社会学教授、1992年诺贝尔经济学奖获得者加里·S·贝克尔在《人类行为的经济分析》中指出,"经济分析是一种统一的方法,适用于解释全部人类的行为。"比如,为符合保外就医条件的罪犯及时办理保外就医手续,对"年老体弱,生活不能自理"的罪犯及时予以暂予监外执行,既是人道主义的体现,也是降低监禁成本的要求。社会资源介入到对罪犯的教育、挽救、改造中,如将罪犯的义务教育、卫生防疫纳入当地教育规划和卫生防疫计划,属地有关部门开展对罪犯的职业技术培训等,可以起到资源共享、节约执法成本的目的。

3. 对监狱执法成本的考量,还涉及科学认识改造、科学认识罪犯的问题

要理性、冷静地看待监禁、教育、矫正的效果。凡是罪犯都需要教育、矫正,这在我国监狱是一种政治上的道义和担当。在执法实践中,既不得放弃、抛弃任何一名罪犯,不负责任地任其自生自灭,也要反对为了个别罪犯不惜一切成本,不计一切代价的极端做法。

## 三、监狱执法的功能

监狱执法的主要内容是依法对罪犯实施惩罚与矫正。监狱执法的功能主要体现在:社会民众朴素的公平正义诉求的满足功能、社会防卫功能、自由刑目的的实现功能、罪犯权益的保障功能。

(一)公平正义诉求的满足功能和社会防卫功能

对于犯罪的原因,西方启蒙思想家洛克和卢梭等人持"自由意志论",认为"人的犯罪行为是违法者不受限制的自由意志决定的","自然人的一切行为都是自由意志的体现","犯罪也是一样,行为人对自己所犯的罪行要负责,法律惩罚就是基于人的自由意志的行为","禽兽根据本能决定取舍,而人是通过自由意志决定取舍"。[17]而意大利法学家、犯罪实证学派的代表菲利则持"三因素说",即犯罪是人类学、自然因素、社会因素相互作用的结果。此外,还有很多的学说和观点。不管对犯罪原因的分歧有多大,所有学派都认为罪犯要为自己的罪行负责,惩罚是必要的。刑罚的目的之一是对罪犯的惩罚,这既是正义的要求,也是人们现实情感的需要。如果不使犯罪人得到应有的惩罚,就无法体现社会的正义。"公众舆论强烈要求惩罚作恶者。现今,民众怀有的不安全感所引起的集体心理状态的一种典型表现便是强烈要求惩办犯罪。在这种情况下,社会的正义就在于,将社会所受到的损害与行为人道德上的罪过相比较,并依此对刑罚做出裁量。"[18]其次,惩罚犯罪也是人们现实情感的需要。犯罪不仅仅在于对社会造成的严重的客观社会损害,实际上,对于被害人、被害人近亲属、社会大众来说,感情所受到的无形的伤害也是犯罪所造成的社会危害内容。虽然越是涉及情感的事物越需要理智地对待,但我们还无法做到完全理智地处理涉及情感的事物,尤其对严重伤害人们情感的犯罪现象。人们所具有的强烈情感决定了对待涉及情感的事物必须考虑情感因素。实际上,刑罚不可能没有惩罚,离开了惩罚,刑罚也就不成其为刑罚。[19]"一切惩罚毫无疑问均来源于个人报复的情感。以牙还牙的惩罚法就是对此的证明。"[20]依靠国家的刑罚权来实施的惩罚对被害人及其近亲属还具有安抚的功能,能减少和消除私自复仇。尽管"以牙还牙、以眼还眼"的同态复仇的观点和消灭生命、残害肢体的生命刑、肉刑已被人们所抛弃,但"善有善报,恶有恶报"一直是根植于人们内心的朴素的公平正义价值观,人民法院所判处的刑罚必须得到实际执行,这是天经地义的事情。美国学者鲁·冯·赫希指

出:"刑罚不只是预防犯罪的方法,而且还是一种对行为人罪行的反应。当运用预防说明刑罚的社会作用时,就需要用惩罚去解释为什么造成罪犯痛苦的功利主义是正义的。"[21]除被判处死刑立即执行和缓刑、管制的罪犯外,其他罪犯都要在监狱以及类似监狱的机构中接受惩罚:自由被剥夺,权利被取消或限制,强制接受劳动和教育,以及人格名誉、资格受到不利影响,无法享受家庭和社会生活……这是罪犯必须付出的代价。监狱执法就是通过监狱的实物样态、监狱执行刑罚的过程向民众展示国家对罪犯的惩戒,以满足人们朴素的公平正义的诉求。

监狱不仅仅具有阶级性,是统治阶级对敌对力量的专政工具之一,同时也是重要的社会治理工具,表现在任何意识形态的国家都利用监狱作为"社会防卫"的重要工具。从最初关押流浪汉、精神病人的监狱雏形,到现代严格意义上的监狱,监狱一直在发挥社会防卫的功能。当罪犯罪不至死,又不能放在社区时,投入监狱,使之与社会隔离,无疑是一种有效的办法。尤其对一些反人类罪犯、极度残忍和暴力罪犯,对其长期关押,直至其丧失犯罪能力甚至终身监禁,从某种意义上讲也是必要的。正如刑罚学界普遍认同的,"矫正可以矫正的,不可以矫正的,使其不可以为害。"

(二)自由刑目的的实现功能

随着人类对犯罪问题认识的不断加深,刑罚观也在不断地发生变化并往往会推动刑罚制度和监狱制度的重大变革,尽管期间有所反复或进程缓急、速度快慢不同,但从生命刑、身体刑到自由刑的变革是刑罚流变的基本规律和轨迹。在19世纪前,官方施行刑罚的目的主要是报复犯罪,兼收惩治邪恶和震慑不轨之效。[22]并且,执行死刑的方法极其残酷,刽子手们"把各类死刑作为观赏节目来执行,过程拖得越长越好"。[23]17~18世纪,以理性、自由、法治和人道主义为核心内容的资产阶级法律思想对刑罚制度产生的影响最为重大。"19世纪初,肉体惩罚的大场面消失了,对肉体的酷刑也停止使用了,惩罚不再有戏剧性的痛苦表现。惩罚的节制时代开始了。"[24]"迄止19世纪,曾经占领刑罚宝座的身体刑和死刑,逐渐被自由刑所替代。"[25]刑罚的变革推动了治狱理念的变化和监狱的改良,进而推进监狱制度和囚犯政策的不断发展。比如人类学派主张不定期刑和矫正思想。"菲利的思想成为20世纪刑罚改革的核心旗帜,刑罚也从威慑刑发展到矫治刑。"[26]自由刑不仅仅注重对罪犯的惩罚,更加注重对罪犯的教育、矫正、感化、训练、习惯养成,使之人身危险性得以降低,掌握一定的劳动技能和谋生本领,释放后能顺利融入社会。监狱执法的重要内容是劳动和教育,包括文化教育、思想道德教育、法制教育、心理健康教育、劳动技能培训等,在罪犯出监前,一般还组织开展前途、社会形势教育和创业培训、技术考级考证活动。监狱执法保障了罪犯与家庭、社会保持联系的权利,包括社会帮教活动、会见亲属和监护人、收发信件、包裹以及符合条件的离监探亲、特许离监等,从而有利于罪犯家庭关系的稳定,有利于罪犯释放后迅速融入家庭和社会生活。同时,监狱执法活动中所展示的公正、文明、人道的法律精神以及监狱人民警察的人格魅力也会对罪犯的心理和行为产生潜移默化的积极影响,进而形成对法律权威的尊重和积极的人生态度。

(三)罪犯权益的保障功能

我国宪法第三十三条规定:"凡具有中华人民共和国国籍的人都是中华人民共和国公民。中华人民共和国公民在法律面前一律平等。国家尊重和保障人权。任何公民享有宪法和法律规定的权利,同时必须履行宪法和法律规定的义务。"罪犯虽然因犯罪被判刑入狱,但仍然是公民,具有法律地位。但罪犯的法律地位较之普通公民有以下特点。

1. 权利内容的不完整性

罪犯的一部分权利被依法剥夺和限制，如人身自由权、被附加剥夺的政治权利。

2. 权利行使的局限性

罪犯的某些权利虽然没有被剥夺，但基于监管和改造的需要，其行使的范围和内容受到限制，如没有被附加剥夺政治权利的罪犯在监狱服刑期间，停止行使集会、结社、游行、示威等政治权利。罪犯在劳动中没有劳动工种选择权、参加工会权等。监狱保障罪犯的宗教信仰自由权，但罪犯不能在监狱内开展礼拜、集体诵经等宗教活动。

3. 权利义务的特定性

罪犯除了享有和履行宪法及法律规定的公民权利和义务外，还享有特殊的法定权利和履行特殊的法定义务，如享有定期会见亲属权、依法获得减刑或假释权，必须履行遵守监规纪律、接受教育改造的义务等。

4. 义务的刑事强制性

罪犯对监狱法规定的义务必须无条件履行，否则要承担法律责任。对于违反监规纪律、破坏监管秩序情节严重，构成犯罪的，应当依法追究刑事责任。

我国监狱法从我国国情出发，参照有关国际公约和世界范围内的行刑理念，对我国罪犯的权利做了相应的规定。在监狱法的第一章"总则"中明确规定了罪犯在监狱服刑期间应当享有的基本权利，即"罪犯的人格不受侮辱，其人身安全、合法财产和辩护、申诉、控告、检举以及其他未被剥夺或限制的权利不受侵犯。"在其他章节中规定了罪犯的各项具体权利，包括：人格不受侮辱权；人身安全不受侵犯权；合法财产不受侵犯权；辩护权；申诉权；控告、检举权；必要的物质生活待遇权；通信、会见权；受教育权；劳动权；休息权；依法获得减刑、假释及其他奖励权；未被依法剥夺或限制的其他权利，诸如宗教信仰自由权、提合法化建议权、合法婚姻家庭不受侵犯权以及没有被附加剥夺政治权利的罪犯依法享有选举权等。此外，罪犯服刑期满回归社会后，依法享有和其他公民平等的权利。我国法律还为罪犯行使权利规定了一系列保障措施，如监狱法第八条规定，"国家保障监狱改造罪犯所需要经费。将监狱的人民警察经费、罪犯改造经费、罪犯生活费、狱政设施经费及其他专项经费，列入国家预算。国家提供罪犯劳动必需的生产设施和生产经费。"第十三条规定，"监狱的人民警察应当严格遵守宪法和法律，忠于职守，秉公执法，严守纪律，清正廉洁。""监狱的人民警察不得有下列行为：①索要、收受、侵占罪犯及其亲属的财物；②私放罪犯或者玩忽职守造成犯罪脱逃；③刑讯逼供或者体罚、虐待罪犯；④侮辱罪犯的人格；⑤殴打或者纵容他人殴打罪犯；⑥为谋取私利，利用罪犯提供劳务；⑦违反规定，私自为罪犯传递信件或者物品；⑧非法将监管罪犯的职权交予他人行使；⑨其他违法行为。监狱人民警察有前款所列行为，构成犯罪的，依法追究刑事责任；尚未构成犯罪的，应当予以行政处分。"第六条规定，"人民检察院对监狱执行刑罚的活动是否合法，依法实行监督。"

尽管刑法不仅仅是"善良人的大宪章"，也是"犯罪人的大宪章"，但罪犯的权利容易受到侵犯，这是一个不争的事实，因此，关于刑罚、监禁、监狱的国际公约、协定以及联合国的行刑规则，无不以罪犯的权利保护为视角。罪犯的人权是一个国家人权状况的重要组成部分，已成为衡量一个国家文明、民主程度和法制是否健全的重要标志。我国"监狱学之父"沈家本就曾经精辟地指出："砚其监狱之实况，可测国度之文野。"[27]最高人民法院原院长、首席大法官肖扬说："对罪犯的待遇也是衡量一个国家法治水平和文明程度的标准之一。"（载自2002年12月9日《光明日报》）"可以毫不夸张地说，监狱是一个国家人权状况最敏感的部分之一。"[28]南非前总统曼德拉在《通向自由漫长的旅程》一书中说,"有一种说法,即没有在监狱呆过的人不能真正了解一个国家。要评判一个国家,不应该看它如何对待其高层的公民,而应该看他如何对待其最下层的公民。"[29]1998年曼德拉对曾经关押他的南非监狱的工作人员发表讲话时说:"监狱可让一个国家的犯罪率不断下降,同时监狱的贡献还在于他们对待罪犯的方式。我们要强调两个方面,一个监狱管理的专业化,一个是对人权的尊重。"[30]

监狱人权保障是人权保障的一个重要组成部分,是一个特殊领域,也是监狱工作要贯彻始终的一项重要工作。[31]在监狱执法活动中,主要通过以下途径保护罪犯的权利:一是依法办事。监狱执法的依法性决定了监狱执法的各项活动必须有相应的法律依据、法定的权限、法定的程序和实体要求,这就从根本上保障了监狱执法的正当性,从而保障了罪犯的权利;其次,监狱执法包含对罪犯权利救济的活动和内容,"有权利必有救济"是人们普遍信奉的法理,对于在监狱服刑的罪犯,救济显得更为重要。比如监狱主管机关、上级机关的行政监督、监狱内部的行政监督;保护罪犯的申诉、控告、检举的权利,罪犯写给监狱的上级机关和司法机关的信件,不受检查。监狱执法活动中的狱务公开活动,有利于提高监狱执法的透明度,促进监狱在减刑、假释、保外就医等重大执法活动中的"阳光操作"。

## 四、监狱执法的意义

监狱执法的意义主要体现在以下四个方面。

（一）监狱执法是将刑事判决和裁定付诸实施的实际步骤

人民法院的刑事判决和裁定,是代表国家宣告被告人的行为是否构成犯罪及适用何种刑罚。但是,这只是宣告刑罚而并没有真正实现对罪犯的惩罚,真正的惩罚必须要通过监狱的刑罚执行才能实现。如果只有刑事判决和裁定而没有监狱的执法活动,刑罚的惩罚作用就无从谈起,刑罚的目的就不可能实现,法院所作的判决和裁定就是一纸空文。因此,刑罚的宣告和刑罚的执行是互相依存、密不可分的。刑事判决或裁定的宣告是对罪犯实施惩罚的前提,而刑罚的执行才是惩罚的具体落实,监狱执法是将刑事判决和裁定付诸实施的实际步骤。

（二）监狱执法是改造罪犯的前提条件

我国对罪犯适用刑罚,不单纯是为了惩罚,更不是为了简单地报复,而是为了将这些社会化的"失败者"改造为守法公民,使之成为我国经济社会建设的有利因素和积极力量。把罪犯由一个犯罪者改造成自食其力的守法公民,是一项艰巨复杂的任务,必须通过刑罚执行活动来实现,实际上就是在惩罚、管制的前提下,对罪犯实施教育改造的过程。惩罚与改造是相辅相成的,惩罚是改造罪犯成为"新人"的前提,改造罪犯成为"新人"则是惩罚的目的所在。只有通过切实有效的刑罚执行活动,罪犯的犯罪思想才会得到改造,不良行为习惯才会得到矫正,才能由一个犯罪者变成一个无害于他人、有益于社会的自由公民。因此,监狱执法是改造罪犯的前提条件。

（三）监狱执法是监狱安全稳定秩序的重要保证

安全是监狱的应有之义,确保监狱安全稳定是由监狱国家"暴力机器"的性质所决定的,关系到国家机关的权威、公信力以及人民群众的安全感。安全稳定的监狱秩序也是监狱开展工作和职能发挥的前提条件和重要保障。监狱执法从以下几个方面保证监狱的安全稳定：一是监狱执法包括了监狱的武装警戒、外围警戒和监狱内部安全管理的内容，如监狱的武装警戒由人民武装警察部队负责；监区、作业区周围的机关、团体、企事业单位和基层组织，应当协助监狱做好安全警戒工作；监狱根据监管需要，设立警戒设施；监狱周围设警戒隔离带，未经准许，任何人不得进入。二是监狱执法中的安全检查、行为管制、纪律约束的相关规定，如对罪犯人身、信件、物品的检查，强制罪犯遵守行为规范、相关纪律等。三是监狱行政惩罚权和刑事侦查权的使用，如对违反安全管理规定，扰乱监管秩序的行为及时进行警告、记过或禁闭、使用戒具、武器等。对涉嫌狱内犯罪的，监狱行使刑事侦查权。最后，监狱的公正文明执法，有助于打击狱内歪风邪气和牢头狱霸行为，树立罪犯的改造信心，创造积极、健康、向上的改造氛围。

（四）监狱执法是预防犯罪的重要措施

刑罚是国家惩罚犯罪的强制方法，也是国家采取的各种强制方法中较严厉的方法之一。我国监狱对罪犯执行刑罚，目的是预防和减少犯罪，即通过执行刑罚达到特殊预防和一般预防的目的。刑罚执行是预防犯罪的重要措施和实现我国刑罚目的的可靠保证。惩罚能够产生一定程度的痛苦，能够给被惩罚者造成心理和精神上的刺痛，使他们认识到犯罪的后果和行为的错误，知道刑罚惩罚的威严，从而认识到罪不可犯，法不可违，进而触动其内心深处，促使其认罪悔罪，改邪归正。董必武曾经指出："这些人员是不是可以改造？我们认为一定是可以改造的。世界上的事物本身即在不断的改变中，人也是一样，不改变的人，是没有的。"[32]这句话从哲学的角度阐述了人的改造可能性。现代的人性理论认为每个人都有爱人之心、同情心和报恩心，每个人都有完善自我品德之心。[33]美国心理学家斯金纳的操作条件反射行为理论也揭示了行为塑造和控制的规律。这些理论都从一个侧面肯定了改造罪犯的可能性。从实证方面看，我国改造罪犯的实践效果也充分证明了这一点。（参见《中国改造罪犯的状况白皮书》，中华人民共和国国务院新闻办公室，1992年8月。）

## 五、监狱执法的法律属性、机理和行为样态

监狱刑罚执行的法律性质是什么，一直争议颇多，而监狱刑罚执行性质的定位涉及监狱刑罚执行中的法律适用问题。如针对日渐增多的罪犯及其亲属对监狱所提出的行政复议、行政诉讼问题，如果把监狱的刑罚执行视为行政活动，必然会按行政权运行的原理得出可以复议或诉讼的结论；如果将监狱刑罚执行视为司法活动，当然会依照司法权的终局性特征而否定行政复议和诉讼的可能性。[34]

对监狱刑罚执行法律属性的认识，学术界主要有三种观点。一是司法说。这种观点可以说是目前学术界流行最广、坚持者最多的一种主流观点。该观点认为，监狱属于司法机关，监狱行刑权属于刑事司法权，监狱行刑活动自然属于刑事司法活动。"行刑权与量刑权——刑罚的裁量和适用一样，同属国家的司法权，而与制刑权——国家的立法权行使相对应。"[35]"刑事立法、刑事司法是国家创制刑罚、运用刑罚，实现国家刑罚权的活动。从国家运用刑罚的实践视角看，行刑权是刑事司法权的最后一个环节，也是刑罚权'实践性'或'实现性'的环节，只有通过行刑活动才能最终实现刑罚。"[36]二是行政说。该观点认为监狱是行政机关，监狱行刑属于行政活动。"除了狱内侦查工作，依照监狱法等法律法规进行的监狱管理活动，不是刑事司法行为，应该属于行政诉讼的范围，受法院司法审查的管辖。"[37]"行刑是一种司法行政活动，因而行刑权属于行政权的范畴而不具有司法权的性质，

这也是行刑活动和定罪量刑审判活动的根本区别所在。"[38]这种观点虽然产生较晚，但近年来大有流行之势。三是综合说。综合说是近年来所出现的一种新观点，它从监狱的多重属性出发，认为监狱"从组织法讲，它是行政机关；从参与刑事诉讼活动讲，它又是司法机关。"因此，"刑罚执行权是司法权和行政权的统一。""行刑权作为刑罚权的一个重要组成部分，它的直接属性是国家的一种司法权，但是又不可避免地要涉及对被执行罪犯的日常生活起居的管理，这使得刑罚执行权就带有一种行政管理的性质。"[39]还有学者指出："行刑权的第一个特点就是刑事职权和行政职权合一的特性。行刑是一种依法的行政活动，在依法方面，它强调了国家刑事法律的性质。在落实刑事责任，执行刑罚的方法方面，它强调了行政的手段。"[40]

（一）监狱执法的主要法律属性是行政行为

刑罚执行活动具有主动性、积极性、单方面意志性等特征，监狱执法的主要法律属性是行政行为，主要理由有以下几点。

① 从我国监狱的领导和管理体制来看，1983年前，监狱基本上隶属于公安部领导，从1983年开始，监狱工作正式由司法行政部门领导，1994年12月29日颁布的我国第一部监狱法典肯定了司法行政部门对监狱工作的领导体制，从而使得监狱的行刑职能行政化倾向进一步明朗。我国的监狱是由国务院司法行政部门统一主管，由各地的司法厅（局）或省级监狱管理机关领导的，无论是司法部，还是之前的公安部，或者是各地的司法厅（局）、监狱管理机关，无不是国家的行政机关。

② 从监狱执法的特点来看，监狱执法工作具有强烈的主动性特点，完全符合行政行为的特征，而司法活动强调消极性和被动性，监狱对罪犯执行刑罚的过程中所实施的相关活动，如对罪犯的行为监督、生活安置、对罪犯的考核奖惩、强制劳动等也符合行政行为的特点。

③ 在我国的法律体系中，监狱法典一般也被纳入行政法体系［如法律出版社出版的《中华人民共和国法律法规全书》（第二版）（2008年）的分类目录，就将监狱法纳入行政法编，属于司法行政类］。从司法行为的参与主体来看，一般有三方，即控方、辩方、审理方，通过三方制衡，保证司法权的准确适用和刑罚机能的实现，而在监狱执法中，参与方主要是监狱人民警察和罪犯，显然与司法行为不同。监狱为罪犯呈报减刑、假释材料和监狱侦查狱内又犯罪案件的活动也不能等同于严格意义上的司法行为。虽然裁定罪犯减刑、假释的最终权力在中级以上人民法院，监狱行使的是刑罚变更的建议权，但罪犯认罪服法、生产劳动、立功等改造情况由监狱予以考核、认定，法院也以此为基础和裁判的证据，同时法院更多的是进行形式上的审查。监狱在罪犯的减刑、假释活动中不是消极、被动或可有可无的，而是掌握着一些实质性的决定权。对于罪犯的狱内犯罪案件，监狱依照法律规定行使侦查权，事实上同公安机关行使的侦查权在性质上是一样的。在监狱执法实践中，对表现好的罪犯呈报减刑、假释材料，对罪犯的狱内犯罪行为进行侦查，更多地被赋予了奖惩的意义。这些行为与监狱独立行使的行政奖惩、物质奖励等一起，构成了监狱对罪犯的奖惩活动。

当然，明确监狱执法主要法律属性为行政行为，其目的在于试图为罪犯的权利救济建立行政复议和行政诉讼的渠道。如在监狱执法中，按照监狱法的规定对罪犯实施警告、记过、禁闭等处罚时，"即在行政处罚程序环节中，使服刑人员的陈述权、辩护权、申请复议权、提请行政诉讼权以及依法请求赔偿权等，能够从程序制度上得到保障。"[41]尽管我国目前还没有出现过罪犯状告监狱而被人民法院受理的行政诉讼案件，但将行政复议、行政诉讼和行政赔偿纳入服刑罪犯的权利保障程序中,将服刑人员权利保障纳入司法审查的轨道,应当是我国刑罚执行法律改革的趋势,也符合世界范围内的行刑潮流。当然,为确保监狱刑罚执行的权威性,保证刑罚执行的顺利进行,罪犯的起诉权应受到严格限制,不宜盲目扩大,可以参照英国判例确立的法律原则(指英国 Williams v. Home Office(No. 2)判例。针对罪犯就自己被隔离关押一事将监狱告上法庭,该判决确定了一个法律原则,即罪犯被判刑后,关押在哪个监狱,或者关押在监狱的哪个点,由监狱或监狱上级机关决定,罪犯没有选择权,也没有权利抱怨。不同的监狱或监狱关押点的生活条件、学习条件、劳动条件等确实存在差异,但罪犯没有权利就此抱怨生活不好、与家人联系不方便等。只要监狱关押条件符合监狱法和有关国际准则,罪犯就无从得到任何救济。),诸如罪犯的关押场所、关押条件、封闭管理、限制自由、罪犯分级处遇、分类处理、罪犯离监探亲等涉及刑罚执行基本方式的内容,法律可以做出明确规定,由监狱单方决定,罪犯必须服从和接受,不容置疑、不可诉讼。[42]

(二)监狱执法的法律机理

法律是关于权利和义务的规范,通过对权利义务的设定、分配、调整来实现法律的功能。执法,就是将书面确立的权利义务规范予以运用和实现的过程。就监狱执法的法律机理来说,主要是通过以国家公权力为归属的监狱执法权,对罪犯个体权利义务进行调整和分配。

1. 强制

是指监狱执法权对罪犯个体权利的现实剥夺和限制。强制性是法律的基本特征和法律得以遵守、实现的保障。在监狱执法中,强制行为的种类很多,随处可见。监狱执法活动中的强制行为,首先体现在对罪犯人身自由的强制剥夺上,这也是对罪犯进行教育、改造、矫正的基础和前提条件。如对罪犯的收押,是监狱执法权对法院宣告的剥夺罪犯人身自由的实现。剥夺罪犯人身自由,不仅仅是简单地将罪犯关进监狱内,从被监狱收押的那一刻起,罪犯在监狱内的活动自由也要被进一步地限制,罪犯不得在监狱内随意走动,不得逾越生活、劳动、学习现场的区域隔离设施和警戒线,必须被纳入联号、小组、监区等组织群体中。基于罪犯人身自由的剥夺,罪犯的一些权利行使就具有局限性和不完整性的特点。如罪犯的生活消费额度被严格限定,不允许高消费,罪犯没有劳动的职业(工种)选择权、辞职权、薪酬谈判权、参加工会权等权利。

强制是监狱执法的基础性和根本性行为,是监狱执法活动的"核心"。监狱执法中的强制,就是依赖监狱执法权对罪犯个体权利的剥夺和限制来实现的。

2. 许可

是指监狱执法权对罪犯部分权利(资格)的裁量赋予。虽然罪犯的部分权利(资格)被剥夺、限制,部分权利因为人身自由被剥夺不能实际行使,但罪犯仍然是一个权利主体。监狱执法可以通过法律许可范围内的自由裁量权,在特定情况下赋予罪犯一定的权利和资格,准予其从事一定的行为,这就是监狱许可。在监狱执法中,通信、会见、暂予监外执行、特许离监、处遇等均属于许可行为,是监狱通过监狱执法权,根据罪犯或其亲属的申请,在法律允许的范围依据相关法律规定予以裁量,从而赋予罪犯从事某种行为的权利或资格。比如,对于符合法律规定,有严重疾病需要保外就医的罪犯,监狱根据罪犯本人或亲属的申请,凭省级以上人民政府指定医院的诊断材料,报经省级监狱管理机关批准后,罪犯就被准许离开监禁场所,到社会上接受治疗。这里的申请,不是许可的必备要件,也包括监狱人民警察的主动许可,如对符合处遇升级条件的罪犯,即使罪犯本人不申请,监狱人民警察也可以主动施加。当然，许可是基于监狱执法权合乎规定的裁量，不能突破法律规定，随意许可、胡乱许可。

3. 奖惩

是指监狱执法权对罪犯权利（资格）的调节。监狱法规定的奖励有表扬、物质奖励、记功、离监探亲、申报减刑假释等，惩罚主要有警告、记过、禁闭以及对狱内犯罪的惩处等。对于改造表现较好、较差的罪犯分别适用奖励、惩罚措施，有利于树立监内改造正气，强化和促进罪犯积极改造。罪犯的个体权利本身所具有的弹性，为监狱执法的奖惩行为提供了基础。如罪犯的人身自由度，对表现好的罪犯，可以给予相对宽松的自由度，这包括活动空间、时间、与他人的交际等；反之，可以压缩空间、减少时间、控制与他人的接触。典型的如离监探亲和禁闭。离监探亲是我国监狱法明确规定的对罪犯的一种奖励措施，罪犯附条件地短期离开监狱，回到家庭。而作为一项惩罚措施，禁闭是通过对罪犯活动空间的高度压缩、人际交往的高度隔离来实现惩戒的。当然，这种个体权利的调节是有限度的，如单间禁闭室，净高不得低于3米，使用面积不得小于6平方米，同时必须保证禁闭罪犯每天不少于1小时的放风时间。

4. 监督

是指公权力对监狱执法权的制约。公权力体系内部必须相互制约，典型的如公安机关的侦查权、检察院的起诉权、人民法院的量刑权这三者之间是分工负责、互相配合、互相制约的，这是刑罚公权力体系内部的制度设计。在监狱执法中，其他公权力对监狱执法权的制约主要表现为监督，如监狱法第六条规定："人民检察院对监狱执行刑罚的活动是否合法，依法实行监督。"除此以外，监狱执法还受到监狱上级主管机关、行政监察部门、公务员管理机关的监督以及监狱内部的法制部门、执法考评组织的监督和制约。

5. 救济

是指公权力对罪犯个体权利的保护。权利救济，在现代社会主要有自力救济和公力救济两种。公力救济是依靠公权力对罪犯权利实现保护，包括通过法律设定明确罪犯的权利以及罪犯权益受到侵害时，提供法定的救济程序、途径和方式等。如我国监狱法第七条规定："罪犯的人格不受侮辱，其人身安全、合法财产和辩护、申诉、控告以及其他未被依法剥夺和限制的权利不受侵犯。"第十八条第二款、第十四条分别规定："女犯由女性人民警察检查。""女犯由女性人民警察直接管理。"同时我国监狱法的第二十一至二十四条、第四十七条还规定了相应的程序性保障措施。当然，我国目前罪犯的权利救济制度还有待进一步完善。

（三）监狱执法的行为样态

一个国家的囚犯政策从法律层面可以理解为是对罪犯权利义务的特别调整。[43]从权利行使、义务设定的角度，按照监狱执法的法律机理，监狱执法权主要包括三个方面：一是强制权，即通过强制要求罪犯实现法定的义务（或权利的限制），义务通过限制罪犯权利的行使来实现，并以背后的国家"强制力"来保障；二是许可权，即在法律允许的范围内根据监狱惩罚、改造和矫正罪犯的个别化需要，赋予监狱一定的裁量权，依罪犯或其亲属的申请，准予罪犯从事一定的行为；三是奖惩权。奖惩更多地体现为一种示范、教育、引导、激励，根据罪犯的表现和行为及时予以奖励或惩处，使罪犯明白监狱鼓励什么，反对什么，禁止什么，从而对罪犯的心理、行为产生刺激、冲击，使罪犯趋利避害，选择自己的行为模式。

通过对监狱执法法律机理的阐述，不难看出，监狱一切执法活动和行为无非是强制权、许可权、奖惩权的合理和有机运用。强制权、许可权、奖惩权，这三种权力是监狱执法权的"内核"。虽然执法活动和行为纷繁复杂，但"剥茧抽丝"后可以发现，监狱执法行为表现为强制、许可、奖惩三种行为样态，其中强制以罪犯的人身自由被剥夺为基础，强制执法行为又是三种行为样态中最主要和最根本的。

1. 监狱强制

包括对罪犯的关押、行为约束、强制劳动、教育等。在监狱强制中，人身自由的剥夺是强制得以实现的基础和条件，继而以人身自由剥夺为基础，罪犯的很多自由处分权基于道德的考量和安全控制的需要也被限制或禁止，如个人财产处分权，监狱一般不允许罪犯相互赠送物品、伙吃伙喝；不允许罪犯自由处分自己的身体和生命，自杀将被视为违规行为，受到惩戒。

2. 监狱许可

是监狱基于法律的规定和罪犯的改造表现，赋予罪犯一定的资格，准予其从事一定的行为，行使一定的权利，如罪犯的会见、通信、特许离监、保外就医等，首先依罪犯或其亲属的申请，监狱或监狱的上级机关按照相关法律规定予以批准和许可。又如罪犯的分类处遇，根据罪犯的表现通过考核、分类、定级，给予相应的待遇，一般把伙食、自由活动时间、活动空间、文化娱乐、监内消费额度等作为处遇区分的主要内容。一般意义上的理解，许可的前提条件是申请，罪犯和罪犯的亲属均可以作为申请人，如罪犯亲属申请接见，申请罪犯特许离监处理重大家庭事务，申请严重疾病罪犯的保外就医，罪犯申请给予其相应的处遇等。监狱也可以根据实际情况主动予以许可，如对符合处遇升级条件的罪犯，主动给予其相应待遇。监狱及其上级机关的许可本质上是一种执法裁量权，必须符合相关的法律规定，不得突破法律的底线。如对罪犯的处遇管理，必须考虑监狱的性质、法律规定、社会经济发展水平和社会公众的心理承受能力等因素，不得使监狱成为"疗养院"、"娱乐中心"。

3. 监狱奖惩

是监狱根据罪犯的表现，通过合理运用法律规定的奖励和惩罚手段，对罪犯予以正反两个方面的激励和引导。监狱的奖惩包括行政奖惩和法律奖惩。行政奖惩包括物质奖励、离监探亲、警告、记过、禁闭等。法律奖惩包括为罪犯呈报减刑、假释，对罪犯狱内犯罪行为的处理等。监狱对表现较好的罪犯，按照相关法律规定，为其呈报减刑、假释材料，虽然最终的裁量权在中级以上人民法院，但监狱作为罪犯的具体关押和管理机关，对罪犯表现的认定，监狱最有发言权，法院更多的是形式上的审查。监狱基于对罪犯的日常考核，对其改造表现进行判定，按照法律规定为其呈报减刑、假释材料，这些行为与法院的裁决行为一起构成了罪犯刑罚变更行为，是对罪犯认罪、悔罪表现的肯定。又如对罪犯在狱内的犯罪案件，刑事诉讼法规定由监狱负责侦查，这种侦查权的行使是对罪犯又犯罪行为进行法律责任追究的重要组成部分，与检察院的起诉、人民法院的量刑一起构成对罪犯狱内又犯罪行为的惩罚，也是监狱奖惩的一种形式。

监狱执法行为样态可以用图 1-1 表示。

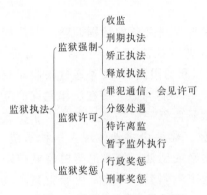

图 1-1 监狱执法行为样态图

# 参 考 文 献

[1] 李福全主编. 监狱民警执法质量评估. 北京：法律出版社, 2008：绪论.
[2] 夏征农, 陈至立主编. 辞海. 上海：上海辞书出版社, 2009：2937.
[3] 于世忠主编. 中国刑法学（总论）；厦门：厦门大学出版社. 2008：357.
[4] 陶驷驹主编. 新中国第一任公安部长——罗瑞卿. 北京：群众出版社. 1996：119.
[5] 邵名正主编. 监狱学. 北京：法律出版社, 1996：17.
[6] 钟安惠著. 西方刑罚功能论. 北京：中国方正出版社. 2001：93.
[7] [法] 米歇尔·福柯著. 规训与惩罚. 刘北成等译. 北京：生活·读书·新知三联书店. 1999：261.
[8] 张明楷著. 外国刑法纲要. 北京：清华大学出版社, 2007：6.
[9] [法] 孟德斯鸠著. 论法的精神（上册）. 张雁深译. 北京：商务印书馆, 1961：153.
[10] 赵秉志著. 刑法基本问题. 北京：北京大学出版社, 2010：175.
[11] 夏征农, 陈至立主编. 辞海. 上海：上海辞书出版社, 2009：767.
[12] [英] 边沁著. 道德与立法原理导论. 时殷弘译. 北京：商务印书馆, 2000：222.
[13] 陈志海著. 行刑理论的多维探究. 北京：北京大学出版社, 2008：147.
[14] [美] E·博登海默著. 法理学——法律哲学和法律方法. 邓正来译. 北京：中国政法大学出版社, 2004：388.
[15] 黄勇峰. 论监狱执法中的自由裁量权. 中国监狱学刊, 2007, (5)：29.
[16] [美] 伯纳德·施瓦茨著. 行政法. 徐炳译. 北京：法律出版社, 1986：567.
[17] 邵名正主编. 犯罪学. 北京：群众出版社, 1987：394.
[18] [法] 卡斯东·斯特法尼. 法国刑法总论精义. 罗结珍译. 北京：中国政法大学出版社, 1998：29.
[19] 于世忠主编. 中国刑法学（总论）. 厦门：厦门大学出版社, 2008：294.
[20] [意] 加罗法洛著. 犯罪学. 耿伟, 王新译. 北京：中国大百科全书出版社, 1996：206.
[21] [美] 理查德·霍斯金等著. 美国监狱制度. 北京：中国人民公安大学出版社, 1991：101.
[22] [英] 凯伦·法林顿著. 刑罚的历史. 陈丽红等译. 太原：希望出版社, 2003：前言.
[23] [英] 凯伦·法林顿著. 刑罚的历史. 陈丽红等译. 太原：希望出版社, 2003：13.
[24] [法] 米歇尔·福柯. 规训与惩罚. 刘北成等译, 北京：生活·读书·新知三联书店, 1999：15.
[25] [日] 福田平, 大塚仁著. 日本刑法总论讲议. 李乔等译. 沈阳：辽宁人民出版社, 1986：206.
[26] 董淑君著. 刑罚的要义. 北京：人民出版社, 2004：110.
[27] 沈家本. 奏请实行改良监狱折//薛梅卿等编. 清末民初监狱改良专辑. 中国监狱学会, 1997：26.
[28] 黄明健. 论我国罪犯人权及其保障. 福建政法管理干部学院学报, 2002, (2)：64.
[29] [英] 安德鲁·考伊尔著. 基于人权的监狱管理——监狱工作人员手册. 国际监狱研究中心出版社, 15. （该文的中译本由英国完成.）
[30] [英] 安德鲁·考伊尔著. 基于人权的监狱管理——监狱工作人员手册. 国际监狱研究中心出版：封底"提示语". （该文的中译本由英国完成.）
[31] 中国监狱学会, 中国人权研究会编. 中国监狱人权保障. 北京：法律出版社, 2004：前言.
[32] 司法部劳改局编. 毛泽东等老一辈革命家论改造罪犯工作. 北京：法律出版社, 1993：6.
[33] 王海明著. 人性论. 北京：商务印书馆, 2005：12、65、66、90.
[34] 曾小滨等著. 监狱刑罚执行理论与实务. 北京：中国政法大学出版社, 2010：138.
[35] 金鉴主编. 监狱学总论. 北京：法律出版社, 1997：228.
[36] 张绍彦著. 刑罚变革和刑罚实现. 北京：法律出版社, 1999：132.
[37] 陈文斌. 论对监狱管理工作进行司法审查的行政诉讼依据和范围——兼批评监狱是司法机关的误区, 犯罪与改造研究, 2006：(9) 23.
[38] 陈兴良著. 陈兴良刑法学教科书之规范刑法学. 北京：中国政法大学出版社, 2003：254.
[39] 夏宗素. 狱政管理问题研究. 中国监狱学刊, 1999, (4)：68.
[40] 郑学群, 孙晓雳等著. 劳改法学基本建设问题. 北京：社会科学文献出版社, 1992：225.
[41] 孙延宏. 监狱在押犯权利的程序保障. 上海市政法管理干部学院学报, 2001, (1)：18.
[42] 曾小滨等著. 监狱刑罚执行理论与实务. 北京：中国政法大学出版社, 2010. 161.
[43] 于爱荣. 魏钟林等著. 监狱囚犯论. 南京：江苏人民出版社, 2011, 102.

# 第二章 监狱执法原则

所谓原则，是指观察问题、处理问题的准则。作为评价人们行为的一种标准，它是人们长期社会实践的经验升华。因此，原则被视为其他规则的来源和依据。作为监狱执法的原则，是指监狱依法对被判处死缓、无期徒刑、有期徒刑的罪犯执行刑罚过程中所必须遵循和依据的具有普遍约束力的法则或标准。从本质上看，监狱执法的原则是刑事政策的具体表现，是监狱行刑过程中观察问题以及处理问题的规则和要求。它对监狱的行刑活动具有整体的指导意义，贯穿了监狱执法活动的全过程。监狱执法原则的科学合理与否，不仅影响到监狱的行刑过程、行刑方法和手段是否符合行刑的客观规律，而且还直接关系到行刑的目的能否实现，监狱的使命能否完成。从这一意义上说，确立科学合理的监狱执法原则就显得极为重要。而真正称得上监狱执法原则的，必须是既能充分体现监狱行刑的目的，有利于监狱行刑目的的实现，又能正确体现和反映监狱行刑活动的本质要求和一般规律，且贯彻监狱行刑活动始终，对监狱整个行刑过程具有整体或宏观指导作用的各项准则。它既不是监狱某项执法活动的具体原则，也不是某一阶段、某一环节的具体行动要求，应具有整体性、全局性和始终性的特点。

根据我国的行刑理论和实践，监狱执法的原则应包括：法治原则、人道原则、公平公正原则、正当原则和效率原则。

## 一、法 治 原 则

法治原则是监狱执法的首要原则，在监狱执法活动中有着无法替代的重要地位。法治原则是国家刑罚权合理有效行使，确保刑罚有效实现的重要保障，是监狱一切刑罚活动开展的基础。法治原则所确立的法律至上的理念，为监狱执法活动提供了基本的思想依据和价值取向。法律至上就是要求监狱及监狱人民警察必须崇尚法律、信仰法律精神，以法律作为言行的准绳，依法对罪犯实施惩罚与改造，依法尊重罪犯人权，切实确立法律的崇高权威。法治原则使监狱执法活动在形式和内容上深入贯彻了"有法必依"、"执法必严"的基本法制政策。监狱法是规范监狱工作的重要法律。法治原则要求监狱执法必须始终围绕监狱法规定，真正做到执法内容标准化、执法过程程序化、执法监督规范化。现代监狱制度中的依法治监，其首要之意就是依法管理监狱人民警察，依法监督其管理罪犯的权力。同时，也要求监狱管理机关在管理监狱时，应以法律为准绳，不能滥施管理权。并要求监狱及其管理机关在制定规章制度时不能违背、违反有关法律。法治原则还使监狱执法活动在充分体现法治精神的前提下，注重刑罚的经济性，即以最少的刑罚资源投入，获得改造罪犯和预防犯罪的最佳效果。此外，法治原则的贯彻又能促使监狱执法在运行方面建立良好的机制，使得刑罚能够得到准确、合法有效的执行，使监狱执法活动始终置于有效监督之下。公正执法是监狱工作法制化的核心。加强执法监督是监狱工作落实法治原则，保证监狱行刑活动正确进行的充分保障，对促进我国监狱法制建设、保障罪犯合法权益、促进罪犯改造质量的提高等诸多方面都有着极其重要的现实意义和深远影响。

（一）法治原则的内涵

在《布莱克法律辞典》中，对"法治"的解释是："法治是由最高权威认可颁布的并且通常以准则或逻辑命题形式表现出来的、具有普遍适用性的法律原则。"所谓法治原则，是指监狱对罪犯执行刑罚必须严格依法进行，监狱、监狱人民警察的一切活动都应有法律上的依据，不允许有任何凌驾于法律之上的特权。这是社会主义法治原则在监狱行刑活动的具体化，也是监狱行刑规范化、文明化、制度化、法律化的必然要求。法治主要包含两个部分，即形式意义的法治和实质意义的法治，是两者的统一体。形式意义的法治，强调"以法治国"、"依法办事"的治国方式、制度及其运行机制。实质意义的法治，强调"法律至上"、"法律主治"、"制约权力"、"保障权利"的价值、原则和精神。形式意义的法治应当体现法治的价值、原则和精神，实质意义的法治也必须通过法律的形式化制度和运行机制予以实现，两者均不可或缺。

监狱执法的原则必须是罪刑法定主义在监狱执法领域的延伸。它是刑事法治的内在要求。如果在监狱执法中不遵循行刑法治，刑罚实现前所做的对罪犯人权保护的一切努力，乃至整个刑事法治的实现都将功亏一篑。这也正是监狱执法活动中遵循法治原则的必要性所在。

（二）法治原则的特征

① 法治原则不只是监狱执法的一种制度化模式或组织模式，而且也是一种监狱执法的理性精神和文化意识。首先是在监狱执法价值方面，形成尊重权利、崇尚法律的观念。法治原则就是将法治作为监狱执法和管理的价值追求，将法治的真正价值内涵和本质内容灌输到监狱执法者的思想观念中，用法治的思想和手段最大限度地限制人治模式的存在和发展。其次是监狱执法制度的法制化，在执法实践中确立法律至上的格局；在法律的运行方面，建立科学合理的机制。只有监狱执法的法治原则观念内化为监狱执法者的内心信念和遵从习惯，符合现代法治精神的监狱执法目的才有实现的可能。

② 法治原则作为现代社会的一种基本追求和向往，构成了监狱执法法制化和规范化的秩序基础。监狱执法法制化是依法治国的具体要求和体现之一，是国家刑事政策的有效载体。监狱作为刑罚执行机关，应严格执法，做到有法可依、有法必依、执法必严、违法必究，坚决维护法律的严肃性和权威性。我国监狱法第五条规定："监狱的人民警察依法管理监狱，执行刑罚，对罪犯进行教育改造活动受法律保护。"依法治监是党和人民通过法律的形式赋予监狱人民警察的职责。基于此，监狱人民警察必须牢固树立法律至上的观念，自觉养成良好的执法意识和执法习惯，全面提升法律素养和执法水平。监狱执法要形成严密而完备的法律法规体系，把罪犯管理、行刑和改造的一切活动纳入法制化轨道。要建立公正、规范、高效、有序的监督程序，形成严密而有效的监狱执法监督体系，确保监狱的一切执法行为、执法环节都符合法律的要求。

③ 法治原则最重要的含义，就是法律在最高的终极的意义上具有规限和裁决人们行为的力量。法律既是公民行为的最终导向，也是监狱执法活动的唯一准绳。监狱法是关于监狱的专门法律。监狱执法的宗旨是"惩罚与改造相结合，以改造人为宗旨"。惩罚与改造是现代监狱的两大职能。监狱工作法制化主要包括惩罚工作法制化和改造工作法制化。惩罚是通过监管剥夺罪犯的人身自由来实现的，改造工作是通过手段、方式、程序等的法制化、规范

化来实现的。因此惩罚与改造要始终坚持唯法是裁，切实排除监狱民警的随意性，使监狱执法行为规范化和决定程序化；判别是非要用公认的标准，决策过程要通过正当的程序，即法定的标准和程序。收监、分管分押、警戒、戒具和武器使用、通信会见、生活卫生、考核奖惩、教育改造、心理矫治等，以及生产管理、劳动纪律、劳动保护和劳动报酬等都要有法可依，有法必依，实现狱政管理法制化、教育改造法制化、劳动改造法制化。

（三）法治原则在监狱执法中的要求

1. 从宏观方面看，法治原则在监狱执法中必须实现以下几个方面的要求

(1) **始终不懈地抓好监管安全长效机制建设** 法治原则在监狱执法中的基本要求是实现监管安全。监狱是国家的重要法器之一，承担着刑事司法四大环节之一的重要工作。这就要求始终坚持把监狱的安全稳定放在各项工作的首位，确保不发生影响监狱和社会稳定的重大事件。监狱必须从大局出发，牢固树立稳定压倒一切的指导思想，始终坚持以安全稳定为主线，建立健全维护监狱安全稳定的防控机制、排查机制、应急处置机制和领导责任机制，加大人防、物防、技防投入的力度，大力加强监管安全长效机制建设，确保监狱的长治久安。

(2) **始终不懈地提高罪犯改造质量** 法治原则在监狱执法中的本质要求是坚持以改造人为宗旨。监狱应当始终以提高罪犯改造质量为中心，针对监狱押犯构成日趋复杂、改造与反改造斗争日趋激烈、监狱现有条件和保障不完备的状况，切实加强和改进教育改造工作，逐步实现分类关押、分类管理、分类改造，不断规范教育改造标准，创新教育改造的手段、措施和方法，因时制宜、因事制宜地丰富教育改造内容，大力提高教育改造的针对性和实效性。

(3) **科学完善监狱法规体系** 监狱执法贯彻法治原则的必要条件之一是要有完备的法律制度。监狱法是规范监狱工作的重要法律，但仅有监狱法还不能说明监狱执法的法治原则的实现。当前，在监狱执法程序、监督、保障等方面还存在法律制度的缺失，应当根据刑事司法和监狱事业发展的需要，以现代法治理念作指导，完善从监狱、警察到罪犯，从收押管理到教育改造再到刑满释放全过程的完备的法规、规章和制度，科学构建监狱法律体系，更好地贯彻落实监狱执法的法治原则。

(4) **始终不懈地抓好规范执法** 法治原则在监狱执法中的客观要求是坚持规范执法。依法办事是监狱的生命线。在监狱执法活动中，执法行为法定化，处理在押人员事务法制化，不随管理者主观意愿评判执法对象，在遇到法律冲突时保持严谨的执法态度，不随意裁断，这是法制化在执法中有法必依的具体体现。监狱要从践行社会主义法治理念出发，注重加强监狱民警法律意识的培养，不断提高监狱民警的执法水平，坚持在建立执法责任体系、执法质量和效益考评体系、执法监督体系上下工夫，切实做到规范执法、公正执法，促进监狱法制化目标的实现。

(5) **始终不懈地抓好监狱民警队伍建设** 监狱民警作为监狱执法的主体，其素质的高低，直接关系到法治原则贯彻的成效。监狱要紧密联系监狱民警思想实际，强化树立社会主义法治理念，通过岗位大练兵和六条禁令的贯彻落实，努力提高监狱民警队伍的政治素质和业务素质。切实加强党风廉政建设，严格实行目标责任制，层层抓落实，努力建设一支政治坚定、业务精通、素质全面、作风优良、勤政廉洁的监狱民警队伍，实现监狱民警队伍革命化、正规化、专业化的目标，以适应监狱事业发展的需要。

2. 从具体层面来说，坚持法治原则就是在监狱执法中要贯彻落实好以下"五个严格"

(1) **严格依照法律规定实施收押** 收押是一项严肃的执法活动，监狱必须依照法律规定

和确定的收监范围及要求，对公安机关交付执行的被判处死刑缓期两年执行、无期徒刑、有期徒刑的罪犯进行审查审核，只有符合法定条件、具备完备法律文书的罪犯，监狱才能收押；不符合法定条件、法律文书不完备，可能导致错误收监的，监狱不得收押。

（2）严格按照法律程序兑现减刑、假释　减刑是指对于被判处有期徒刑、无期徒刑的罪犯，在执行期间确有悔改或者立功表现的，适当减轻其原判刑罚的制度。假释是指被判处有期徒刑、无期徒刑的犯罪分子，在执行一定刑期后，因其遵守监规，接受教育和改造，确有悔改表现，不致再危害社会，而附条件地将其予以提前释放的制度。监狱必须依照法律规定，严格执行减刑、假释制度，按照法定程序进行规范化操作，确实使那些在服刑期间确有悔改或立功表现的罪犯获得减刑、假释的机会。要避免行刑者的个人喜好或主观臆断，损害罪犯依法获得减刑、假释的权益。

（3）严格依法对罪犯进行管理、劳动改造和教育改造　我国监狱法是一部专门的监狱法律，其中对罪犯的管理、劳动改造和教育改造均作了相应的规定。监狱必须严格按照监狱法的规定，加强对罪犯的规范化管理，有效组织罪犯进行劳动改造，科学实施教育改造，促使罪犯在规范的限制内矫正犯罪思想，养成良好习惯，早日回归社会。

（4）严格依法保障罪犯的各项权益　按照法律规定，罪犯作为特殊身份的公民，仍然依法享有未被剥夺的各项权益。由于罪犯的特殊身份，有些权利虽然没有被剥夺，但因人身自由的剥夺而无法直接行使，只能借助于监狱。监狱必须端正执法的指导思想，高度重视和依法保障罪犯在法律许可范围内的各项权益，真正使罪犯在监狱服刑期间享有法定的基本权利。

（5）严格依法释放罪犯　罪犯刑满释放是指监狱对有期徒刑罪犯以及由死刑缓期两年执行、无期徒刑减为有期徒刑的罪犯执行完毕人民法院判决或裁定的自由刑刑期，依法按期对其解除监禁状态、恢复人身自由的法律行为。对于服刑期满的罪犯，监狱必须依法予以释放，并发给释放证明书。任何迟缓释放或超前释放都是对法治原则的破坏，也是国家法律所严令禁止的。

## 二、人道原则

监狱行刑人道化，是监狱价值系统中最基础的东西，是监狱存在发展的价值起点。人道不是工具理性意义上的手段，它是对监狱最起码的要求，在文明社会尤其如此。人道原则的首要命题就是将罪犯自身的完善作为价值目标。按照人道主义理论，人如何才能实现自我完善，这就是给人以自由。在人道主义的指导下，行刑人道化应当尽量创造条件给予罪犯某种形式的自由。监狱行刑的主要目的就在于通过剥夺罪犯表面的行动自由将罪犯从那些不良环境的影响下解放出来，帮助罪犯树立真正的不屈服于本能的意志自由，从而真正成为实践理性的主体。从这个意义上说，监狱行刑就必须以帮助罪犯实现自由为目的。同时，人道原则致力于对罪犯人权的保障，体现了极大的人文关怀。现代行刑的目的是为了使罪犯改恶从善，重返社会。这就要求监狱在行刑中必须承认罪犯仍然享有人权，并保障罪犯的人权。对罪犯权益的承认与保护，不仅能使罪犯在监狱规制中感受到生存的价值和意义，体会到作为人具有的人格和尊严，而且能对监狱秩序的正义性进行诠释。当前，行刑人道化在现代文明的社会里正成为日益高昂的呼声，要求在立法、司法到执法的过程中培养起一种彰显人道主义的理念。在我国，监狱法的颁布实施为罪犯的权益保护奠定了科学的法律前提和观念准备,并且国家为罪犯的权利实现提供了必要的政治、经济、文化条件。在政治上,国家始终对罪犯奉行社会主义人道主义哲学,为罪犯的人权保障提供了现实基础。在监狱职能上,国家正在逐步实现监狱职能的单一化,在重视对罪犯基本生存权利保护和人身、人格保护的同时,突出罪犯的学习、技能训练、刑满就业等发展权,使罪犯的权益保障更具时代特征。在经济上,国家将罪犯的生活经费以实物量形式拨付,将监狱经费和建设投资纳入财政预算,为监狱保障罪犯权益提供了必要的物质条件。尤其是行刑实践中,全国范围内的关押布局调整,从根本上改变着监狱的自然环境和人文环境,最直接地实践着对罪犯的人文关怀。人道原则的目的是将罪犯改造成为守法的公民,让罪犯重新回归社会。重新回归社会,能再次获得自由和发展的权利对罪犯来说就是最大的人道。除对那些罪大恶极、危害巨大的罪犯处以极刑外,绝大多数罪犯还是要给予重新做人的机会。采取正确的政策,科学而有效地改造他们,使他们能悔过自新,遵纪守法,适应正常的社会生活,不致再危害社会,是保证社会秩序稳定最有效、最积极举措。因此,监狱坚持以改造罪犯为中心,就是坚持了人道主义的原则和精神。

(一)人道原则的内涵

在现代社会里,监狱行刑人道化对矫正犯罪人的反社会性人格、打破犯罪心理结构、促进犯罪人再社会化具有非常重要的价值。监狱行刑人道化是人本主义原则的当然要求。监狱行刑总是意味着对罪犯的与自由相关的一些权力的剥夺和限制,它必然给罪犯带来一定程度的痛苦,所以,在监狱执法过程中贯彻人道主义原则是以维护人的尊严、关注人的权利为根本目的的。人道原则是一个与社会发展密切相关的概念,现在提出的人道主义不仅是保障吃穿等基本生存权利,还包括罪犯个人发展的权利、感情诉求得到表达、尊重的权利等。

所谓人道原则,是指给予正在服刑中的罪犯以人道主义待遇,在法律规定的范围内,尊重罪犯的人格和各项权利,坚决废除酷刑和其他残忍、不人道、有辱人格的待遇或处罚。监狱内执法行为作为刑罚的实现方式之一,其存在的人道主义精神更应该得到社会的重视。人道主义作为改造罪犯的一项基本原则,贯穿于监狱行刑的全过程,是改造罪犯的行动指南。实现监狱执法的人道主义,应当特别关注两个规则:一是以自由刑为中心建立刑罚体系,并重视替代性刑罚措施的运用;二是刑罚执行过程中应当满足受刑人之作为人的各种需要,给予其人道的待遇。在判断人道原则是否得到认同和贯彻时,一般将非必要的执法行为、方法纳入酷刑的范围。最好的社会政策是最好的刑事政策。犯罪如果能用社会性措施解决,就不必要使用执法行为的方法解决,否则就是残酷的。我国刑法第三十七条规定:"对于犯罪情节轻微不需要判处刑罚的,可以免予刑事处罚,但是可以根据案件的不同情况,予以训诫或责令悔过、赔礼道歉、赔偿经济损失,或者由主管部门予以行政处罚或行政处分。"这一规定既符合执法行为经济性的要求,又符合人道主义的要求。现在的问题是,我国刑法和司法实践如何在技术与规则领域更好地实施这一规定。

(二)人道原则的特征

1. 人道原则的内容通过法律规范形式予以设定和演绎

我国监狱法从国情出发,参照有关国际公约和世界范围内的行刑理念,对我国罪犯的权利作了相应的规定。在监狱法第一章"总则"中明确规定了罪犯在监狱服刑期间应当享有的基本权利。在其他章节中也规定了罪犯的各项具体权利,诸如人格不受侮辱权、人身安全不受侵犯权、合法财产不受侵犯权、辩护权、申诉权、控告和检举权、必要的物质生活待遇权、通信和会见权、受教育权、劳动权、休息权、依法获得减刑或假释及其他奖励权等。此外,罪犯服刑期满回归社会后,依法享有和其他公民平等的权利。我国法律还为罪犯行使权利规定了一系列保障措施,如监狱法第八条规定:"国家保障监狱改造罪犯所需经费。监狱的人民警察经费、罪犯改造经费、罪犯生活费、狱政设施经费及其他专项经费,列入国家预算。国家提供罪犯劳动必需的生产设施和生产经费。"第十三条规定:"监狱人民警察应当严格遵守宪法和法律,忠于职守,秉公执法,严守纪律,清正廉洁。"监狱的人民警察不得有下列行为。

① 索要、收受、侵占罪犯及其亲属的财物。
② 私放罪犯或者玩忽职守造成罪犯脱逃。
③ 刑讯逼供或者体罚、虐待罪犯。
④ 侮辱罪犯的人格。
⑤ 殴打或者纵容他人殴打罪犯。
⑥ 为牟取私利,利用罪犯提供劳务。
⑦ 违反规定,私自为罪犯传递信件或物品。
⑧ 非法将监管罪犯的职权交与他人行使。
⑨ 其他违法行为。

监狱人民警察有上列行为,构成犯罪的,依法追究刑事责任;尚未构成犯罪的,应当予以行政处分。第六条规定:"人民检察院对监狱执行刑罚的活动是否合法,依法实行监督。"

2. 人道原则与满足受刑人作为人的基本需要密切相关

监狱行刑人道化,首先就是以尊重罪犯的人格尊严为前提,其次才是保障罪犯的基本需要、罪犯的劳动权益和罪犯的发展权。正如我国有学者所指出的那样,监狱人道的逻辑结构如同寻常公民一样,最底层面是人作为动物体必需的待遇,也就是说罪犯人道的生物性需要;其次是一般性或者社会性方面的,即罪犯作为人与其他社会成员相同的人道要求。

3. 人道原则所提倡的人道主义是以集体主义为核心的人道主义

人道原则,强调的是个人人权与集体人权、与社会的利益统一。不但注意保障个人的人权,更注重保障国家、社会、集体的权利。坚持人道主义与社会历史条件相一致,人道主义与社会历史发展相统一,追求的是实实在在的、具体的"人道",而不是虚无的、抽象的所谓"人权"、"人道"。在监狱执法中所坚持的人道主义原则,就是这一基本精神的具体体现。

(三) 人道原则在监狱执法中的要求

1. 以实现罪犯重返社会为目的的法治价值是人道主义的基本要求之一

剥夺罪犯的自由并把他关起来的目的是为了什么?功利主义者曾做过人道主义的回答:将个人功利主义原则扩展运用于整个社会,推导出社会功利,并由此将刑罚的目的归结为预防犯罪。这种理论有力地推动了西方社会刑罚制度的人道主义改革。联合国《囚犯待遇最低限度标准规则》[1955年在日内瓦举行的第一届联合国防止犯罪和罪犯待遇大会通过由经济及社会理事会以1957年7月31日第633C(XXIV)号决议和1977年5月13日第2076(LXII)号决议予以核准]第五十八条写道:"判处监禁或剥夺自由的类似措施的目的和理由是为了保护社会,避免受犯罪之害。唯有利用监禁期间在可能范围内确保犯人返回社会时不仅愿意而且能够遵守法律、自食其力,才能达到这个目的。"我国监狱法第三条规定"监狱对罪犯实行惩罚与改造相结合、教育与劳动相结合的原则,将罪犯改造成守法公民。"依照这一规定,监狱改造的目的是将罪犯改造成为遵纪守法的公民,这与国际人道主义标准的要求相一致。

2. 人道原则要求在监狱执法活动中必须始终坚持罪犯也是人的思想

国务院总理温家宝曾庄严承诺:"政府所作的一切,都是为了人民生活得更加幸福、更有尊严。"所谓尊严,是人人享有的受法律保护的一项基本权利。随着社会的文明进步,人的尊严更加得到世俗的广泛关注和重视。罪犯虽是受刑人,处于权利的弱势地位,其人格尊严同样受到法律保护,受到现代法治视野下人们的强烈关注。因此,人道主义原则就是要求把人当作人看,将人作为最高的不可替代的价值,且人道是不能为任何价值让步的最高价值。在人道主义原则指导下,行刑人道化首先成为必然的选择,这个选择不依附于其他任何价值,不因为犯罪人的人身危险性有多么巨大或者犯罪人所犯罪行的社会危害性多么严重而改变对犯罪人的人道主义待遇。犯罪人,首先是作为人的犯罪人,其就应当享受作为人的基本待遇。既然要把罪犯当作人看,就要求在行刑过程中必须无条件地保障罪犯的基本需求,把罪犯作为刑罚执行法律关系的主体而不仅仅是客体,即要求在监狱行刑过程中充分注重罪犯的人格尊严,使罪犯从中体会人的尊严和价值。所以,坚持人道原则,就要求在监狱执法中,注重对罪犯基本权利的尊重和保护,对罪犯在法律允许范围内诉求的理解,对非人道执法行为的杜绝。为了使罪犯权利有法律上的保障,我国监狱法第七条规定:"罪犯的人格不受侮辱,其人身安全、合法财产和辩护、申诉、控告、检举以及其他未被依法剥夺或限制的权利不受侵犯。"

3. 人道原则要求在监狱执法过程中给罪犯以人道主义的待遇,如保障罪犯的会见、通信权、健康权、财产权等权利

不同的价值取向决定了不同的法律选择。我们所处的社会文化环境导致了这样的思维惯式,即为了维护社会整体利益和国家秩序,刑罚的功能似乎只能是惩罚犯罪,打击罪犯以保护社会。监狱执法存在的价值成为刑罚绝对工具主义的解读。这是一度流行的只讲刑罚保护功能,不讲刑罚保障功能的刑罚价值观在行刑领域的体现。随着我国政治民主化程度的提高和市场经济体制的建立,这种片面的刑罚价值观失去了存在的基础,现代法治理念逐步确立,越来越多的人认识到保障罪犯的权利就是为了保障所有人的权利。虽然监狱中罪犯的人道主义待遇会受到各种各样条件的限制,但是必须有一个确定性的标准,这个标准正如有的学者所说:"监狱中罪犯的待遇应当达到社会平均生活水平。低于社会平均生活水平的监狱待遇,原则上应当被认为是不符合人道主义要求的。"在此,应清醒地认识到,监狱人道并非一种工具性意义上的手段。也就是说,简单地认为对罪犯实行人道主义,就是以人道感化他们,为他们能够接受教育和改造创造必要的情感基础,这是把人道确定为实现感化目的的工具性层面上,是一种不正确的观念。人道是以人为中心、以人为本体,首先就是人,其次还是人,归根结底罪犯是人。

4. 人道原则要求监狱执法必须始终坚持以法律法规为准绳

监狱执法的依法性决定了监狱执法的各项活动必须有相应的法定授权、法律依据、法定的程序和实体要求,这就从根本上保障了监狱执法的正当性,从而保障了罪犯的权利。因此,监狱要在法律规定的范围内,尊重罪犯的人格和各项权利,依法落实好人道主义的待遇。同时,要重视和依法实施对罪犯权利的救济。"有权利必有救济"是人们普遍信奉的法理。对于在监狱服刑的罪犯,权利救济显得更为重要。比如监狱主管机关、上级机关的行政监督、监狱内部的行政监督;保护罪犯的申诉、控告、检举的权利,罪犯写给监狱的上级机关和司法机关的信件不受检查等。当然,人权是一个不断发展的概念,不能脱离一个国家的政治、法律、经济、文化等现实状况。对于罪犯的人权,我国从法律设定上是予以相应保障

的，关键是要进一步畅通已有的救济渠道，不断增加和发展新的救济途径。

## 三、公平公正原则

监狱是国家的刑罚执行机关。监狱管理是以执行刑罚、惩罚和改造罪犯为主要内容的刑事执法活动。监狱执法实现公平公正原则是贯彻社会主义法治理念之公平正义的具体体现，充分反映了社会主义法治理念的实践价值。监狱执法的公平公正关键取决于科学有效的制约机制，实现执法的公开透明。监狱执法者只有在行刑过程中始终坚持秉公执法、公正执法，平等对待每一名罪犯，保障罪犯正当权力的行使，才能真正确保从执法的实体和程序两个层面来贯彻公平公正的原则，有效实现对社会主义法治核心理念的追求。公平公正原则是实现行刑法制化的必然要求。法治社会有两项最基本的要求：一是要有良好的法律；二是这种法律得到普遍的服从。所谓"良好的法律"，就是体现社会公平和正义的法律；所谓"普遍的服从"，就是法律的实体正义和程序正义都能得到全面的实现。现代法治既是公平正义的重要载体，也是保障公平正义的主要方式。监狱的公正执法来源于国家的政治正义和国家刑罚的公正，保障罪犯的合法权益是监狱公正执法的最好体现，也是"法律面前，人人平等"的宪法原则的重要体现。在监狱执法中贯彻公平公正的原则，是建设社会主义法制国家、贯彻依法治国方略的本质要求，是彰显现代法治文明、实现监狱行刑法制化的必然要求。公平公正原则还有利于树立监狱机关及监狱人民警察的法治形象。监狱是国家政治文明的窗口，是人权问题的热点领域，是内外关注的重点部门之一。监狱人民警察在代表国家执行刑罚、管理和教育改造罪犯工作中既是执法者、管理者，又是教育者，还是为罪犯提供法律服务的法律工作者。因此，监狱机关及监狱人民警察必须始终保持政治上的敏锐性和原则性，贯彻落实好公正执法，自觉做到监狱执法的每一环节都应当有法律的依据，都应当符合公平正义的价值追求，真正树立良好的法治形象。随着法治社会、社会法治理念的推进和深化，人们对于法治的信心，仅仅靠学习法律条文是难以获得和树立起来的。人们必须看到法律得到公正的执行，看到执法者对于法律的忠诚和尊崇，看到法律在实践中显示出的威力，看到法律面前，人人平等，才会真正对我们的法治产生信心，对我们的法律尊敬和服从。监狱机关、监狱人民警察是国家的代表，执法机关及执法者公正执法无疑是一种最好的法治宣传。

（一）公平公正原则的内涵

公平公正是社会主义法治的价值追求。维护和实现公平公正是监狱工作的永恒主题和神圣职责。作为专门的刑罚执行机关，监狱必须将公平公正作为贯彻执法始终的重要原则。监狱执法的公平公正，除了对罪犯实施惩罚、实现对大多数人的公平外，更重要的是体现在规范执法的过程中，即建立制约机制，实现执法与管理的公开透明。所谓公平，从字面上看，公平一词泛指具有公正性、合理性的观点、行为以及事业、关系、制度等。公平在本质上是法治追求和实现的目的。尽管公平有着一张普洛透斯似的脸，但"公平的观念，把我们的注意力转移到了作为规范大厦组成部分的规则、原则和标准的公正性与合理性之上"，它关注的是"法律规范和制度性安排的内容，它们对人类的影响以及它们在增进人类幸福与文明建设方面的价值。"[1] 所谓公正，即公平、正义，这是法治的实质含义。在全部罪犯受处罚的过程中，公正执法是至关重要的。监狱人民警察是法律职业者，其言行举止代表的是政府，是法律的化身。监狱人民警察的公正、平等执法对形成全社会法律至上的意识具有直接的作用，尤其是监狱作为刑事司法的最后一道工序，是社会正义的最后防线。公平公正包括程序的公正和实体的公正，其核心是保障罪犯平等地获得基本权益。

（二）公平公正原则的特征

1. 公平公正原则制约和评价着监狱执法的诸多目标

监狱执法实践中，为了确保狱内安全，监狱采取严格措施对罪犯进行人身限制，以致在监狱内形成了监狱执法的绝对权力，无视罪犯人权，只重视维持安全秩序。监狱执法人员对执法行为惩罚内涵扩大化，导致大量刑外之罚存在，破坏和制约了监狱执法的公平性与公正性。从监狱的职能来看，监狱执法的价值取向不能仅围绕着国家利益和社会秩序，应当更多地考虑在惩罚、矫正罪犯的范围内，最大限度地维护罪犯的人性尊严，重视罪犯健全人格的培养，在行刑秩序和罪犯权利之间寻求结合或平衡。在这里并不是否认对罪犯严格管理的合法性和合理性，而是期冀监狱执法的制度安排，应建立在尊重人性的基础之上，最大限度地保障每个罪犯人格健康发展的可能性，不能单纯地依靠威慑和强制使罪犯遵守规则纪律。对经历了一系列刑事司法过程正在监狱服刑的罪犯而言，除了切实感到因自身犯罪所必须承受的自由的限制和剥夺而产生的痛苦外，还有来自社会公众的否定评价，在满足了人们伸张公平、惩罚犯罪的要求的同时，将罪犯排除在这个社会之外以达到社会安定的目的显然是一种倒退。当法律从对人的制度转为以人为主题时，处于刑事法与社会边缘的监狱，必须关注罪犯作为社会人的存在，正视受刑人大多会重返社会的现实，它不可能再回到严刑峻法的历史原点。因此，从这个角度来说，监狱执法的公平应当包括对罪犯行刑的目的和手段正当合法，就是所谓的实体的合法。同时，明确手段和目的的内容及相互关系，而以狱内秩序的稳定为追求目标，显然是监狱执法手段和目的的颠倒。监狱机关在国家法律为执法行为权规制的合理区间内依法行刑，履行自己的法定义务和责任，而对于罪犯，也是行刑法律关系的一种主体，应当参与行刑机制的运行过程，形成"权利制约权力，权力支持权利"的双向互动机制，做到实体与程序的互为促进。

2. 公平公正原则以良法和社会道德评价为先决条件

作为国家的执法机关，监狱执法的公平公正取决于善国良法和社会道德评价。执法行为作为国家经常情况下能够施暴的最高形式，通过对犯罪这种不公平的行为的打击和惩治，为社会提供一种相对明确的公平的概念和标准，执法行为存在的本身体现了原始公正的观念，从而在人类发展史上延续至今，但其适用性随着人类文明的发展受到越来越严格的限制。执法行为作为公平的化身，不因其具有示范人们行为预期的功能而愈加严厉。监狱执法也是如此。一个身体被监禁起来的人不再扰乱他人的安宁，伤害别人的能力已被限制后，再进一步对他进行残害，那就是野蛮而没有根据的报复。监狱执法的一切措施的采取都必须符合普遍的法治、公平、人道等原则，用具体制度来保护罪犯这一弱势群体的最大利益，规制监狱执法权力，从而达到监狱执法价值与人类理性和道德公平评价的统一。

3. 公平公正原则是监狱执法行为的核心要素

公平是现代法治追求的重要目标之一。国家权力能否合法行使直接影响社会公平。公正是社会制度的首要价值，它是法的价值内核，是法促进的核心价值，是区分良法与恶法的价值标准，是法律冲突的"平衡者"和"仲裁人"。因此，公平公正原则的实质层面，即公正、公平、公开，这是监狱执法正义的应然内涵。在监狱执法中，执法必须公正，处于中立，不偏不倚；刑罚的施加必须合理、适当，相对均衡；执法过程处于公开的可预知、可监督的状态。在监狱执法中，要坚持法律面前人人平等，一视同仁，不得因罪犯个人财富、社会地位等不同而区别对待。

（三）公平公正原则在监狱执法中的要求
1. 要树立公正执法的法治理念
监狱的职能是正确执行刑罚，惩罚和改造罪犯，预防和减少犯罪。监狱要从这一职能出发，始终牢记公平正义是社会主义法治的价值追求，坚持秉公执法，自觉以人民利益、国家利益、社会利益为重，遵循以事实为根据、以法律为准绳的司法原则，做到于法有据、用法适当，正确执行法律，提高执法水平；坚持公正执法，既要努力实现公正，又要追求实现公正的效率，达到实体公正与程序公正并重、公正与效率均衡；坚持以公开促公正，深入推进政务公开和狱务公开，不断改进公开的形式和载体，真正实现监狱执法与管理的公开透明。

2. 要科学制定罪犯奖惩制度
对罪犯依法实行刑事、行政奖惩是监狱行刑中的一项重要执法活动，对罪犯的行刑改造具有重要的引导、预测、评价和激励作用。监狱要从管理和改造罪犯的实际出发，全面深入地厘清罪犯刑事、行政奖惩存在的弊端和不足，结合现代行刑趋势和法治要求，在法律规定的框架内，认真总结完善罪犯刑事、行政奖惩制度，科学合理地制定奖惩标准、考评办法和奖惩工作程序，确保监狱行政奖惩规范公正，提出减刑、假释意见适当，办理暂予监外执行合法。

3. 要依法规范重点执法环节
从监狱行刑实践看，监狱执法的重点环节是收押、释放、考核、奖惩、提出减刑假释意见、办理暂予监外执行等。监狱要立足于践行社会主义法治的价值追求，突出监狱执法重点环节的控制，按照可操作性、合理性、合法性的要求，及时修订重点执法环节的工作制度，健全和完善重点执法环节的运作机制，严格罪犯的收押、释放制度，规范罪犯的考核、奖惩制度，严格对减刑、假释工作的审核、审批，细化暂予监外执行工作规范，切实减少自由裁量空间，依法规范操作，准确实施奖惩，使对罪犯减刑、假释、暂予监外执行等重要执法结果公正。

4. 要大力加强监狱执法监督
加强监狱执法监督是监狱公正执法的重要保障。一旦失去监督，监狱执法就难以避免地存在漏洞、发生偏差。对监狱执法进行监督，不仅要关注刑罚执行的正确运行，更要关注罪犯的生存状态和权力状态，防止罪犯遭受刑罚执行权异变造成的伤害。为此，监狱要通过狱务公开促进执法公正，遵守监狱对社会做出的改造罪犯工作承诺。加强监狱内部的业务监督，突出监察监督，自觉接受检察机关的法律监督、人民法院的业务监督和人民群众的社会监督。通过狱务公开、接受监督，实施"阳光作业"，避免"暗箱操作"。

5. 要依法实现权力制约
权力必须受到监督和制约，是一切法治社会遵循的一条重要原则。惟其如此，才能真正实现其核心价值。作为监狱来说，保障罪犯的合法权益是监狱行刑的核心内容。行刑实践中，监狱警察是强者，罪犯是弱者。作为公权力的刑罚权和属于私权利的罪犯权利两者在性质上的对立，致使彼此存在一定程度上的制约关系，限权和维权统一于行刑的过程。用现代法治的眼光来分析，监狱以及监狱警察仍有广泛的、不受制约的权力，而这些权力对罪犯的权利构成威胁。监狱应当清醒地认识到这一现状，注重加强对罪犯权利的保护，加强对监狱权力的限制。要高度重视监狱执法程序建设，正确配置、科学分解、规范运作监狱执法权，用组织决策权力制约执行人的权力，用集体行使权力制约各方行使的权力，用群众知情权制约执法运行的权力，并建立执法审批责任制，保证监狱执法权力的正确行使。

6. 要严格实行执法过错责任追究

监狱人民警察是执法者，理应模范遵守国家法律、法规和其他有关监狱人民警察执法的规定，没有任何超越法律规定的特权。监狱要从执法的实际出发，坚持从严治监，从严治警，建立健全监狱民警执法过错责任追究制度，明确监狱民警执法过错的判断标准、内容和追究的程序，明确构成执法过错的行政责任、违反法律规定构成犯罪的刑事责任，充分发挥执法过错责任追究对监狱民警的警示作用、对具有执法过错的监狱民警的惩戒作用和对落实制度的保障作用，有效预防和减少监狱民警执法过错行为的发生，确保监狱民警真正做到规范公正执法。

# 四、正当原则

我国的监狱是将罪犯改造成为守法公民的特殊场所。监狱行刑的核心内容是对监狱和罪犯权利义务关系的调整，其正确运行的根据是法律对监狱和罪犯权利义务的正确规定，而这种良好的法律被普遍遵守即为法治。纵观世界法治的发展，法治的实现首先是法律所表现出的良好的正当程序，监狱行刑也不例外。从这一意义上说，正当原则有利于实现公正公平，体现正义。人类社会是利益博弈的社会，这是因为有限的自然资源面对的是人类无限的占有欲望。为了化解这一矛盾，协调冲突，反应社会成员之间关系的公正价值就被人类社会认为是最优先考虑的价值。公正是平衡和协调人与人之间、人与自然之间、人与社会之间关系的价值，公正涉及社会成员地位、权利、义务、财富、机会等最基础、最重要的社会资源，反映的是人类共同生活形式所固有的特征，是任何一个社会成立的道德基础。在监狱执法过程中，程序公正公平尤为重要，而且在执法过程中，正当程序的反复适用远比追求一次结果正义更让公正理念深入执法对象的内心，令人信服的规则会使被管理者主动遵循。因此，正当程序的价值在于实现公正公平，体现正义。同时，正当原则的存在是政策转化为良法的程序保障，限制了恣意、随意执法，防止执法权力滥用，并实现民主的参与。正当程序通过活动过程的理性安排，能有效地防范权力行为的恣意和滥用，并由此实现民主参与，保障民主权利。这里所说的参与包括执法者和被执法者，双方在法律实施的层面上是平等的。正当程序中的回避制度、说明理由及听取意见制度和公开制度等，都可以有效地限制权力行为的专横和滥用，同时说明理由及听取意见和公开也保障了罪犯的知情权、参与权等罪犯的权利，实现了民主的过程。正当原则还能切实保障监狱执法对象的权利不受伤害。有学者在论及正当程序的价值时曾指出："人的主体性以及对人的尊重和平等保护是我们把握程序正当性的关键和切入点，也是正当程序的价值所在。"当然，这种人权保障理念不仅仅是执法正当程序的价值，也是正当司法程序、正当立法程序的价值所在。正当程序不仅能使实体上的结果对当事人是公正的，而且要求实现实体公正的过程，同样具有尊重人权和平等保护的正当性。所以说，正当程序的目的还在于对监狱内执法对象的权利的保护。

（一）正当原则的内涵

所谓正当原则是指程序正当原则。理解这一原则必须先要明确"程序"的概念。博登海默将程序定义为："自然进程和社会进程中都存在着某种程度的一致性、连续性和确定性。"[2] 程序作为人类实践活动的产物，能够满足人们对于生命及财产安全的需要。在此，我们更多地关注监狱执法程序的价值。监狱行刑的程序正当是指监狱行刑程序自身必须符合社会正义的要求，反映社会正义的内在本质。我国监狱依法对罪犯开展的执法活动是我国社会主义法制事业的重要组成部分，它要求所有的执法活动必须符合社会和人民的整体利益，符合社会制度和人民要求的基本规范。监狱执法程序的正当性首先必须体现民主、文明的时代精神；其次应当有利于产生符合人民和社会整体利益的结果，尽最大可能实现"将罪犯改造成为守法公民"的行刑目标。

1. 监狱执法的法治原则要求执法程序中正当原则的存在

把程序正义作为监狱工作和监狱法研究的重点，就要将保证过程正义的研究作为建立监狱执法正当性的重点。监狱法的颁布实施为我国自由刑执行过程中实现依法治监提供了基础和要求。实行法治要求事物的形式具有合理性，即自身过程和品质的优良性。法治更多的是法律运行和法律效果问题，程序正义符合法治的特征。

2. 程序正当原则相对于我国监狱法规及监内执法对象具有独立价值，而且具有优先地位

但这并不意味着程序正义能够脱离实体正义和服务功能，两者不是非此即彼或舍此取彼的关系，应以程序为主，程序蕴含着实体内容，以程序本身建构为中心，确保执行活动每个细节的道德合理性和精确性。以惩罚为例，监狱对罪犯的惩罚是以正义性为品质的，它必须在程序设置和运行中得以体现。这种正义性体现在它是以罪犯接受改造为目的，并保持必要限度。

3. 程序正当原则不仅仅是法律层面的程序，而且是监狱内执法程序的正当

社会主义国家的刑罚应具备更高层次的监狱执法程序的合理性，应建立一套评判监狱法执行手段和运行程序的价值标准，即它的内在道德性和品德是否体现了对罪犯作为人的尊严的维护和关怀，这也是程序正义理论的基本观点。这个价值标准或许对罪犯和社会人员没有明显的价值，但是，正义体现在实行过程中，强调以令人信服的方式实现正义，罪犯应获得公正处遇。刑罚执行既不是实现刑罚目的的工具，也不是社会政治功利的工具，而是我们用以对罪犯负责，对依法治监负责，对执行活动的科学性本身负责的过程。得到罪犯的认同和积极参与是我们成功的重要参数。一项法律程序的设计应尽力确保它符合内在的价值标准，它应从内部环节而不是任何外部因素得到体现。

（二）正当原则的特征

1. 执法的正当程序与实体规定彼此具有形式上的共生性

纵观法律的发展史，早期的法律具有程序和实体并存的特点。随着法律的不断进步，程序法和实体法在一些法律部门又逐渐分离，并发展成为独立的法律。但是，法律调整的社会关系是复杂多变的，这就要求法必须积极适应灵活应对。监狱行刑实践中，监狱行刑法律是调整监狱行刑关系的法，监狱法律关系具有复杂性和易变性的特征，这就要求监狱行刑法律必须根据不断变化的情况，对法律关系作出相应的规定和调整。特别是在现代法治条件下，行刑被赋予了更多的内容，必然需要程序的规定予以保证，两者由此客观上形成了共生关系，监狱行刑法律便成为实体和程序并存的法律。监狱执法程序是行刑法律的重要内容。从我国行刑的基本法律规范来看，监狱法既是程序法，又是实体法。监狱执法活动作为一个统一的整体，它的内容和程序的划分只是相对的，两者互为你我。应当说实体与程序同为监狱执法的内容和表现，实体相对于程序而言，程序依实体而立。离开程序的规定，实体就失去了存在的形式和实现的保证，而失去实体的执法程序也就没有了存在的必要。

2. 正当原则的价值体现在对罪犯权利保障的真实性上

监狱执法主要通过对监狱和罪犯权利义务关系的调整来实现，权利义务的内容贯穿于监

狱执法过程的始终。根据一些学者的研究结果，是基于以国家权力为标准，还是以公民权利为标准，我们可以从法理学的角度将法律分为义务本位的法和权利本位的法。作为规范监狱执法活动的监狱法同我国其他法律一样，都属于权利本位的法，其实体规定及程序设计都是以罪犯合法权利的保护为基点。例如监狱法对监狱的收押、罪犯奖惩、监外执行等都做出了具体的程序性规定，这些程序在规范监狱执法的同时，防止了因监狱权力可能被滥用而造成对罪犯权益的侵害。另外，监狱执法的有关程序设立直接就指向罪犯的权益保障问题。如，监狱法规定罪犯写给监狱的上级机关和司法机关的信件不受检查。这种规定一方面具有实体的性质，另一方面更是罪犯通信权如何得到保障的程序性要求。由此可以看出，监狱法在监狱执法程序方面都体现了一个基本思想，即通过对监狱权力的控制和对罪犯权利的保障，保证罪犯的合法权益真正得以实现，使罪犯权利在监狱执法程序中得到最为真实的反映。

3. 正当原则建立在其他司法机关广泛参与的基础上

在监狱执法程序中，减刑和假释由法院最终审核裁定。根据宪法和监狱法的规定，人民检察院对监狱执法活动是否合法依法实行监督。这种规定在法律上具体明确了人民检察院对监狱行刑的监督权，充分体现了检察机关对监狱行刑程序的参与性，为监狱执法活动深入有效开展提供了有力的法律支持。人民检察院对监狱执法的监督贯穿于刑罚执行的全过程，监狱执法程序和内容受到全面、有效监督。如罪犯的法定权利是否得到有效的保护；罪犯履行法定义务的情况是否符合法律的规定和要求；在刑罚执行的期限、方式、效果等方面是否存在问题；监狱收押罪犯的程序是否正确；对罪犯的奖惩是否依法进行；罪犯是否按期释放，等等，这些都属于人民检察院法律监督的内容。正是由于其他司法机关的广泛参与，使得监狱执法在程序上受到全面的监督，保证了程序的正当性、合法性和合理性。

（三）正当原则在监狱执法中的要求

1. 要加强对监狱执法活动程序的研究，提高对监狱执法程序内在规律的认识

现代意义的监狱执法强调对执法程序的规范化，并以法定的形式设置程序规则规范行刑活动，以体现行刑法治的基本精神。当前，在执法实践中忽视程序、违反程序的现象依然存在，这对监狱正确地执行刑罚起了一定的掣肘作用。监狱机关必须高度重视执法程序问题，加强对执法程序的研究，充分认清监狱执法程序的本质规律，不断完善监狱执法程序，实现执法程序的规范化。而监狱执法程序的完善有赖于对执法活动内在规律的把握，完善监狱执法程序的意义就在于使执法程序的设计更加符合执法的内在规律性，保障执法准确有效地进行。其实，执法程序的设计本身就是一个理论内容，这需要我们以科学的态度和方法去分析、去研究。只有理论正确地反映了事物的客观规律，才能有效地指导实践，保证监狱执法程序不发生偏差，从而提高监狱执法的效能。

2. 要严密监狱执法程序规定，保障监狱执法活动质量

监狱执法的程序规定明确具体，监狱执法才能得到有效保障。当前，我国法律法规中有关监狱执法的程序规定还较为原则和笼统，可操作性不强，一定程度上影响了监狱执法的实际效果。随着行刑法制化要求的不断提高，必须进一步完善监狱执法程序的有关规定，使正当程序的落实具有针对性内容，不致因疏漏或缺陷而影响监狱执法的质量。在完善监狱执法程序的规定中，要特别细化对执法工作具有实质性影响但还没有反映到规则中的一些程序。例如时效及法律后果等方面的规则，正是目前程序规范中的薄弱环节，完善程序规范时应当重点予以明确。以时效规定为例，时间期限作为法的运动及存在的基本要素之一，是程序构成中一个不可或缺的基本要素。监狱法律规范通过对时效的规定，确定监狱执法行为的时间

条件和界限，防止因无时效规定而产生的适法无期、适法无果的现象。另外，对与罪犯的权利直接相关的时效，如对申诉控告材料的处理及转送，做出审批及复议结果等期间均应从严掌握，并规定违反这些时限应承担的法律责任。

3. 要高度树立权利意识，切实加强罪犯权利保障程序建设

正当程序核心的价值即在于使罪犯获得以下程序性权利：事先通知的权利、罪犯奖惩或奖励过程的参与、辩护申诉权、获得公正无私的审判人员以及执法机关的调查和结论的权利。而罪犯权利保障是监狱执法过程中的一个核心问题，也是监狱执法程序在设置上应重点考虑的一个基本问题。从监狱执法现状来看，当前对罪犯的权利保障应当着重在罪犯权利的程序救济和罪犯获得法律帮助的权利设置及程序两个方面予以加强。"无救济则无权利"是现代法治的一个重要原则。对罪犯的权利保障必须设置救济途径，这是维护公平正义、保障罪犯人权的基本要求。基于我国目前罪犯获得救济的途径单一，检察监督的手段不够，且监督效率低下的现实，设置更多的罪犯权利保障的途径和程序显得十分必要。而且，罪犯因自身的犯罪行为受到法律制裁，其本身对法律帮助的渴求就变得非常迫切，但是法律并没有设置必要的途径来对罪犯提供可靠的、长期的、畅通的法律帮助渠道。因此，监狱机关和监狱民警必须从罪犯的改造出发，高度重视罪犯的权利保障，依法、科学、合理地完善罪犯权利保障程序，使罪犯权利在程序规范中得到最大程度的实现。

4. 要及时清理不当法律规章，保障监狱执法程序规范统一

针对有关监狱执法程序的规范间存在冲突的问题，应当对规范及时进行清理。在清理过程中，首先要辨明法律和程序的效力，对于冲突的法律条款和程序应遵循上位法优于下位法的原则，在删除不合理法规时要及时填补其留下的空白。对于监狱执法程序规定中的缺陷，应当及时依法予以改进。一方面，尽管现有的监狱法律对监狱执法的内容和要求作了较为明确的规定，但目前监狱许多重要的执法活动和行为，仍然缺少相对统一的程序规范。例如目前对罪犯释放当日的具体释放时间没有规定。另一方面，监狱执法程序规范较多地集中在事后的监督和救济方面，比如监狱执法赔偿等。

5. 要在贯彻执法程序正当性的同时注重实体内容的适当性

监狱执法中实体内容的适当性，就是要求奖惩与现实表现相一致，在执法中始终贯彻"宽严相济"的刑事政策。监狱对于罪犯的情况和态势要做出科学的判断，针对具体罪犯的不同情况，区别对待，综合运用从宽和从严两种手段处理案件，做到既打击和震慑狱内犯罪，维护服刑改造的严肃性，又尽可能地减少对抗，化消极因素为积极因素，最大限度地实现监狱执法效果与社会效果的统一。监狱执法适当性的核心是区别对待，目的是促进监狱内运行秩序的稳定，在监狱行刑实践中做到该宽从宽、当严则严、宽严相济、罚当其罪。

# 五、效率原则

在现代法治社会，公平与效率始终是人们关注的核心问题。监狱执法实现公平与效率的均衡发展是监狱机关实践社会主义法治的价值追求。中央政法委书记周永康同志曾指出：监管场所要把改造人放在第一位。要把刑释人员重新违法犯罪率作为衡量监管工作的首要标准，确保教育改造工作取得实效。因此，监狱在坚持公平公正执法的同时，必须始终坚持和发展好效率原则，实现监狱改造人的宗旨。从行刑实践看，坚持效率原则有利于优化监狱执法资源配置，实现更好的执法效益。执法行为收益的目标内容不同，注定了资源配置模式的

选择不同。市场经济条件下的人们很容易把更多的资源配置给短期效益、显性效益、直接收益显著的领域，但是，为改善执法软环境所需要消耗资源的领域，即形成长期收益、隐性收益、间接收益的领域，常常容易被人们忽视，以致付出较大的代价。随着法治社会建设的不断推进，监狱执法工作面临许多新的课题和难题，效率原则中的行刑成本的减少与实际情况不符，行刑成本的变动需要相应制度的配套和人们行刑观念的改变。监狱机关落实"首要标准"，提高改好率，就必须科学审视执法资源配置问题，选择最佳执法资源配置模式，优化执法资源的配置方式，实现执法效益的最大化。与此契合，效率原则有利于罪犯的再社会化，实现社会对监狱的有效期待。监狱执法的目标是将罪犯从社会不合理与反社会行为的恶性循环中解救出来，从而有效地防止和减少重新犯罪。这一目标的实现是监狱提高改造质量，增加"改好率"、降低"重犯率"的重要保障。而贯彻效率原则就是要提高罪犯的改好率，将更多的罪犯改造成为守法公民，为社会主义事业和法治社会建设做出积极的贡献。这项挽救人的工作是建设社会主义精神文明，提高全民族素质的重要组成部分；是构建和谐社会的一项积极因素；更是落实首要标准，提高罪犯的再社会化程度，降低重新犯罪率的重要途径。效率原则还有利于强化监狱民警的宗旨意识，提高监狱民警的执法水平。监狱民警作为监狱的执法主体和主要管理者，其职责就是依照监狱法律法规，对罪犯进行严格管理和教育，将罪犯改造成为符合社会需求的守法公民。而效率原则始终将罪犯的改好率作为监狱执法的要义，在更深层面体现了监狱的法治价值，符合现代法治精神。由此监狱民警更能理性地考量监狱执法的价值追求，做到严格公正执法，依法、科学、文明使用各种改造手段，有效地实现使罪犯顺利回归社会的目的。

（一）效率原则的内涵

效率一词可以在多种意义上使用，但其基本内涵是指从一个给定的投入量中获得最大的产出，即以最少的资源消耗取得更多的效益。对于监狱执法工作来讲，"效果"就是罪犯的"改好率"。由此，可以将监狱执法效率理解为监狱执法过程中所投入的行刑成本、资源与所获得的罪犯改好率之间的对比关系，从而理性地考量监狱执法过程中合乎行刑目的的有效成分。监狱执法效率的提高，必须同时兼顾两个方面，一是监狱执法成本的有效降低，二是提高改好率，增加结果收益。

1. 监狱执法成本

所谓监狱执法成本，是指国家对罪犯执行刑罚所支付的费用和代价，包括行刑过程中直接和间接耗费的人力、物力和财力。如为了保证监狱执法的顺利进行，由国家承担监狱机关的日常开支，主要包括监狱人民警察经费、罪犯关押和改造经费、罪犯生活经费以及罪犯劳动所必需的生产经费、狱政设施经费等。在行刑过程中，随着奖惩措施的运用以及行刑社会化程度的提高，行刑成本会发生变动。如对于在行刑过程中确有悔改或立功表现的罪犯按法律规定及时予以减刑、假释，可以有效节约监禁成本。如果应当予以减刑、假释的罪犯没有被减刑、假释，就会造成执行成本的增加。

2. 监狱执法效益

监狱执法效益是指国家和社会通过对罪犯执行刑罚所要达到的预期效果和目标追求，主要表现为惩罚和改造罪犯、预防和减少犯罪、保障和谐社会的建设等方面。从社会分工程度上讲，监狱作为一个社会公共产品，其最终的目的在于促进经济的发展和社会的进步，促进人性的解放和发展，促进社会资源的合理配置和高效利用。从法律层面上讲，监狱执法的目的在于改造罪犯，使其出狱后能够适应社会生活，从而有效预防和减少犯罪，保障社会秩序的稳定和国家建设的顺利进行。从监狱执法收益的角度讲，在现代社会法治、民主、文明的价值基础上，建立符合监狱发展方向的监狱执法价值观，确保罪犯得到平等对待和正确行刑，促进罪犯人格完善和提升，以达到顺利回归社会的目的，进而预防和减少犯罪，维护社会的稳定和发展。否则，监狱执法效率将大打折扣。国家将为重新犯罪率的提高付出更大的代价。

（二）效率原则的特征

1. 监狱执法效率的运行机制取向存在一定的反比现象

监狱执法效率的运行机制有两种取向，即减少监狱执法成本，或者提高监狱的改好率。执法成本和执法效益运行的状况如何，是作为国家刑罚执行机关的监狱必须面对和考量的现实问题。理论上说，在执法成本降低的同时，执法效益获得提高，是监狱执法效率的最佳模式。但这种模式在监狱执法实践中因诸多因素难以实现。在当前的社会转型期，法治社会建设的步伐加快，监狱押犯数量、监狱基本建设投入不断增加，导致监狱行刑成本在不断加大。与此同时，由于监狱警力配置不足、管理模式粗放、教育工作弱化、奖惩措施单一等诸多现实问题，导致监狱行刑效益不尽理想，罪犯再社会化程度不高，罪犯重新犯罪率较高，罪犯狱内犯罪案件时有发生。监狱执法成本投入与执法效益之间客观上存在的反差，对监狱执法实践构成严峻的考验。监狱执法的目的是让罪犯重返社会，这就意味着法律资源的倾斜、监狱经费投入的增加和社会负担的加重，作为符合现代法治精神的监狱执法价值，这种投入的持续性增加是必要的。因为这不仅仅是一种社会善举，更是一种国家责任，彰显了人类文明的价值取向。

2. 监狱执法效率受监狱执法社会化程度的影响极为突出

随着社会的发展，监狱执法的社会化特征越来越明显，监狱执法的社会化会大量节约监狱设置和运转所需的人力、物力和财力。从另一角度讲，监狱执法作为惩罚犯罪、保护人权、矫治罪犯的综合体，监狱应当为罪犯重返自由生活提供教育性扶助，尽可能地缩短服刑环境与社会环境的差距。现代社会已发展到信息时代、知识经济时代，监狱模仿的社会环境未必是罪犯将面临的生活环境，但通过心理辅导和矫治可以引导他们在出狱后面临排斥、缺乏扶助时不再选择犯罪。如果国家和社会放弃这一努力方向，罪犯可能因缺乏生存技能，缺乏基本社会扶助，缺乏心理准备而重新犯罪。

（三）效率原则在监狱执法中的要求

1. 要始终坚持以改造人为首要目标

监狱作为专门的刑罚执行机关，改造人是其神圣的职责和不变的宗旨。而首要标准的提出，又进一步强化了监狱的宗旨意识。围绕"改造人"这一首要目标，在监狱执法实践中必须协调好改造罪犯与监管安全、生产经营等工作之间的主次关系。例如，没有一个稳定有序的监管改造环境，发生罪犯伤害、脱逃等事故的可能性就会加大，监狱执法的成本将会大量增加。

2. 要在法律保障范围内积极拓宽行刑的方式

从监狱执法层面来看，"降本提效"主要是把握和解决好行刑不足与行刑过量的问题。目前的行刑情形是行刑过量占据主体，行刑过量造成执法成本的无谓增加，这亟待通过调整完善现行的有关法律政策予以解决。从实践出发，主要是以下两个方面：一是调整完善现行的罪犯减刑与假释刑事奖励政策。罪犯减刑、假释同样能使罪犯提前回归社会，但性质和效果却有着极大的差别。罪犯减刑改变了原判刑期，削弱了法律的神圣性，而假释只是改变了行刑方式且有"考验期"的限制性。减刑释放的罪犯较假释的罪犯缺少了法律上的事后约束性。因此，要通过对相关法律条款的修改完善来达到逐步提升罪犯假释的比例和逐步降低减刑比例的目的。尤其是对犯罪情节轻微的罪犯、过失犯、偶犯、初犯等应该明确地在法律层面体现出"宽"的一面。二是修改完善现行的罪犯保外就医政策。目前，办理罪犯保外就医工作主要依据1990年12月31日司法部、最高人民检察院、公安部联合印发的《罪犯保外就医执行办法》。随着时间的推移，《罪犯保外就医执行办法》已不适应形势发展的需要，有些新的病种或病情找不到所符合的条款，这些不足之处亟待完善和补充。此外，在罪犯保外就医工作中还存在地方公安机关不愿意接受，病犯家属因经济困难等原因不愿意具保的现象，这些也需在法律层面予以解决。

3. 要采取多元手段强化教育改造实效

监狱要坚持改造人的宗旨，认真贯彻司法部关于教育改造工作的相关要求，积极采取多种形式，不断丰富教育改造的内容，切实提高教育改造的针对性和实效性。在对罪犯开展相应的思想、文化、技术教育的同时，要通过社会帮教、心理矫治、创业培训等多种方式强化对罪犯的攻心治本教育。监狱要认真实施对罪犯的行政、刑事奖励，奖励不能仅仅取决于罪犯的劳动表现，要将罪犯政治、法律、文化、技术学习和认罪服法程度等情况纳入考核范围。

4. 要依托科学管警加强人本建设

监狱民警队伍是贯彻落实效率原则的根本保障。监狱机关要始终着眼"从严治警"，切实加强对民警的管理和教育，努力提高监狱民警队伍的执行力和战斗力。要从监狱实际出发，加大基层组织建设的力度，进一步优化警力资源配置，实现警力的最佳整合，为提升执法效益打下坚实的队伍基础。要深入实施"从优待警"，在严格要求民警依法履职的同时，确保监狱民警工作、学习与身心调适的有机结合，不能仅仅将民警视为实现监狱功能的"工具性"群体。要紧紧围绕监狱民警作为一种特定职业人所产生的各种需求，将监狱民警群体和个体的健康全面发展视为监狱人力资源工作的核心目标，科学合理地完善相关制度规定和目标要求。只有如此考虑并具体运作，监狱制定的各项规定措施才能更加符合客观实际，从而使监狱的各项职能得到更好的发挥。

5. 要适当加大社区矫正的力度

社区矫正是将符合社区矫正条件的罪犯置于社区内，由专门的国家机关在社会团体、民间组织、社会志愿者等的协助下，矫正罪犯的犯罪意识和行为恶习，促进其顺利回归社会，是一种非监禁刑罚执行方式。实行社区矫正可以更好地贯彻罪刑相适应和刑罚个别化原则。大量犯罪情节轻微、社会危害性较小、主观恶性不大的犯罪分子，经过侦查、起诉和审判阶段，部分人能够意识到自己犯罪行为的危害，就没有必要判处监禁，剥夺其自由。在监狱服刑的罪犯，有的能够认罪服法，悔过自新，回归社会后，不致再次犯罪，就没有必要继续留在监狱执行剩余刑期。在这种情况下，对他们实施社区矫正就能够达到惩戒、教育之行刑目的。实行社区矫正，无需警戒设施及警戒人员，有利于降低行刑成本和合理配置行刑资源。同时，实行社区矫正具有显著的行刑效益。如开展社区公益性或谋生性劳动，能帮助罪犯提高就业能力；将罪犯分散进行社区矫正，能有效避免罪犯因集中关押导致的"交叉感染"；有利于罪犯家庭的稳定等。

**参 考 文 献**

[1] 杨一平著. 司法正义论. 北京：法律出版社，1999. 9.
[2] [美] E·博登海默著. 法理学——法哲学及其方法. 邓正来，姬敬武译. 北京：华夏出版社，1987：207.

# 第三章　监狱执法依据

　　监狱执法依据是监狱执法的基础，它为监狱执法提供最本源的法律依据和法律伦理，是所有监狱执法的前提和必要条件，因此必须厘清监狱执法的法律规范，以实现法律的准确适用，维护法律的威严。并基于此，对我国现行监狱法律在立法地位、体系及内容上存在的缺陷作出分析。

## 一、监狱执法依据概述

　　监狱执行刑罚时所依赖的法律依据对刑罚职能的实现有决定性影响。因此，正确理解监狱执法依据的内涵、意义，掌握监狱法律规范的脉络、内容显得十分重要。

　　（一）监狱执法依据的内涵

　　监狱执法依据是指在监狱执法活动中，将抽象的法律规范同具体的行为和事实联系起来并对特定对象的权利义务关系作出判断和决定所适用的标准。一般来讲，监狱执法依据是指监狱执法所遵循的法律依据和法律伦理。我国是成文法和制定法国家。我国关于监狱刑罚执行的法律表现形式主要有：宪法、法律、行政法规和部门规章、地方性法规和地方政府规章、法律解释等。其中，1994年12月29日，第八届全国人民代表大会常务委员会第十一次会议通过的《中华人民共和国监狱法》是一部专门的监狱法律，是我国现行监狱执法的主要法律依据。同时，我国签署、加入并经过国家最高立法机关批准的国际公约、协定、条约也是我国监狱执法的重要依据。从广义上讲，除了严格、规范意义上的法律渊源外，党和政府关于罪犯改造和监狱工作的相关政策，司法部监狱管理局、省级（司法厅、监狱管理局）监狱管理机关制定的关于监狱劳动、教育、改造、管理等方面的大量规范性文件，也是监狱执法的重要依据。同时，随着不同国家在刑罚执行领域的合作交流，基于人权、人道、反对酷刑等人类基本理性而共同认可的行刑规范，尤其以联合国为主导的关于刑罚执行、监狱制度以及罪犯保护方面的具体规范，也是监狱执法的重要依据。

　　（二）监狱执法依据的意义

　　1. 监狱执法依据是监狱执法的前提和基础

　　监狱执法是依法行为，这就意味着监狱执法的付诸实施必须要"有法可依"，即有相关法律依据是监狱执法行为成立的必要条件。没有法律允许、支持的行为都不能称为监狱执法行为。因此，可以依据的相关法律，是一切监狱执法行为的前提和基础。

　　2. 监狱执法依据决定了监狱执法行为的内容和形式

　　监狱执法具有机械性、消极性和程式性等特点，表现为必须对现行法律严格遵守。有关监狱执法的法律规范，明确了监狱执法的主体、对象、方式以及相关的程序性和实体性内容等。虽然各个层次的监狱法律规范的详略程度不同，但监狱执法的实践必须遵守和符合这些法律规范，这就意味着，监狱执法依据的既定决定了监狱执法行为内容和形式的既定。

3. 监狱执法依据保障了监狱执法的功能发挥

监狱执法依据不但为监狱的执法行为提供了法律依据，也为在监狱执法依据下的监狱执法行为提供了法律保护，使得严格遵循法律规定的执法行为不受法律的责难，监狱及监狱人民警察的执法行为获得法律上的支持，受到法律的保护。因此监狱执法的依据就为监狱执法功能的发挥、实现给予了保障。

(三) 我国监狱执法的主要依据

我国关于监狱、刑罚执行等方面的法律规范主要有以下几种。

1. 宪法

宪法作为国家的根本法，是一切国内法的依据。我国现行宪法是1982年12月4日第五届全国人民代表大会第五次会议通过，并分别于1988年、1993年、1999年和2004年通过相应的修正案。宪法中关于国家性质、国家机关活动基本原则、公民权利和义务、司法制度的规范等，其中有些属于监狱法律规范。如宪法第二十八条规定："国家维护社会秩序，镇压叛国和其他危害国家安全的犯罪活动，制裁危害社会治安、破坏社会主义经济和其他犯罪的活动，惩办和改造犯罪分子。"此条规定既是监狱法的立法依据，也是重要的监狱法律规范。宪法也明确规定，国家保护和尊重人权。罪犯是中华人民共和国公民，除被法律明确剥夺、限制以及因被监禁而无法行使的权利外，其他权利受宪法保护。罪犯刑满释放后，依法享有与其他公民平等的权利。就我国的法律实践来看，宪法法律渊源的特点是：任何下位法不得与宪法冲突，违宪的法律绝对无效；宪法条款极少被直接援引，鲜有直接以宪法条文为判决法律依据的。

2. 法律

包括全国人民代表大会及其常务委员会制定的含有监狱法律规范的法律，如直接相关的刑法、刑事诉讼法、监狱法、人民警察法等，其中1994年12月29日第八届全国人民代表大会常务委员会第十一次会议通过，以中华人民共和国第35号主席令颁布施行的《中华人民共和国监狱法》是专门、系统地规范监狱行刑活动的法律，是监狱法律的基本渊源。监狱人民警察作为国家公务员，其权利、义务和管理同时适用公务员法。又如监狱在罪犯劳动强制执法中，应当执行国家有关劳动保护的规定，因此，安全生产法、消防法、职业病防治法等法律也是监狱执法的法律依据。下文就刑法和刑事诉讼法作简要介绍。

① 我国现行刑法典共十五章四百五十二条，分总则和分则两部分。总则中规定刑法的任务是"用刑罚同一切犯罪行为作斗争，以保卫国家安全，保卫人民民主专政的政权和社会主义制度，保护国有财产和劳动群众集体所有的财产，保护公民私人所有的财产，保护公民的人身权利、民主权利和其他权利，维护社会秩序、经济秩序，保障社会主义建设事业的顺利进行"，并确立了"罪刑法定"、"法律面前人人平等"和"罪刑相当"三大原则。分则中，刑法对各项罪名的认定、量刑幅度作出了具体规定。我国刑法第一篇第四章第六、七节有关减刑、假释的相关规定是监狱、人民法院办理罪犯减刑、假释案件的基本依据。

第七十八条对监狱罪犯减刑的适用条件作出具体规定："在执行期间，如果认真遵守监规，接受教育改造，确有悔改表现的，或者有立功表现的，可以减刑；有下列重大立功表现之一的，应当减刑：阻止他人重大犯罪活动的；检举监狱内外重大犯罪活动，经查证属实的；有发明创造或者重大技术革新的；在日常生产、生活中舍己救人的；在抗御自然灾害或者排除重大事故中，有突出表现的；对国家和社会有其他重大贡献的。"并就减刑幅度作了规定：减刑以后实际执行的刑期，"判处管制、拘役、有期徒刑的，不能少于原判刑期的二分之一;判处无期徒刑的,不能少于十三年;人民法院依照本法第五十条第二款规定限制减刑的死刑缓期执行的犯罪分子,缓期执行期满后依法减为无期徒刑的,不能少于二十五年,缓期执行期满后依法减为二十五年有期徒刑的,不能少于二十年"。

第七十九条对减刑的法定程序作出规定:"由执行机关向中级以上人民法院提出减刑建议书。人民法院应当组成合议庭进行审理,对确有悔改或者立功事实的,裁定予以减刑。非经法定程序不得减刑。"

第八十条规定无期徒刑减为有期徒刑的刑期计算是"从裁定减刑之日起计算"。

第八十一条假释的一般适用范围及条件为"被判处有期徒刑的犯罪分子,执行原判刑期二分之一以上,被判处无期徒刑的犯罪分子,实际执行十三年以上,如果认真遵守监规,接受教育改造,确有悔改表现,没有再犯罪的危险的,可以假释。"其例外为,"如果有特殊情况,经最高人民法院核准,可以不受上述执行刑期的限制","对累犯以及因故意杀人、强奸、抢劫、绑架、放火、爆炸、投放危险物质或者有组织的暴力性犯罪被判处十年以上有期徒刑、无期徒刑的犯罪分子,不得假释"。

第八十二条规定罪犯假释程序依照减刑的法定程序。

第八十三条规定假释考验期限的计算方法。

② 1979年7月1日第五届全国人民代表大会第二次会议通过的《中华人民共和国刑事诉讼法》,于1996年3月17日第八届全国人民代表大会第四次会议予以修正,共十七章二百二十五条,分为总则、立案侦查和提起公诉、审判、执行四部分。在总则中明确了刑事诉讼法的任务是"保证准确、及时地查明犯罪事实,正确应用法律,惩罚犯罪分子,保障无罪的人不受刑事追究,教育公民自觉遵守法律,积极同犯罪行为作斗争,以维护社会主义法制,保护公民的人身权利、财产权利、民主权利和其他权利,保障社会主义建设事业的顺利进行",确立了"严格遵守法律程序"、"分工负责,互相配合,互相制约"、"保障诉讼参与人的诉讼权利"等几项原则。并对立案侦查、提起公诉、审判、执行的操作程序和具体环节作了明确规定,其中关于监狱刑罚执行的内容是监狱执法的重要法律依据。

第二百一十条对被判处死刑缓期二年执行的罪犯适用减刑作出规定:"在死刑缓期执行期间,如果没有故意犯罪,死刑缓期执行期满,应当予以减刑。"并规定了其程序是"由执行机关提出书面意见,报请高级人民法院裁定"。

第二百一十四条是对被判处有期徒刑或者拘役的罪犯适用暂予监外执行的规定。保外就医的对象是"有严重疾病需要保外就医的;怀孕或者正在哺乳自己婴儿的妇女。对于适用保外就医可能有社会危险性的罪犯,或者自伤自残的罪犯,不得保外就医。""对于被判处有期徒刑、拘役,生活不能自理,适用暂予监外执行不致危害社会的罪犯,可以暂予监外执行。""对于罪犯确有严重疾病,必须保外就医的,由省级人民政府指定的医院开具证明文件,依照法律规定的程序审批。"

第二百二十一条规定对被判处管制、拘役、有期徒刑或者无期徒刑的罪犯适用减刑假释的程序是"由执行机关提出建议书,报请人民法院审核裁定"。

第二百二十三条规定监狱和其他执行机关在刑罚执行中,如果认为判决有错误或者罪犯提出申诉,"应当转请人民检察院或者原判人民法院处理"。

附则第二百二十五条规定了罪犯在监狱内犯罪的案件,其侦查权归属于监狱。

3. 行政法规和部门规章

根据我国立法法的规定,部门规章由国务院各部、委员会、中国人民银行、审计署和具有行政管理职能的直属机构,根据法律和国务院的行政法规、决定、命令,在本部门的权限范围内制定。部门规章规定的事项应当属于执行法律或者国务院的行政法规、决定、命令的事项。涉及两个以上国务院部门职权范围的事项,应当提请国务院制定行政法规或者由国务院有关部门联合制定规章。部门规章由部门首长签署命令予以公布。在我国的监狱法律体系中,行政法规较少,而低一级的部门规章较多。如原公安部制定的《劳动改造管教队工作细则(试行草案)》(1962年)、《监狱、劳改队管教工作细则》(1982年)。现行有效的与监狱工作相关的司法部部门规章主要有:第5号令《司法部关于加强监管改造工作的若干规定》(1989年10月20日发布施行)、第10号令《司法行政法制工作规定》(1990年8月18日发布施行)、第11号令《监管改造环境规范》(1990年11月6日发布施行)、第14号令《司法行政机关信访工作办法(试行)》(1991年1月24日发布施行)、第17号令《劳改劳教工作干警行为准则》(1991年9月10日发布施行)、第18号令《关于颁发司法行政荣誉章的规定》(1991年9月13日发布施行)、第56号令《未成年犯管教所管理规定》(1999年12月18日发布施行)、第64号令《狱内刑事案件立案标准》(2001年3月9日发布施行)、第67号令《监狱劳动教养人民警察着装管理规定》(2002年1月25日发布施行)、第76号令《外国籍罪犯会见通讯规定》(2003年1月1日发布施行)、第77号令《监狱提请减刑假释工作程序规定》(2003年4月2日发布,2003年5月1日起施行)、第79号令《监狱教育改造工作规定》(2003年6月13日发布,2003年8月1日起施行)、第88号令《监狱服刑人员行为规范》(2004年3月19日发布,自2004年5月1日起施行)等。

4. 地方性法规和地方政府规章

根据宪法、地方各级人民代表大会和地方各级人民政府组织法的规定,省、自治区、直辖市人民代表大会常务委员会有权制定地方性法规;省、自治区的人民政府所在地的市和经国务院批准的较大的市的人民代表大会及其常务委员会有权制定地方性法规,但需报省、自治区的人民代表大会常务委员会批准;省、自治区、直辖市以及省、自治区的人民政府所在地的市和经国务院批准的较大的市的人民政府,可以根据法律和国务院的行政法规,制定地方性的规章。这些地方性法规、政府规章和民族自治地方的自治机关制定的自治条例和单行条例中含有监狱法律规范的,也是监狱法律的渊源,但他们只在本行政区域内有法律效力。

5. 法律解释

由特定的国家机关按照宪法和法律赋予的权限,对有关法律和法律条文所进行的解释,具有法律效力。其效力的大小,因解释机关的权限而异。在我国,正式有效的法律解释分为立法解释、司法解释、行政解释等类型。有关监狱工作的法律解释,也是监狱法律的渊源。

6. 国际公约、协定、条约

我国政府所签订、加入或承认并经国内最高立法机关批准的国际公约、条约、协定等,在我国境内具有法律效力。按照国际条约和国际惯例的规定,凡是条约的缔约国和加入国,除保留意见的条款外,都有履行条约规定的义务。那些涉及监狱管理和囚犯待遇等方面内容的国际条约,也是监狱法律的渊源。例如,1988年9月5日第七届全国人大常委会第三次会议决定我国加入《禁止酷刑和其他残忍、不人道或有辱人格的待遇或惩罚公约》,同时声明对该公约的第二十条和第三十条的第一款予以保留。同宪法一样,国际公约、条约、协定等不具有直接的约束力,不可以直接引用,一般要通过立法程序转化为国内法的相关规定。

## 二、监狱基本法律规范

　　1994年12月29日，第八届全国人民代表大会常务委员会第十一次会议通过的《中华人民共和国监狱法》以中华人民共和国主席第35号令发布实施。监狱法是新中国成立以来第一部有关监狱惩罚与改造罪犯方面的监狱法典，是国家重要的刑事法律之一。它的颁布，填补了我国刑事立法的空缺，与刑法、刑事诉讼法共同构成了我国完整的刑事法律体系，完善了从侦查、起诉、审判到执行的刑事司法制度，以法律形式明确规范了国家刑罚执行机关与国家立法机关、审判机关、侦查机关在刑罚执行过程中的相互关系。监狱法典的出台对中国法制建设有着重大的意义，正如1995年2月14日召开的全国监狱工作会议的报告中所言，"监狱法的颁布实施，是我国社会主义法制建设史上的一件大事，是监狱发展史上的里程碑，是一件值得庆贺的盛举。监狱法是新中国成立40多年来监狱工作成就的结晶，是监狱工作历史经验的科学概括和总结，凝聚着广大监狱干警长期以来惩罚犯罪、教育改造罪犯的丰富经验和解放思想、勇于探索、敢于创新的聪明才智，饱含着从事执行刑罚和监狱理论研究工作者的科研成果。监狱法的实施，标志着我国监狱工作进入了新的历史时期。"[1]

　　监狱法共分为总则、监狱、刑罚的执行、狱政管理、对罪犯的教育改造、对未成年犯的教育改造、附则七章，共七十八条。

　　第一章总则是整个监狱法中最重要的一章，在本章中比较集中地规定了监狱法最基本的内容和各个方面的基本含义。例如，监狱法第一条的立法宗旨有三层含义，即正确执行刑罚、惩罚与改造罪犯、预防和减少犯罪；第二条明确规定监狱的性质是"国家的刑罚执行机关"，监狱工作应遵循的原则是：惩罚与改造相结合、教育与劳动相结合、依法保护罪犯的合法权益、组织社会力量参与对罪犯的教育等。本章实际上是监狱及改造罪犯工作的共同制度或原理、原则的规范体系，对其他章节的具体规定具有重要的指导意义，其他章节则是总则中相关规定的具体体现。

　　第二章是对监狱的设置、撤销、迁移，监狱的内部机构和人员配置以及监狱人民警察行为规范的规定。如第十一条规定监狱的设置、撤销和迁移，由国务院司法行政部门即司法部批准；第十三条、十四条是对监狱人民警察行为规范、职业道德和工作纪律作出的规定。

　　第三章是关于刑罚的执行的规定。这一章所指的刑罚执行是狭义的，并不包含监狱执行刑罚的所有活动，如狱政管理、教育改造等均有专章规定。这里的刑罚执行，主要是监狱执行刑罚过程中所遇到的一些程序性问题，包括收监，对罪犯申诉、控告、检举的处理，监外执行，减刑假释，释放和安置。如第二十九、三十条规定了有期徒刑和无期徒刑罪犯减刑的条件、程序；第三十五条、三十六条规定监狱应当按期释放罪犯并发给释放证明，公安机关凭释放证明办理户籍登记。

　　第四章是关于狱政管理的规定。狱政管理也称狱内行政管理，是指监狱根据党的监狱工作方针、政策和监狱法律法规的规定对狱内罪犯实施行政管理的活动，狱政管理是改造罪犯的基本手段之一，它不仅为教育改造和劳动改造提供必要的前提和保证，自身也有较强的改造功能，对罪犯具有约束、惩戒、矫治、养成、激励、引导的作用，同时狱政管理又是严肃的执法工作，它监督罪犯履行法定的各项义务，保障罪犯享有的合法权利。本章规定分押分管、警戒、戒具和武器的使用，罪犯的通信、会见，罪犯的生活、卫生对罪犯的奖惩和对罪犯在服刑期间犯罪的处理。

第五章是对罪犯教育改造的规定。对罪犯的教育改造是监狱工作的重要组成部分，是实现刑罚目的的重要手段和基本方式。本章总结了我国监狱对罪犯进行劳动改造和教育改造的基本经验，在注重劳动改造的同时，特别强调了对罪犯的教育改造，并把思想教育摆在重要位置，同时考虑罪犯顺利回归社会的需要，突出了罪犯的文化、技术教育，并将其纳入所在地的教育规划。

第六章对未成年犯的教育改造。本章是对未成年罪犯教育改造的专门规定，体现了对未成年犯执行刑罚时的特殊保护原则。根据我国法律规定，未成年人是指未满18周岁的公民。我国刑法第十七条第一、二款规定，"已满十六周岁的人犯罪，应当负刑事责任"，"已满十四周岁不满十六周岁的人，犯故意杀人、故意伤害致人重伤或死亡、强奸、抢劫、贩卖毒品、放火、爆炸、投毒罪的，应当负刑事责任。"监狱法第七十四条规定未成年犯应该在未成年犯管教所执行刑罚，第七十六条规定，未成年犯成年后，剩余刑期不超过两年的，仍可留在未成年犯管教所执行剩余刑期。第七十五条明确规定对未成年犯执行刑罚应当以教育改造为主，其劳动应当符合未成年人特点，以学习生产技能为主。监狱应当配合国家、社会、学校等教育机构，为未成年犯接受义务教育提供必要的条件。

第七章附则。第七十八条规定了监狱法自公布之日起施行，即从1994年12月29日起生效。

# 三、国际监狱法律规范

自人类出现犯罪行为以来，不同时代、不同地域、不同民族的人们就一直遭受犯罪的困扰。近代以来，各个国家在处理犯罪问题的过程中逐渐认识到，犯罪现象是国际社会的公敌，解决这个给全球造成严重危害的问题需要遵循一致的法律规则，国际社会应当采取全球性的战略措施。在刑事司法和保障人权方面，联合国最早重视的是监禁刑。监禁刑剥夺罪犯的人身自由，其执行过程较长，执行过程中所涉及的问题也较为复杂，因此，各国法律和联合国的有关标准、规则对这种刑罚的执行所作的规定均相当详细。其中以联合国为主导的关于刑事司法根本性准则体系受到了国际社会的普遍承认和尊重，本章节就联合国有关监狱的主要法律规范予以介绍。

早在联合国成立以前就出现了以国际行刑会议为形式的私人社团。从16世纪起，欧洲各国包括后来的美国就一直很关注、重视各国之间的监狱行刑事务，在18～19世纪的欧美国家监狱制度改良运动中，了解各国的刑罚执行制度、互相沟通、加强合作、借鉴成功的经验，完善自己的刑罚执行制度或监狱制度逐渐成为国际社会的共识。在美国的监狱制度吸取了英国爱尔兰制的成功经验，推行累进制并以此为基础发展为感化院制后，美国的监狱制度步入了近代监狱制度的新时代，走在了世界各国的前列，1870年在美国辛辛那提召开的第一次全美监狱大会通过了《1870年原则宣言》。宣言倡导教育刑的矫正理论，强调行刑的目的是教育感化犯罪人，提倡对犯罪人实行分类累进处遇制并进行宗教教诲、文化教育、工业技能训练，主张用监规纪律培养犯人的自尊心并奖励其良好的行为，这些理论和观点对世界各国的监狱改革产生了积极的影响。1872～1950年期间，以美国政府为主承办了十二届国际行刑会议。1950年的第十二届国际行刑会议决定将国际刑法及监狱协会合并到联合国组织中，改名为"联合国预防犯罪及罪犯处遇大会"，每五年举行一次。国际社会在预防、打击犯罪、改造罪犯领域的合作进入了新的发展时期。联合国在预防犯罪和刑事司法领域的活动，是通过加强和完善预防犯罪和刑事司法方案来实施的，其设置于经济和社会理事会内，由包括预防犯罪和刑事司法委员会、预防犯罪和刑事司法司、预防犯罪及罪犯处遇大会、作业研究机构等在内的执行机构具体落实执行。

（一）联合国关于监狱行刑规范的组成

罪犯作为人，虽然是人类社会的一个特殊群体，但依然享有其基本人权，如生存权、健康权、免受酷刑和其他不公正待遇的权利、人格受尊重权、诉讼权、不受各种歧视权、信仰自由权和自我发展权。"根据上述国际公约和规则，罪犯的权利主要有以下几个方面：物质生活待遇权、人身不受酷刑体罚、虐待侮辱权、提出请求和申诉权、私人财产不受侵犯权、宗教信仰自由权、同外界接触权、文化娱乐权、劳动权等。"[2]在世界范围内，人们普遍认为囚犯的权利非常容易被侵犯，对囚犯的保护不仅仅依赖于一个国家现行的法律规定，还有必要通过国际法准则、公约、协议、文件等方式为各国保护囚犯提供参考和相应准则，并便于各国交流。[3]联合国关于监狱行刑规范主要由以下三类规范组成。

1. 联合国国际人权宪章体系中包含的监狱行刑方面的规范

1948年12月10日联合国大会通过的《世界人权宣言》是一部具有进步意义的历史性文献，其和后来的《经济、社会和文化权利公约》（1966年）及《公民权利和政治权利公约》（1966）共同构成《国际人权宪章》。联合国人权宪章体系，提出了人应该享有的基本权利和自由。由于犯罪使公民的法律地位身份有了受审判、受拘留、受刑罚处罚的区别，从而使犯罪公民的权利享有相应的受到一定范围的限制，但犯罪公民的权利问题是联合国国际人权宪章体系不能忽视的一项内容。对犯罪公民应享有的权利进行限制则是监狱行刑的实质内容，行刑规范必须加以规定。

2. 联合国关于刑罚规则中包含的监狱行刑方面的规范

联合国有关刑罚规则的文件比较多，重要的有：《保护人人不受酷刑和其他残忍、不人道或有辱人格待遇或处罚宣言》、《禁止酷刑和其他残忍、不人道或有辱人格的待遇与处罚》、《执法人员行为守则》及《执法人员行为守则实施细则》、《关于医务人员、特别是医生在保护被监禁和拘留的人员不受酷刑和其他残忍、不人道或有辱人格的待遇或处罚方面的任务的医疗道德原则》、《为罪行和滥用权力行为受害者取得公理的基本原则宣言》等。在这些刑罚规则中，刑罚执行和相关罪犯的处遇是重要内容。以上这些规则全面规定了各会员国在执行监禁刑时应遵守的原则和制度、罪犯待遇的最低限度标准、罪犯享有的基本权利、禁止酷刑行为等基本内容。这些都是加强罪犯人权保障的基本国际法依据。

3. 联合国专门的监狱行刑规范

包括《囚犯处遇最低限度标准规则》、《切实执行囚犯处遇最低限度标准规则的程序》、《囚犯处遇基本原则》、《关于死刑犯权利的保障措施》、《保护被剥夺自由少年规则》、《关于移管外籍犯的示范协定及有关外籍犯处遇的建议》等。联合国这些专门的监狱规范以《囚犯处遇基本原则》为核心，由《囚犯处遇最低限度标准规则》加以实体性具体化，由《切实执行囚犯处遇最低限度标准规则的程序》加以程序性操作化，并以少年犯、死刑犯和外籍犯的处遇与保护为必要的附加内容。1997年联合国大会建议，会员国应尽一切努力在监狱和感化机构的管理中执行《囚犯处遇最低限度标准规则》，呼吁在拟定国内法律时考虑这个规则的规定。其"比较详细地阐述了如何实现对罪犯权利的保护，最低标准是关于罪犯待遇制定最早的国际性文件之一，其价值及其对刑事政策和实践的发展得到了广泛的认可。《世界人权宣言》及其他人权公约对如何保护罪犯权利只是作了一般性规定，最低标准则对实践中具体实施做了详细的规定,很多国际、国内法庭和其他组织把最低标准作为阐明罪犯权利的重要工具"。[4]《囚犯待遇最低限度标准规则》的目的并非在于详细阐明监所的一套典型制度,而在于说明什么是人们普遍同意的囚犯处遇和监狱管理的原则和惯例,应该公正执行规定的各项制度,不应基于种族、肤色、性别、语言、宗教、政见或其他主张、国籍或社会出身、财产、出生地或其他身份而加以歧视,必须尊重囚犯所属群体的宗教信仰和道德标准,囚犯的处遇不应侧重把他们排斥于社会之外,而应注重他们继续成为社会的成员,社会的责任并不因囚犯的出狱而终止。1990年通过的《囚犯处遇基本原则》确立了囚犯处遇的十条基本原则,《切实执行囚犯处遇最低限度标准规则的程序》确立了保证成员国切实执行《囚犯处遇最低限度标准规则》的四十六道程序。

(二)联合国关于监狱行刑规范的法律效力

中国政府高度重视国际人权文书在促进和保护人权方面发挥的重要作用,目前,我国已经加入二十五项国际人权方面的公约。按照我国的现行法律规定,公约的批准,必须由国务院提出报告,经全国人大批准,然后由国家主席签署发布,公约的内容才能成为我国正式的法律依据。我国于1997年签署了《经济、社会和文化权利国际公约》,1998年签署了《公民权利和政治权利公约》。1986年我国批准了《禁止酷刑和其他残忍、不人道或有辱人格的待遇或处罚公约》(对第二十条和第三十一条第一款作了保留),该公约从1988年11月3日起对我国生效。2001年,九届全国人大常委会批准了《经济、社会和文化权利国际公约》(对第八条第一款甲项等提出了三项保留),该公约于同年6月27日对我国生效。任何一个公约的加入,都意味着我国要承担相应的国际法义务,这些国际公约也就成为我国必须遵照执行的法律的一部分。我国定期向有关国际公约监测委员会提交履约报告,其中包括监禁人员的权利保障情况。联合国也以公约的标准衡量我国的人权状况。1991年以来,国务院新闻办公室就中国政府的人权状况发表了一系列白皮书,表明中国政府在人权问题上是愿意接受世人的审视和检验的。处于监禁中的罪犯作为社会成员的一部分特殊群体,其权利保障也必然涵盖其中。[5] 1992年8月10日,我国向全世界发表了《中国改造罪犯的状况》白皮书。白皮书通过大量事实,系统地介绍了中国关于罪犯从关押到刑满释放的整个过程中所应享有权利的具体法律规定,阐述了中国改造罪犯的基本原则和基本实践,这本白皮书的发表受到了国内外的广泛关注。2009年国务院颁布的《国家人权行动计划》(2009~2010年)的第二部分,明确提出了详细的保障被羁押者权利的行动计划。

联合国的行刑规则倡导人道主义和人人平等的理念,并且对自由刑囚犯(包括部分未决犯、被拘留人员)主张教育矫正、文明管理、保障其权利,为此设计了接受关押、组织劳动、教育矫正、生活卫生医疗保障、处理申诉、保管罪犯私人财产、社会责任等行刑活动规则,内容非常详尽,涉及从囚犯入监到罪犯融入社会整个过程,是目前国际社会普遍认可的受刑人保护规则。联合国的行刑规则不同于联合国制定的公约或条约,这些规则不需要各国履行批准和加入手续,也没有法律的强制力,但联合国希望和鼓励各国加以遵守,并把其内容体现于各国的立法与惯例中,纳入本国法律和其他规章中,必要时可使其适应现行法律和文化,"这些规则应足以激发不断努力,以克服执行过程中产生的实际困难,理解到全部规则,是联合国认为适当的最低条件"。联合国要求各成员国应向所有的有关人员,特别是执法人员,提供《囚犯待遇最低限度标准规则》的文本。在所有囚犯和被拘禁的人初入监狱时并于监禁期间向他们提供《囚犯待遇最低限度标准规则》并使他们理解。我国也是联合国《囚犯待遇最低限度标准规则》成员国。在我国监狱法律体系中,尤其是监狱法,大量吸收、采用和借鉴了联合国行刑规则的内容，特别是《囚犯待遇最低限度标准规则》的相关内容，监狱法和现行对罪犯的改造政策、实践也基本符合《囚犯待遇最低限度标准规则》的要求。但不可否认的是，虽然《囚犯待遇最低限度标准规则》只包含基本和最低的要求，是一个监狱体系最低限度地达到人道标准和有效执行刑罚的必要条件，但可能没有一个国家的监狱制度可以完全符合其提出的最低要求，有的国家和地区明显做不到，最低限度标准规则也客观的看到并尊重各国法律、社会、经济、历史和地理情况的极大差异，因此不断实验、发展和提高应该是永恒的主题。[6]

## 四、监狱法律规范的完善

对自由的剥夺是除肉体的消灭、残害之外，对人最严重、最痛苦的惩罚。因此，我国法律规定对人自由的剥夺必须由国家的"基本法律"规定，"其他法律"及以下层次的行政法规、部门规章等均无权设定对人自由的剥夺和限制。从我国刑事司法运作体系来看，监狱执法是重要的刑罚执行活动，与公安机关的侦查活动、检察机关的起诉活动、人民法院的裁判活动一起构成了完整的刑罚体系。刑罚功能乃至刑法职能的发挥，在很大程度上既要靠及时追究犯罪，也要靠对罪犯实际执行刑罚来实现，监狱执法在预防和减少犯罪方面的重要作用不容忽视。因此，监狱法律应该在我国的法律体系中占据非常重要的地位，应该是与刑法、刑诉法并列的国家"基本法律"，应该形成以专门的监狱法为核心，包括法律解释、行政法规、部门规章、地方性法规、政府规章等在内的层次分明、内容协调、严细精密的"监狱法典"。现行的《中华人民共和国监狱法》在具体实践中暴露出诸多不足，以其为核心的监狱法律体系已难以满足当今监狱执法的需求，监狱法律规范的完善势在必行。

（一）目前我国监狱法律存在的缺陷

1. 监狱法地位有待提高

我国刑事司法活动中有侦查、起诉、审判和执行四个环节，这四部分环环相扣，相辅相成。那么构成刑事司法体系中的刑法、刑事诉讼法、刑事执行法三者理应各司其职，地位平等，但实际情况并非如此。监狱法作为一部法律，它是由全国人大常委会制定的"其他法律"，而刑事法律体系中的刑法和刑事诉讼法却是由全国人大制定的"基本法律"，由此造成的监狱法与刑法和刑事诉讼法的地位不平等，导致了在实际操作中监狱法依附于刑法和刑事诉讼法，成为刑法和刑事诉讼法的附属。立法规格的缺陷，造成了监狱法法律效力不足。

2. 缺乏与之配套的行政法规和部门规章

监狱法作为一部法律，缺乏与之配套的行政法规和部门规章，缺乏对其内容的细化、解释、延伸和补充。监狱法律体系的不完整为监狱法的实施增加了阻碍，导致其在实施过程中不够具体，难以操作，间接地影响其法律效力的发挥，加大了监狱职能实现的难度。

3. 监狱法典存在不少法律冲突问题

（1）监狱法与宪法存有冲突　宪法是我国根本大法，一切法律的立法依据都必须遵照宪法的规定，但监狱法中个别的规定违背了宪法的规定。如监狱法第四十七条规定："罪犯在服刑期间可以与他人通信，但是来往信件应当经过监狱检查。监狱发现有碍罪犯改造内容的信件，可以扣留。罪犯写给监狱的上级机关和司法机关的信件，不受检查。"而宪法第四十条规定："中华人民共和国公民的通信自由和通信秘密受法律的保护。除因国家安全或者追查刑事犯罪的需要，由公安机关或者检察机关依照法律规定的程序对通信进行检查外，任何组织或者个人不得以任何理由侵犯公民的通信自由和通信秘密。"首先，罪犯仍是我国公民，应当享受宪法的保护；其次，有碍改造的理由不符合宪法规定的因国家安全或者追捕刑事罪犯需要的条件；另外，监狱也不是宪法规定的有权检查通信的机关。

（2）监狱法与刑法和刑事诉讼法之间的冲突　现行刑法和刑诉法实施于1997年，监狱法出台的时间却早于这两部法律，监狱法在立法理念和内容上已与现行刑法和刑诉法不尽吻合，有些规定甚至与刑法和刑诉法出现冲突。如监狱法第二十五条规定："被判处无期徒刑和有期徒刑的罪犯，符合刑事诉讼法规定的监外执行条件的，可以暂予监外执行。"而刑事诉讼法第二百一十四条规定暂予监外执行的对象仅限于被判处有期徒刑或者拘役的罪犯。监狱法对符合监外执行对象的规定与刑事诉讼法有明显冲突。又如监狱法第三十三条第二款规定："被假释的罪犯由公安机关予以监督。被假释的罪犯，在假释期间有违反法律、行政法规和国务院公安部门有关假释的监督管理规定的行为，尚未构成新的犯罪的，公安机关可以向人民法院提出撤销假释的建议，人民法院应当自收到撤销假释建议书之日起一个月内予以审核裁定。人民法院裁定撤销假释的，由公安机关将罪犯送交监狱收监。"而刑法第八十六条第三款规定："被假释的犯罪分子，在假释考验期限内，有违反法律、行政法规或者国务院有关部门关于假释的监督管理规定的行为，尚未构成新的犯罪的，应当依照法定程序撤销假释，收监执行未执行完毕的刑罚。"对于假释罪犯在相同前提下的收监行为用语分别为"可以"和"应当"，两者的规定明显不一致。

（3）行政规章与监狱法的冲突　如关于罪犯暂予监外执行的程序，监狱法第二十六条规定："暂予监外执行，由监狱提出书面意见，报省、自治区、直辖市监狱管理局批准。批准机关应当将批准的暂予监外执行决定通知公安机关和原判人民法院。"而《罪犯保外就医执行办法》第七条规定监狱决定保外就医需要先征求公安机关的意见，两者在对暂予监外执行的程序规定存有明显差异。

4．监狱法律的内容不完善

例如刑法有特赦的规定，对于特赦的罪犯，监狱应依法释放，而监狱法中没有对应的规定；从20世纪80年代开始，我国很多监狱开展了心理矫治工作，经实践证明，心理矫治在疏导罪犯的情绪、矫正罪犯的行为等方面有积极的作用，但目前的心理矫治工作，未被监狱法确认；监狱法第七条第一款规定，罪犯"其他未被依法剥夺或者限制的权利不受侵犯"，对争议较多的罪犯出版权、在监罪犯结婚权等没有明文规定。

5．监狱法部分规定过于原则，缺乏可操作性

如"国家保障监狱改造罪犯所需经费"，"国家提供罪犯劳动必需的生产设施和生产经费"，对此没有一个统一的规定，各省的政策规定也不同，导致这些规定很难落实；"监狱发生罪犯脱逃，不能即时抓获的，应当立即通知公安机关，由公安机关负责追捕，监狱密切配合"，"即时"、"立即"和"密切配合"都不是准确用语，很容易造成理解的不统一，进而导致在实际操作中形成偏差。监狱法第三十条规定："减刑建议由监狱向人民法院提出，人民法院应当自收到减刑建议书之日起1个月内予以审核裁定；案情复杂或者情况特殊的，可以延长1个月。"此条款未明确人民法院延期审核裁定所须承担的责任，对法院没有起到制约作用。

（二）监狱法律的完善

针对我国现行监狱法律规范的现状，有必要从以下几方面加以完善。

1．提高监狱法的地位，使之成为国家"基本法律"

实践中，监狱法的效力受到较大影响的主要原因在于监狱法未取得其应有的地位。实体性的刑法、程序性的刑事诉讼法以及刑事执行法构成了我国刑事法律体系。监狱法包含了刑事执行的主要部分，是刑事执行法的重要主体，应享有与刑法和刑事诉讼法同等的地位。因此，要提高监狱法的立法规格，使其具有"基本法律"的地位。

2. 建立监狱法律规范体系，制定"监狱法典"

制定与之配套的行政法规、部门规章、条例等，形成层次分明、内容协调、严细精密的"监狱法典"。如国务院应制定监狱法实施条例、未成年犯管理教育条例、女犯管理教育条例等，司法部需就监狱人事组织管理、狱政管理、教育改造、罪犯劳动管理等制定一系列的规章。

3. 对现行监狱法律规范进行修改完善

首先要解决好监狱法律规范中的冲突问题。其次要增加部分内容，如上文提及的特赦罪犯的释放、罪犯心理矫治等。第三，提高监狱法律规范的立法技术水平，是监狱法律规范在基本原则性的同时，便于实际操作。最后，要在监狱法律规范中明确监狱与社区矫正机构、社会安置帮教部门衔接等问题。

## 参 考 文 献

[1] 金鉴主编. 监狱学总论. 北京：法律出版社. 1997：254.
[2] 赵运恒著. 罪犯权利保障论. 北京：法律出版社，2008：125.
[3] 冯建仓，陈文斌著. 国际人权公约与中国监狱罪犯人权保障. 北京：中国检察出版社，2006：164.
[4] 冯建仓，陈文斌著. 国际人权公约与中国监狱罪犯人权保障. 北京：中国检察出版社，2006：164.
[5] 于爱荣，魏钟林等著. 监狱囚犯论. 南京：江苏人民出版社，2011：131.
[6] 于爱荣，魏钟林等著. 监狱囚犯论. 南京：江苏人民出版社，2011：137.

# 第四章 监狱强制

　　监狱强制包括对罪犯的关押、约束，强制劳动、教育，罪犯必须遵守行为规范等。监狱强制是刑罚的实现方式，也是监狱执法的基本行为样态之一。

　　从法律依据来看，监狱强制是依法进行的，必须接受法律的规范，包括宪法、刑法和刑事诉讼法等基本法律，尤其是监狱法的约束。我国宪法第五条规定，中华人民共和国实行依法治国，建设社会主义法治国家；第二十八条明确规定，国家惩办和改造犯罪分子；第三十三条规定，国家尊重和保障人权。宪法是国家的根本性法律，我国宪法规定的这些条款对监狱强制执法起到根本性指导作用。刑法和刑事诉讼法是刑事法律中的基本法律，为监狱强制执法提供了基本法律依据。我国监狱法为监狱强制提供了直接的专门法律依据，如第五条规定"监狱的人民警察依法管理监狱、执行刑罚、对罪犯进行教育改造等活动，受法律保护"。这些法律依据表明，监狱强制是特有的刑罚执法活动。

　　监狱强制是监狱职能的直接体现。古今中外的一切监狱，虽然本质有所不同，但都通过强制执法活动对罪犯实施惩罚，以实现其特有职能。我国监狱实行"惩罚与改造相结合，以改造人为宗旨"的方针。因而，我国监狱强制具有惩罚、矫治、养成、激励、引导和保障等多种功能。我国监狱强制的功能大致可以概括为三个方面：一是惩罚功能，即通过监狱管理，使罪犯与社会相隔离，剥夺罪犯的人身自由，使其受到一定的损失和痛苦，以发挥刑罚的威力，实现刑罚特殊预防和一般预防的目的。二是矫治和养成功能，即通过科学、文明管理和严明奖惩，规范和约束罪犯的行为，激励和引导罪犯在良好的环境和氛围中，逐渐矫正懒惰、散漫、粗野、自私、贪婪和损人利己等不良思想品德和行为习惯，养成尊重他人、尊重社会、关心集体、遵纪守法、讲究文明礼貌等良好品德和习惯，成为有益于社会的守法公民。三是保障功能，即通过监狱管理活动，为执行刑罚和教育改造工作的顺利进行提供必要条件，并保障罪犯能够依法行使法定权利。

　　总之，我国监狱强制在惩罚和改造罪犯的实践中发挥着非常重要的作用。它既是惩罚罪犯的重要措施，又是改造罪犯的基本手段之一。

## 一、收　　监

　　收监是刑罚执行的首要环节，它关系到由收监而产生的一系列行刑活动，是行刑过程中所有其他活动的基础和前提。在此环节中，监狱应充分行使好收监审查权，确保刑罚执行合法、有序、有效地进行。

　　（一）收监概述

　　收监是指监狱对人民法院交付执行并且符合法定条件和法律手续完备的罪犯收进监狱内开始执行刑罚的活动。按照我国刑事诉讼法规定，审判和执行是国家刑事司法程序中的两个前后相连的阶段。人民法院的刑事判决或裁定发生法律效力后，根据法律规定应当在监狱内执行刑罚的罪犯,交由监狱执行刑罚和进行改造,这样就产生一个审判与执行的衔接问题。交付监狱执行刑罚,是由审判阶段转至监狱执行刑罚阶段,要经过交付执行、送交服刑人员和监狱收监三个环节来衔接。根据刑事诉讼法的分工负责、相互配合、相互制约的原则,我国法律明确规定了人民法院、公安机关、监狱和人民检察院在这一衔接过程中各自的职责。在这一衔接阶段的工作中,人民法院的重要职责是依法交付执行。人民法院交付执行的主要形式,是将交付执行的法律文件及时准确地送达。送达的对象有两个:一是将交付执行的文件送达羁押该罪犯的公安机关,明确交付执行的对象、时间和地点;二是将交付执行的文件送达将要担负对该罪犯执行刑罚任务的监狱,告知交付执行的对象、时间和执行内容。公安机关主要负责送交罪犯到监狱服刑。公安机关自收到人民法院送达的执行通知书、判决书之日起一个月内,应当将罪犯安全、准确地送交指定的监狱执行刑罚。监狱则负责将符合法定条件和手续完备的罪犯予以收监。人民检察院负责进行严格的司法监督,即对人民法院、公安机关和监狱的交付、送交和收监活动是否合法,依法实行监督。

收监标志着监狱对罪犯执行刑罚的开始,是监狱对罪犯执行刑罚的起始活动。除法定的监狱外,其他任何机关、团体、组织和个人都无权以收监的名义对他人实施非法关押,剥夺他人的人身自由。根据我国监狱法对收监的有关规定和刑事诉讼法关于刑罚执行的规定,收监的对象是指依法被判处有期徒刑、无期徒刑和死刑缓期两年执行的罪犯。需要注意的是,根据我国刑事诉讼法第二百一十三条的规定,对于被判处有期徒刑的罪犯,在被交付执行刑罚前,剩余刑期在一年以下的,由看守所代为执行。因此,这类罪犯不是监狱的收监对象。监狱收监是一项十分严肃的执法活动。监狱在收监时,必须认真遵守法定程序,严格准确地掌握法定条件,以确保准确无误地执行刑罚。监狱在对罪犯收监时,主要应严格把握刑事裁判的法律效力、交付执行的法定条件是否完备和罪犯身体情况是否适合关押这三个方面的条件。

(二)收监的程序

收监的程序,可用图 4-1 表示。

1. 审查押送人员的身份证件和审查收押范围

监狱应审查押送人员的身份证件,送押的罪犯必须符合监狱收押范围。监狱收押的应该是被人民法院判处死刑缓期二年执行、无期徒刑和有期徒刑的罪犯。罪犯在被交付监狱执行刑罚前,剩余刑期在一年以下的,由看守所代为执行刑罚。因此,对剩余刑期在一年以下的罪犯,监狱有拒收的权力。收监范围还要审查该罪犯是否属于省(自治区、直辖市)监狱管理机关规定的收押范围,如果不属于规定收押范围的,必须经省级监狱管理机关审批。其中,女犯由女子监狱收监或关押在男犯监狱内单独设立的女犯监区收监,未成年犯管教所收监范围为十四周岁到十八周岁的未成年罪犯,其他的罪犯一般由成年男犯监狱收监。罪犯收监应以有利于罪犯的改造、有利于维护监狱秩序为目的,坚持依法和实行分类管理的原则。对于危害国家安全类罪犯、在社会上有影响的案犯、黑社会和恶势力罪犯、共犯等特殊类型的罪犯,需要特别审批的,由省级监狱管

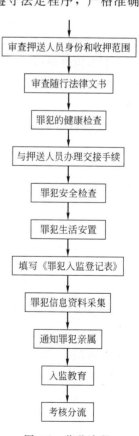

图 4-1 收监流程

理机关审批决定关押的监狱。

2. 审查法律文件

主要审查下列法律文书。

① 收监时必须仔细查验人民法院交付执行的法律文件，审查法律文件是否齐备。这些法律文件包括人民检察院的起诉书副本、发生法律效力的人民法院判决书（裁定书）、执行通知书和结案登记表（各一式两份）。审查法律文书是否生效，即审查人民法院的刑事判决书是否已发生法律效力。审查法律文书的记载是否有误。

先行羁押的罪犯送监狱收押时，应当由人民法院将上述法律文件交给羁押罪犯的公安机关，再由公安机关将罪犯和法律文件交付给监狱。没有羁押的罪犯送监狱收监时，应当由人民法院直接将罪犯和法律文件交付给监狱。如果没有上述法律文件，监狱不得收监。如果法律文件不齐全或者记载有误，应当由作出生效判决的人民法院及时补充齐全或作出更正后予以收监。

② 对外国籍罪犯收监执行的，监狱除查验必要的法律文件外，还应验收护照、居留证或复印件。

③ 对港、澳、台籍罪犯收监执行的，监狱除查验必要的法律文件外，还应验收香港、澳门身份证，台胞证或复印件。

④ 精神病罪犯收监执行的，监狱还应验收由省级人民政府指定的精神病司法鉴定机构的司法鉴定书或者复印件。

⑤ 对于邪教类等有特殊规定的罪犯，在收监执行前，由省级监狱管理机关刑罚执行部门先行查验法律文书和相关资料，在七日内通知看守所将罪犯交付监狱收监执行。

⑥ 对于曾为军人的罪犯，如果已被开除军籍的，在地方监狱服刑。但其中可能涉密的，也可在军事监狱服刑。由军队移送的罪犯，一般移送到罪犯原籍所在地监狱服刑。罪犯原籍所在地监狱在收到省级监狱管理机关的指令后办理罪犯收押手续。执行通知的发送由军事法院负责。

⑦ 收监时不能确定罪犯是否成年的，以骨龄测试结果为准。成年犯监狱不得收押未成年罪犯。

⑧ 为保持对罪犯的管理、考察、考核的延续性，监狱应要求看守所提供罪犯羁押期间的表现鉴定和相关考核材料等。

⑨ 监外执行罪犯需要交付执行刑罚时，监狱应认真查验法院裁定、执行通知书和罪犯在监外执行期间表现情况等法律文件、资料。

3. 实施健康检查

对交付执行的罪犯，依据我国监狱法第十七条的规定，应进行身体健康检查。身体健康检查由监狱医院的医生进行，并填写《罪犯健康检查表》（一式两份）。经身体健康检查，被判处有期徒刑的罪犯如果符合司法部《罪犯保外就医疾病伤残范围》（司发【1990】247号）中规定情形的，即有严重疾病的；怀孕或正在哺乳自己婴儿的；因病残（不含自伤自残）生活不能自理的；患有其他可能需要保外就医的疾病的（如急性肝炎、浸润型结核病、艾滋病、皮肤病、性病等传染性严重疾病，急性重症高烧、昏迷、急腹症、恶性肿瘤待查等），不得收监。对暂不收监的罪犯，由监狱医院作出鉴定，监狱开具《罪犯暂不收监通知书》，由交付执行的公安机关将罪犯带回。《罪犯健康检查表》和《罪犯暂不收监通知书》应当认真填写，存根要留存备查。

4. 与交付执行的公安机关正式办理移交手续

经法律文件检查和身体健康检查确认送交执行刑罚的罪犯符合收押条件后，监狱应与交付执行的公安机关办理移交手续。主要移交有关法律文件、资料和罪犯个人钱物，经清点验证无误后，由公安民警在《罪犯移交清单》上签字，然后由监狱将罪犯收监。

5. 实施安全检查

监狱在收监时，必须对入监罪犯的人身、衣服及所携带的其他物品进行严格检查，严禁罪犯携带违禁品进入监狱，对查出的违禁品予以没收。对罪犯所携带的非生活必需品可通知罪犯亲属领回或责令罪犯寄回。无法领回或寄回的，由监狱代为保管，并开具清单和收据（一式两份），其中一份交罪犯保存，一份由监狱存档。代为保管的物品，监狱应妥善保管，在罪犯释放时如数发还，如有丢失或损坏，监狱应当照价赔偿。严禁民警将罪犯的个人物品占为己有，挪为己用，或擅自处理。罪犯携带的现金要及时存入罪犯个人账户。

① 监狱对罪犯个人物品检查的重点有：私自带入监内可供行凶、自杀、逃跑的器械、工具、尖锐器具和玻璃制品等；私藏的烟酒、手表、录音机、移动电话、毒品、毒性物品、易燃易爆物品等；现金、票证、各种证件、证章、白色粉末物品、药品以及服装、棉被等；反动传单、互相串供或勾结的信件等；宣传凶杀、淫秽和邪教等内容的书刊、手抄本、图片以及音像制品等。

② 检查的方法和步骤主要是：检查前，监狱人民警察应当对罪犯进行教育，交代有关政策，鼓励罪犯主动上交违禁品。检查时应由民警亲自检查，女犯的人身检查由女性人民警察检查。加强对罪犯人身重点部位和易藏匿违禁品的物品的检查。罪犯用身体藏匿违禁品最多的部位为口腔、腋下、肛门、阴道等，违禁品多藏匿于牙膏、肥皂、箱包夹层、被子、热水瓶、药品、枕头、衣服的衣角缝隙处、鞋底等。检查中要留意罪犯的眼神、面部表情、肢体动作，从中捕捉相关信息。在检查罪犯的人身时，可要求罪犯将衣服全部脱掉，洗澡后让其换上囚服。

③ 物品登记及处理。需要销毁的物品，要有民警和罪犯的签字。罪犯的荣誉证书、证章、贵重物品等，监狱应造册登记，经民警签字确认后，暂由监狱代为保管，分流时移交给接收单位。罪犯的内衣裤、线衣裤、棉衣裤等先造册登记，制作标识后再发还本人。现金、邮票、有价证券等，由民警核对，确认后由罪犯、民警签字（一式两份）确认后，凭单上交财务部门保管或存入罪犯银行账户。检查中发现的与犯罪有关的可疑物品，交狱内侦查部门处理。对查出的违禁品一律予以没收，同时还要查清违禁品的来源和罪犯持有违禁品的动机。

6. 生活事宜安排

生活事宜安排是在完成新收监罪犯人身和物品检查之后进行的又一项具体工作，包括罪犯狱内生活涉及的衣、食、住、用、医等事务。

（1）安排监舍和床位　罪犯携带个人物品，由监狱民警带领到指定的监舍，安排床位。监狱民警要告知罪犯认清自己的监舍和床位编号，不得随意更换床位，并要求罪犯整理自己的内务。监狱民警安排监舍和床位时，要考虑安全因素、罪犯的年龄、身体健康状况，对老弱病残的罪犯要予以适当照顾。

（2）将罪犯编入互监互控小组　监狱民警要及时将罪犯编入互监互控小组，介绍罪犯认识互监组的其他成员，要求罪犯遵守互监组的相关规定，相互帮助，相互监督，禁止脱离互监小组擅自行动。

（3）发放生活必需品　根据季节和罪犯体态发给罪犯相应型号的囚服、帽子、鞋子，日常生活所需被褥、枕头、枕巾、床单、被罩、餐具、脸盆、塑料凳、毛巾、牙具等。发放之后，要填写《罪犯被服发放登记卡》等台账，详细记载发放的品名、数量和时间，并由罪犯本人签字或摁手印。

（4）罪犯理发　监狱民警带领罪犯到监内理发室理发。罪犯要按照规定理发，一般留光头或寸发，具体按照各省监狱管理机关的规定执行。

（5）告知相关事项　监狱民警要指定罪犯的列队站位、学习座位、就餐座位等。监狱要向每个新入监罪犯发放司法部监狱管理局统一编印的《罪犯须知》，宣布罪犯在服刑期间依法享有的权利和应当履行的义务，告知本监狱和监区的有关纪律、作息时间等。

7. 填写《罪犯入监登记表》

监狱应及时填写《罪犯入监登记表》，负责此项工作的民警要按栏目要求亲自向罪犯询问情况。填写"个人简历"栏时，应该从罪犯出生填到入监，对其就学、就业经历等每一阶段的时间、地址要填写清楚，做到时间衔接无间断，地址详细无遗漏。填写"家庭成员和主要社会关系"栏时，应当将罪犯全部家庭成员、亲戚和重要朋友（包括恋爱对象、同学、战友、同事等）的姓名、住址、工作单位、联系方式等填写清楚。要明确告诉罪犯，不得误报或隐瞒，在此栏中未注明的亲友，服刑期间一律不得会见。此外，还可以通过检查罪犯来往的信件、包裹、汇款单等途径掌握罪犯的其他社会关系情况，并将相关信息及时登记，归入罪犯档案。对于前后矛盾的信息，应当再次询问，予以核实。仍然存有疑问的，可以与原办案机关或者罪犯户籍地公安机关电话、函件联系，必要时要实地核实，确保罪犯的身份、家庭地址等重要信息准确无误。核实清楚的信息，应当及时填入《罪犯入监登记表》。确实无法查实的，可以暂时以现有情况填写《罪犯入监登记表》，待以后再行核实。但这类罪犯必须列为重点人员或"三假"人员，要对其加强管理，加大身份甄别力度，因为他们往往可能隐瞒重要情况，尤其是可能隐瞒一定的犯罪事实。

8. 信息资料采集留存

新收罪犯入监后，监狱应当在三日内完成罪犯信息采集任务。罪犯信息包括罪犯的生理特征信息（如性别、体貌特征、行走步态、说话声音以及手足耳眼等信息）和社会特征信息（如姓名、文化程度、犯罪情况、家庭和社会关系等信息）。其中有的是显性的，如体貌特征等，有的是隐性的，如性格等。有的是静态的，如罪犯的基本情况和既往历史等，有的是动态的，如现实表现等。有的以文字形式记载，有的以影像形式记载，有的以纸质形式记载，有的以电子形式记载。采集前，监狱民警要向罪犯宣布纪律要求，详细说明每次信息采集工作的要求和注意事项。

（1）拍摄罪犯照片　拍摄罪犯照片时，应事先将标有高度2米左右的身高标尺，贴于墙面，准备好写有罪犯姓名的木牌（大小约13厘米×30厘米，白色底面，黑色大字）。罪犯理好头发，身着囚服，拍照时应令其双手将木牌举于胸前，站立于贴有身高标尺的墙面，从正面、左侧面、右侧面分别拍照。实践中正面照片头部与上身比例以2∶1为妥。侧面照片头、身比例以1∶1为妥。底片和冲洗的负片留存归档。

（2）提取指纹卡片和相貌卡片　提取指纹卡片的步骤和方法是：备好印泥和空白指纹卡片，告知罪犯按照卡片上印制的左手、右手及指头名称，适量沾好印泥，分别在对应位置按印。按印时，以指头肚为中心，均匀地向四周用力揉动，以完整留存整个指纹，切忌推拉搓动。为了保证按印效果，民警可以手握罪犯指头，逐一操作。相貌卡片主要登记罪犯的体貌特征和特殊体表标记。体貌特征主要包括脸型、身高、胖瘦等，体表特征包括伤疤、文身、痣等。

（3）拍摄视频资料　拍摄罪犯影像不少于1分钟，包括罪犯正面、背面静止影像，正步走、跑步走的正面、背面影像等。

（4）存储信息资料　罪犯信息资料，要尽可能同时留存纸质资料和电子资料。电子资料要留有拷贝，具体可以复制在光盘、U盘等小型存储设备上，并归入罪犯档案资料。对罪犯的信息资料要按照规定程序随时进行补充完善，按照罪犯档案管理规定进行管理，并注意保密，不得外泄。

9. 通知家属

监狱自收监之日起五日内向罪犯亲属发出《罪犯入监通知书》，并告知监狱的地址、信箱代码、邮政编码、罪犯所在监区、接见日期和监狱的相关规定。没有亲属的罪犯，监狱可以通知其原工作单位、原居住地公安机关、居委会（村委会）等。监狱也可以同时让新犯拨打电话，告知其亲属。

10. 开展入监教育

入监教育主要是监狱对新收监罪犯进行系列教育，帮助罪犯尽快适应服刑生活，并引导其认罪悔罪，确立改造目标。入监教育一般由监狱教育改造部门牵头，入监监区具体负责组织实施，主要内容包括罪犯身份意识教育、认罪服法教育、权利义务教育、法律常识教育、监规纪律教育、行为规范教育等，同时还开展背诵《监狱服刑人员行为规范》、唱改造励志歌曲、队列训练和内务卫生整训等辅助性教育集训等。一般情况下入监教育时间为两个月。对期满考核不及格的罪犯，应当延长入监教育时间，时限为一个月。

（1）课堂教育　课堂教育是入监教育的主要形式。课堂教育的主要内容有以下五个方面。

一是进行监狱基本知识的教育。对罪犯进行监狱基本知识教育的目的，是让罪犯正确认识监狱，树立罪犯的身份意识。以司法部监狱管理局和省级监狱管理机关指定的教材为主，向罪犯宣讲监狱的性质、监狱工作的方针、政策，罪犯享有的合法权益和必须履行的法定义务，监狱教育改造罪犯的基本方法和手段等。

二是进行认罪服法教育。认罪服法教育一般分为三个阶段进行：第一阶段是组织罪犯学习相关法律知识，阐述认罪服法在改造中的重要性，促使绝大多数罪犯做到认罪服判；第二阶段对罪犯进行犯罪危害的教育，使罪犯认识到犯罪害他人、害社会、害家庭、害自己，从而增强悔罪意识；第三阶段是让罪犯反省犯罪根源，总结教训，交清余罪，并检举揭发他人的犯罪线索。

三是进行改造形势、政策、前途教育。通过教育，使罪犯认识到只有积极改造才有前途。在教育中可以结合有关刑释人员安置帮教、刑释人员成功创业的实例，鼓励罪犯认清形势，增强改造信心。在此基础上，让罪犯制订改造规划，以积极的姿态投入服刑改造。

四是进行行为规范教育。监狱应对罪犯逐条宣讲《监狱服刑人员行为规范》的基本内涵和具体要求，使罪犯能熟练掌握行为规范的基本内容。同时由监狱人民警察亲自组织对罪犯行为举止、内务卫生、队列行进的训练，对罪犯逐人逐项考核。

五是进行上岗前生产劳动基本知识的教育。通过教育，使罪犯进一步认识参加生产劳动的重要意义，端正劳动态度，并初步掌握生产基本知识、岗位操作技能和劳动纪律、安全常识等。

（2）个别教育　除了运用课堂教育、集体教育解决新犯中存在的共性问题外，还应通过个别教育解决新犯个体的、深层次的思想问题。民警应该通过多次、耐心、细致的个别教育工作掌握罪犯的真实思想状况，消除新入监罪犯的焦虑感、恐惧感，帮助其尽快适应监禁生活，并消除监管安全隐患。在入监教育阶段，民警对每名罪犯的个别教育不应少于三次。第一次个别谈话应在入监后三天内进行，主要是了解罪犯基本情况，掌握其认罪服法态度，向罪犯讲明监规纪律。第二次个别谈话应在入监教育的中期，针对每名罪犯在入监教育期间反映出来的思想、心理问题、行为表现给予点评，并启发和引导罪犯积极改造。第三次个别谈话应在入监教育结束前进行，主要了解罪犯入监后的收获，肯定成绩，指出不足，提出今后改造的希望和要求。

（3）做好心理健康教育和心理测试工作　新犯的心理健康教育和心理测试，是入监教育期间的一项重要工作。新犯是一个心理障碍高发的群体，对他们进行心理健康知识教育，将有助于他们调适在今后服刑过程中可能产生的不良心理。此外，在入监教育期间，还要对每一名罪犯进行心理测试和心理评估，切实掌握罪犯的基本心理状态和人身危险程度，为下一步制订矫正方案提供依据。心理测量工作一般安排在对新收罪犯开展了"心理卫生常识及心理测量的引导"专题教育后由监狱改、心理矫正部门具体组织实施。对于文化程度较低、理解能力较差的罪犯的心理测量工作可酌情而定。罪犯心理测量表主要使用司法部监狱管理局研制的COPA-PI（罪犯人格测量表）测试软件，还可以配合使用《明尼苏达多相人格测验量表》、《艾森克个性问卷》、《卡特尔16种个性因素测验量表》等。对新犯的心理测试结果应放入罪犯档案，移交给新犯接收监区。对在心理测试中发现有严重心理障碍或有较大人身危险性的罪犯，应及时进行心理疏导，并落实夹控措施。对有精神病倾向的罪犯要及时送医院治疗或经批准后作司法鉴定。对有严重人身危险性、不宜留在入监监区的罪犯，可送至高危犯监区进行严格管控。

（4）其他教育　其他教育方式包括指导罪犯撰写"三史"材料（个人成长史、家庭史、犯罪史），促使罪犯反思人生道路。运用座谈、讨论、出黑板报、撰写学习心得体会和思想汇报等形式，开展多种辅助性教育活动，以增强入监教育的效果。

11. 新犯分流

首先要做好入监教育总结考评和新犯分配准备工作。入监教育结束前，入监监区要在开展考试、考核的基础上组织罪犯写好个人总结，组织罪犯进行小组评议，并召开监区全体罪犯大会，挑选部分罪犯在大会上发言，由监区领导进行入监教育总结讲评。民警要认真填写入监教育鉴定表，对罪犯在入监教育期间的认罪服法、遵规守纪、行为规范、队列训练、技能培训、心理状况、人身危险程度等方面逐项提出考核评估意见，写出综合考核评语，经监区集体合议后存入罪犯副档。监狱狱政管理部门、教育改造部门、刑务劳动作业部门组成考评组，对入监教育计划实施情况和拟分配罪犯学习、集训情况开展综合考评，根据考评结果提出考评意见。对考评不合格的罪犯，予以延长入监教育时间，延长时间一般不超过一个月。

入监教育期满前一周，入监监区将待分配罪犯的花名册（包括姓名、案由、刑期、年龄、文化、特长以及同案犯情况等）报狱政管理部门根据"三分"工作要求，结合监狱改造、生产和罪犯个体状况拟订分配方案，报监狱分管领导批准。监狱狱政管理部门根据监狱分管领导批准的罪犯分配方案对罪犯进行分流。罪犯入监教育不满两个月的，不得分流。有特殊情况，未满两个月需提前分流的，按规定程序报批。入监监区和接收监区要认真办理交接手续,做到人员、账目、档案和改造信息"四交清"。对身体患有疾病、有严重心理问题、思想不稳定、具有较大人身危险性等特殊情况的罪犯,应以书面形式签字交接相关情况。

(三)收监执法中应注意的问题

1. 收监过程中要保障罪犯的合法权利

如罪犯合法财产权问题。经监狱核准罪犯可以随身携带的物品为罪犯的个人合法财产,其他人不得侵占、挪用;由监狱保管的罪犯个人合法财产,监狱必须妥善管理;违禁品、危险品的认定和处理必须按相关规定进行。又如入监罪犯获得相关信息的权利。监狱应当及时发放《服刑人员须知》或《服刑人员手册》,使罪犯及时了解有关信息。对罪犯进行身体健康检查和人身检查时,要注意保护罪犯的隐私和尊严,不能公开裸体检查,不得侮辱罪犯人格。

2. 充分准备,周密计划

收监是监狱的一项经常性工作,应当有一套成熟而严密的工作制度和方案。特别是一次性收监罪犯较多时,周密计划尤为重要。监狱民警在点名核对罪犯的过程中要耐心、细心、认真,注意观察罪犯言行有无异常,不能为急于完成收监任务而草率从事,造成错收、误收甚至发生安全事故。监狱民警要注意与送押民警沟通信息,尽可能全面掌握送押罪犯的特点和各种情况。

## 二、刑期执法

刑期执法和收监执法,均是监狱强制执法的具体行为样态之一。收监执法、刑期执法和出监执法,从时间上构成了监狱强制执法的完整过程。监狱刑期执法,主要表现为对罪犯开展的各种强制矫正和对罪犯的生活、卫生、医疗以及其他行为进行的强制管束上。在罪犯服刑期间,监狱对罪犯的行为进行强制管束,既是监狱实现刑罚、发挥刑罚的惩罚功能的过程,也是对罪犯进行强制矫正的过程。

(一)罪犯生活行为管束

罪犯生活卫生行为管束,主要包括对罪犯日常生活、被服使用、个人钱款收支、消费(购物)、就餐、作息等行为的管理、约束及有关制度规定。

1. 罪犯日常生活行为管束

这主要包括罪犯的卫生、就餐、着装、作息等方面的强制规定。罪犯的个人卫生应做到"五勤",即勤洗澡、勤理发、勤剪指甲、勤换衣服、勤洗晒被褥,保持清洁。罪犯应有秩序地进行集体就餐,不得敲击餐具、嬉戏打闹,不得私设小灶,不得伙吃伙喝,互换食品,不得浪费粮食和乱倒残汤剩饭,不得随地吐痰,保持餐厅及周边地面干净整洁。罪犯一律着囚服或者有规定标志的衣服,佩戴标志牌(胸牌),不得私自改变囚服式样、颜色和标记。罪犯应按规定的时间就寝、起床,脱下的衣服必须统一摆放在床的一侧,不允许挂在床上或其他地方。罪犯起床后,应迅速整理内务,有序进行洗漱,搞好个人卫生和寝室卫生。

2. 罪犯被服使用行为管束

被服使用行为管束是指监狱对罪犯的衣服、被褥等生活用品的配发、更换、使用、标识等方面的强制管束。罪犯的被褥主要指棉被、垫被、床单、蚊帐、席子等,罪犯的服装主要指囚服(包括春秋服、夏服、冬服)、囚帽、劳保服,允许穿着的私人内衣、袜子、鞋子等。罪犯被服依照供应标准,由监狱统一发放。罪犯的被服每年统一发放两次(一般分夏季和冬季两次发放)。新入监的罪犯,可按入监季节随到随发。监狱民警亲自掌握被服的发放,详细填写《罪犯被服发放登记卡》,并由罪犯本人签名。罪犯对监狱配发的被服要爱护,不得故意损坏。罪犯刑满释放时,所发被服原则上予以收回。罪犯的被服必须印监狱统一的编号,罪犯不得任意更改被服样式或增设其他标志。允许罪犯带入的私人服装,一般仅限于内衣、袜子、鞋子。军警服、大衣、皮衣、时尚服装以及绝缘靴、绝缘手套、高档皮鞋一律不准带入监内。带入的私人衣物必须有数量的限制。允许罪犯使用的私人被服,必须履行登记手续和制作标志,否则不得使用。季节变换需要更换被服时,在监区确定的统一更换日予以更换。罪犯在监内或批准外出时一律着囚服。在劳动时,有特殊劳动防护要求的,按照规定着劳保服。

3. 罪犯个人钱款收支行为管束

对罪犯个人钱款收支行为管束是指监狱对罪犯在服刑期间合法所得钱款的发放、代收、批准使用等方面的强制规定。罪犯个人钱款包括监狱拨发的零用钱、罪犯入监时带入的钱款、邮汇款、会见款、劳动报酬、奖金、技术津贴、稿酬等。罪犯不得持有现金,所有钱款必须存入罪犯个人账户。罪犯的邮汇款来源不明的,应当查明。监区按月公布罪犯的存款额,如有出入,允许罪犯查询。单笔邮汇款、接见款数额不宜过高。对个人存款数额过高的罪犯,监狱可以适当控制其以后的邮汇款、接见款数额。罪犯个人钱款的支出以罪犯处遇级别和基本生活需求为依据,做到勤俭节约,量入为出,不得透支。罪犯提取存款外寄的,必须由罪犯本人写出书面申请,提出汇款的理由、金额、汇达地址、收款人姓名、与收款人的关系等。罪犯之间不允许互相协商拆借存款。

4. 罪犯消费行为管束

罪犯消费行为管束主要是指监狱对罪犯使用存款购买生活、学习用品等行为实行控制和管理。罪犯的基本生活必需品由监狱供给,非生活必需品由罪犯个人购买。罪犯购物时必须填写购物登记单,注明物品名称、单价、数量,以罪犯小组为单位统计汇总后,由分管民警审核。一次性购买物品的数量有相应的限制,罪犯用于日常消费的金额,原则上每月控制在200元以下。存款额不足或赤字的,原则上不得购买物品。罪犯购物原则上每月一次,特殊情况除外。罪犯购买物品一般限于监狱罪犯日用品供应站供应的物品。罪犯必须合理、适度消费。罪犯购买的物品不得用于交换、赠送、赌博,对情节严重的,可以暂停购物资格,并给予扣分等处理。

5. 罪犯就餐行为管束

就餐行为管束是指监狱对罪犯就餐期间的活动实行直接的监督和管束。罪犯必须按照监狱指定的就餐时间、地点、座次就餐。罪犯就餐前,在值班民警的组织下集合、整队、报数、唱歌或背诵行为规范。罪犯就餐时,不准敲击餐具、嬉笑打闹、不准伙吃伙喝、不准浪费粮食和乱倒剩饭菜,并要把桌面、地面清扫干净。罪犯必须使用塑料碗筷、餐具,严禁使用木质、铁制餐饮具。

6. 罪犯作息行为管束

科学合理地安排罪犯的作息时间,加强罪犯作息行为管束,是监狱科学、文明管理的一项重要内容。我国监狱法第七十一条规定:"监狱对罪犯的劳动时间,参照国家有关劳动工时的规定执行;在季节性生产等特殊情况下,可以调整劳动时间。罪犯有在法定节日和休息日休息的权利。"对罪犯执行每周劳动 5 天,每天劳动 8 小时,每周 1 天学习教育,1 天休息的作息管理模式。罪犯每天睡眠时间保证 8 小时以上。从事农业生产的监狱可以根据农业生产的规律和特点，将农忙季节与农闲季节的作息时间作合理调整。未成年犯以学习文化和生产技能为主，实行半天学习、半天劳动的制度，其睡眠时间也应适当增加，一般不少于9小时。监狱要保证罪犯在法定节假日休息的权利，监狱可根据生产需要调整劳动时间，适时安排补休。从事农业生产的单位在农忙季节，休息日可以适当提前或挪后。罪犯必须按照监狱规定的作息时间就寝，点名后迅速洗漱、上床，不得违反规定看书、聊天、走动，不得熄灭寝室灯。听到起床号后必须迅速起床、洗漱、整理内务。在休息日，罪犯可以看书、写信、洗衣服等，娱乐活动必须要遵守监区的相关规定。

（二）罪犯卫生、医疗行为管束

罪犯的卫生行为、医疗行为管束主要包括对罪犯的监舍卫生、个人卫生和罪犯的就医、用药等行为的强制管束。

1. 监舍卫生行为管束

这主要包括罪犯生活用品应当配备齐全，统一规格、式样，定置摆放。非监狱规定的生活用品放在专门的储藏室内，不允许存放在寝室内。罪犯的生活用品要经常进行清洗，保持卫生整洁。寝室床位实行单元化管理，统一挂床头牌，按季节统一床上用品，非床上用品一律不准摆放。被褥叠放要棱角分明，大小高低要符合标准，摆放整齐划一。蚊帐等挂形相同，衣服叠放方正并且放置于床铺的同一位置，被单平整无褶皱，枕头高度一致。床下每人限放两双鞋子，摆放整齐，鞋跟朝外，鞋跟距床沿垂直线10厘米，床边放塑料凳各一张，凳面朝上，凳子呈一线摆放。毛巾折叠整齐统一挂在毛巾架上，牙具、肥皂盒整齐排列放置，牙刷放在漱口杯内，刷毛向外，并统一朝向。监舍的门窗、墙壁、地板以及室内配套设施要保持完好。做到地面无垃圾、污物、痰迹、灰尘，门窗和墙壁上无灰尘，无蜘蛛网，无乱写乱画，无乱贴乱挂，室内无臭虫、无跳蚤、无苍蝇、无异味。罪犯必须按照民警排好的值日表，轮流负责寝室公共卫生。罪犯必须遵守监狱公共卫生管理的规定，保持内部公共环境的整洁、卫生，不得乱扔垃圾，随地吐痰。监舍内垃圾装袋扎口后，送到垃圾场。不得在亲情电话室、活动室、浴室、洗漱室、卫生间等公共场所存放无关物品，节约用水、用电。各监区要搞好卫生包干区的清扫、杀毒。

2. 罪犯个人卫生行为管束

罪犯个人卫生是指罪犯的仪表整洁，养成良好的个人习惯。罪犯应该学习卫生常识，培养卫生意识，养成卫生习惯，做到早晚刷牙、洗脸、睡前洗脚、饭前便后洗手；个人物品及衣服被褥勤洗换、翻晒；不暴饮暴食，不喝生冷脏水，不吃生食和腐败变质食物，保持餐饮器具的卫生；不随地吐痰、便溺、不乱扔脏物、废物、果实、纸屑；不践踏、毁坏花草树木。监狱对罪犯卫生知识的学习、卫生行为表现按照相关规定进行考核奖惩。

3. 罪犯就医行为管束

这主要包括罪犯生病或感觉身体不适需要就医时，要书面或口头向民警提出申请。在夜间和医院休息期间，对一些轻微疾病，监区民警可安排监区医犯先行处置。罪犯应在监区规定的看病日和看病日的规定时段内看病，严重、突发疾病除外。罪犯由监区民警带到监狱医院（或监区医务室）就诊，罪犯应如实陈述病情和病史，尊重医生的诊疗方案，听候医生处置。不得主动要求医生开病假条、不得指定药品、治疗方式、治疗医院。在监狱医院住院治疗的罪犯要遵守医院的管理规定，按时作息、按时用药，遵从医护人员安排的就餐、学习、锻炼活动，不准串走病房，不得携带违禁品入院。留在监区休息的病犯，不得擅自离开指定区域，不得从事与治疗、休养无关的活动。传染病犯由监狱安排隔离治疗。罪犯病情严重，需要到社会医院就诊的，必须履行罪犯外出就诊审批手续，就诊罪犯必须服从医生和监狱民警的管理。罪犯不得装病、缠病或者故意致病，一旦发现，监狱将按有关规定严肃处理。

4. 罪犯用药行为管束

罪犯亲属邮寄、接见时带来的药品，必须由监狱进行检查，与罪犯疾病治疗无关的，一律退回，属于违禁品的予以销毁。罪犯的所有药品必须由监区民警统一管理，罪犯不得随身携带（应急药品除外）。罪犯必须按照医嘱在民警的监督下用药。当罪犯因病需要特殊用药时，允许自购药品。首先由罪犯提出申请，监狱医院主治医生审核、监狱医院院长批准后，由罪犯亲属购买，在接见时带入或邮寄至监狱，并经医生检查，或由监狱医院代为购买。

（三）监狱的安全警戒

安全警戒是监狱强制执法的外化形式，也是刑罚实现的重要方式，对发挥监狱功能，实现刑罚目的，具有极为重要的意义。

1. 安全警戒的内容

安全警戒主要包括以下几方面的具体内容。

（1）武装警戒　武装警戒又称外围警戒，是指人民武装警察部队以公开的武装形式，依法对监狱场所实施的外围警戒活动，目的是保证监狱场所的安全稳定，维护社会安全，保障监管、改造罪犯工作顺利进行。武装警戒主要包括：实施监狱外围警戒；预防和打击狱内犯罪活动；防止狱外不法分子的破坏和侵袭；武装看押和押解；协助监狱处置突发事件和灾害事故等。驻监武警部队在执行武装警戒任务和相关业务建设方面，接受所在监狱党委的业务指导。监狱党委要关心部队建设，妥善解决部队战备、执勤、训练、生活、学习中的实际问题和困难。武警看押部队的领导要参加监狱的狱情分析会议。在实践中，监狱要与驻监武警部队开展"三共"活动，建立以下联动、协作制度。

共教共育制度。监狱定期向武警官兵通报犯情、狱情，在新兵下中队、重大节日、重大活动等时机开展针对性的教育。武警部队要积极协助监狱民警开展军事素质训练。双方适时开展学习交流、体育比赛、联谊联欢等活动。

联席会议制度。监狱和驻监武警部队定期召开联席会议，主要传达学习上级有关指示精神，共同分析狱情、监管和执勤形势，互相通报情况，征求对方意见，协商解决问题，部署工作任务。

联合演习制度。共同制订联防方案，搞好协同训练。通常由监狱每半年至少举行一次联合演练，必要时可随时进行，武警部队参加。驻监武警部队平时进行执勤方案演练时，监狱可视情况参加。

相互监督制度。在武警部队执勤和监狱人民警察监管罪犯的活动中，双方应当互相提醒，相互监督，及时填写《监狱和驻监武警部队双向监督登记卡》、《监管（执勤）隐患通知书》等，及时向对方反馈情况，重要情况即时反馈。双方对反映的问题应及时整改，并将整改情况通报对方。

联检联评制度。监狱会同武警部队每月组织一次监管安全工作联合检查，主要检查各项安全措施的落实情况，监管、执勤、生活设施的使用和维护情况，并对检查情况进行联合讲评，限期解决存在的问题。重大节日或遇有重大情况时可随时组织联检联评。

（2）狱内警戒　狱内警戒又称内看守，是由监狱人民警察在监狱内组织实施的对罪犯的直接监督和控制，目的是防止发生狱内案件和罪犯重大违规事件。狱内警戒是监狱安全警戒"三道防线"中的第一道防线，是最为基础和关键的环节，是对在押罪犯进行全方位管控的执法活动。狱内警戒是刑罚执行的体现，是改造罪犯的直接手段，是维护良好的监管秩序的直接方法。狱内警戒主要包括：负责监狱进出人员、车辆的检查验证和登记工作；管理禁闭室；夜间的罪犯管理；留在监舍（监区）罪犯的管理；零星劳作犯的管理；罪犯"三大现场"的管理等。

第一，进出监狱人员、车辆的检查验证和登记。监狱大门是监管安全的重点部位，监狱和各监区的大门必须配备专职的人民警察负责昼夜值班。监狱要落实检查、登记、验换证、进出人员纪律教育等相关制度，严控人员、车辆、物资进出。

第二，管理禁闭室。禁闭室是监管安全的要害部位，因此要配足警戒力量，认真落实24小时双人值班制、情况交接、定时巡查、不定期清监、按规定放风、个别教育等制度，注意了解和掌握禁闭罪犯的思想、身体情况，发现问题及时报告并采取有效措施。

第三，夜间的罪犯管控。如民警值班、巡逻、查监、查铺，管制灯火、督促罪犯按时就寝，处理夜间罪犯的打架、自杀、突发疾病等事宜。

第四，留在监舍罪犯的管理。包括检查督促留监罪犯遵守行为规范；实行集中管理，编制临时联号，固定活动区域等。

第五，罪犯"三大现场"的看守警戒。罪犯的学习、生活、生产现场的警戒主要包括编制罪犯联号、工间点名、管理危险品、安全生产、秩序控制等一系列民警直接管理活动。

第六，检查警戒设施。监狱、监区按区域和责任范围对围墙、防护网、电网、视频监控、报警器、监舍门窗锁等监管警戒设施进行定期和不定期检查并登记在案，发现问题立即整改，确保警戒设施处于完好状态。

（3）社区联防　我国监狱法第四十四条规定，监狱周围的机关、团体、企事业单位和基层组织，应当协助监狱做好安全警戒工作。社区联防，是指监狱和武警部队依靠所在地的公安机关、监狱周围的机关、团体、企事业单位和城乡基层组织，依法共同进行的监督罪犯改造、防范狱内犯罪、保证监狱安全的辅助性执法活动。它是监狱安全警戒"三道防线"中的最后一道防线，是依靠社区组织确保监狱有效执法的一种形式。但要注意的是，社区组织不是执法主体，只是在一定的条件下协助监狱有效执法。要发挥联防的力量，监狱、武警看押部队要做好以下工作。

第一，建立社区联防组织。监狱、武警部队应主动和周围的社会组织联系，协同社区党政组织和企事业单位建立联防领导机构，明确职责和分工，定期召开社区联防会议，互通信息，总结经验教训，查找堵塞漏洞，研究部署防范措施，保证联防工作健康有效开展。

第二，制定社区联防制度。社区联防组织应根据监狱、社区的实际情况，结合联防目标、任务，共同协商划分任务，明确联防单位，制订联防方案，约定联络方式，制定情况通报制度、突发事件处置方案、联席会议制度、奖励制度等。监狱和武警部队对联防有功单位和个人应给予必要的奖励。

第三，开展社区联防活动。一方面，监狱人民警察和武警看押部队应经常深入社区，宣传监狱工作方针、政策，提高社区群众对社区联防工作重要性和必要性的认识。同时，开展警民共建文明社区活动，为社区群众办好事、办实事，参与社区的综合治理，维护社区的治安秩序。为提高实战能力，社区联防组织要开展必要的联防综合演练。另一方面，监狱周围的机关、团体、企事业单位、基层组织、居民不得侵占、破坏监狱财产、土地、矿产资源和其他自然资源，不得妨碍监狱警戒工作，不得损坏监狱外围警戒设施，不得随意进入。

（4）武器装备　武器装备是监狱执法的重要辅助手段。依据有关法律规定，监狱人民警察在依法履行职责时,确有必要,可以配备公务用枪。监狱人民警察使用枪支,必须持有公安机关发给的持枪证,严禁在禁止携带、使用武器的区域、场所携带和使用枪支。使用枪支时,除特别紧急的情况外,应先行口头警告或者鸣枪警告,不听劝阻时,可向实施犯罪行为的罪犯的次要部位射击,罪犯停止实施犯罪的或者丧失继续实施犯罪行为能力的,应立即停止射击。使用枪支造成罪犯或无辜人员伤亡的,应当及时救治受伤人员,保护现场,并立即报告。有关部门接报后应当及时进行勘验、调查,并及时通知当地人民检察院,同时将罪犯或无辜人员的伤亡情况,通知其家属或其所在单位。监狱人民警察和武装警察使用武器后,应当将使用武器的情况如实向上级机关书面报告。对违法使用武器,造成不应有的人员伤亡、财产损失,构成犯罪的,依法追究其刑事责任,尚不构成犯罪的,依法给予行政处分。

我国监狱法第四十六条明确规定,监狱人民警察和武装部队的执勤人员遇有下列情形之一,非使用武器不能制止的,可以使用武器:罪犯聚众骚乱、暴乱的;罪犯脱逃或者拒捕的;罪犯持有凶器或者其他危险物,正在行凶或者破坏、危及他人生命、财产安全的;劫夺罪犯的;罪犯劫夺武器的。但当脱逃的罪犯处于人员聚集场所或在存放大量易燃、易爆、剧毒、放射性等危险物品的场所,不得使用武器。

(5) 警械装备 警械,这里特指监狱按规定配备的电击警棍、橡胶警棍、伸缩警棍、手铐、脚镣、催泪剂、警笛等。根据警械的使用功能分为驱逐性警械、制服性警械和约束性警械。警械装备和武器装备一样,属监狱强制执法的辅助手段。

监狱民警在执勤过程中,遇有下列情形的,可以使用警械:罪犯有脱逃行为的;罪犯有使用暴力行为的,包括哄监、闹监、暴动等;罪犯正在押解途中的,包括外出就诊、离监探亲等;罪犯有其他危险行为需要采取防范措施的,如罪犯袭警、有自杀危险的、在审查期间的。对罪犯使用警械要履行审批手续,情况紧急时可以先使用后补报审批手续。符合使用警械的情形消失后,应当立即停止使用。监狱民警不得使用警械刑讯逼供、体罚虐待罪犯,违反使用规定造成不良后果的,对相关责任人严肃处理,情节严重的,依法追究刑事责任。

2. 安全警戒应注意的问题

① 监狱要与武警看押部队形成合力,共保监狱安全。监狱和武警看押部队密切配合、协作联动,是发挥武装警戒作用的必要条件。监狱要及时将狱情、犯情通报武警看押部队,武警看押部队要积极主动配合监狱监管工作。

② 重视禁闭室的管理。禁闭是监狱对严重违反监规纪律、破坏监管秩序的罪犯采取的最为严厉的行政处罚措施,也是监狱警戒的一项强制性措施。禁闭室是监管事故易发、多发场所,是监管安全的重点要害部位。要落实民警双人昼夜值班和民警直接管理制度,提高民警自身的安全防范意识,严禁用罪犯管理被禁闭罪犯,严禁体罚、虐待被禁闭罪犯,民警不得以任何理由扣减被禁闭罪犯的伙食。罪犯突发疾病或者自伤自残的,要本着人道主义精神积极予以救治。要保证被禁闭罪犯的放风时间,监区民警和禁闭室民警要多找被禁闭罪犯谈心,促其认识错误。

③ 要规范警械和武器的管理。对监狱的警械、武器、弹药情况要定期开展普查,明确武器、警械的配备范围,不符合条件的,要立即收回。建立健全警械、武器的配发、领取、使用、入库和保管保养制度。要组织民警认真学习《中华人民共和国人民警察使用警械和武器条例》、《中华人民共和国监狱法》和《中华人民共和国人民警察法》,切实准确掌握使用武器、警械的情形。

## 三、矫正执法

罪犯矫正是指监狱以罪犯为对象，从挽救人、转化人、塑造人的目的出发，按照监狱法的要求，有目的、有计划、有组织地实施的以转变思想、矫正恶习、灌输知识、培养德行、增强技能为基本活动内容的系统影响活动。强制罪犯接受矫正，是我国刑罚的功能和内容。在我国监狱，矫正既是刑罚实现的基本方式，也是主要的监狱执法活动。

我国监狱的罪犯矫正主要包括罪犯行为矫正、劳动矫正和教育矫正。我国监狱法第三条至第五条明确规定："监狱对罪犯实行惩罚和改造相结合、教育和劳动相结合的原则，将罪犯改造成为守法公民。""监狱对罪犯应当依法监管，根据改造罪犯的需要，组织罪犯开展行为养成训练，从事生产劳动，对罪犯进行思想教育、文化教育、技术教育。""监狱人民警察依法管理监狱、执行刑罚、对罪犯进行教育改造等活动，受法律保护。"因此，对罪犯进行矫正，既是监狱的权力，又是监狱的职责。监狱应当根据有关法律规定，按照法定的程序，开展对罪犯的矫正活动。《中华人民共和国监狱法》以及司法部制定的《监狱教育改造工作规定》和《教育改造罪犯纲要》，对矫正规定了较为具体的内容。监狱要坚持"以改造人为宗旨"的工作方针，将罪犯改造成为守法公民，使之重新成为平安社会、法治社会建设的参与者、推动者。可以说，当前我国的罪犯矫正，是在依法、有序、规范、探索的状况下开展的。

国内外监狱矫正罪犯的实践证明，对有心理危机、心理疾病、人格障碍的罪犯进行心理咨询、心理矫治和危机干预，对于稳定罪犯情绪、减少狱内案件和培养罪犯健全的人格、心理，进而减少释放后的犯罪行为有良好的效果。我国的罪犯心理矫治活动虽然起步迟，但发展迅速，目前监狱普遍具备了基本的矫治力量、场所，建立了相应的工作机制，心理矫正成为狱政管理、强制劳动、教育之外的又一有力手段。当然，心理矫正工作不同于罪犯的思想、文化、道德教育和劳动，心理矫正工作效果的发挥必须依赖于罪犯的主观意愿、参与配合，监狱不得对罪犯强制进行心理矫正，心理矫正也仅限于有需求的罪犯，或作为民警了解罪犯、改造罪犯的一种辅助手段。

（一）罪犯行为矫正

罪犯行为矫正是指监狱依法对罪犯的特定行为强制实施的有目的、有指向的教育、引导、监督和控制的执法活动。罪犯行为矫正，对稳定监管场所的秩序，提高改造质量和实现刑罚目的有着十分重要的意义。目前，监狱对罪犯行为矫正的主要依据是我国刑法、监狱法和2004年3月由司法部88号令颁布施行的《监狱服刑人员行为规范》。其中，《监狱服刑人员行为规范》对罪犯服刑期间的行为作了全面、明确、具体的规定，具有较强的操作性。《监狱服刑人员行为规范》共五章三十八条，分为基本规范、生活规范、学习规范、劳动规范、文明礼貌规范。

1. 罪犯行为矫正的主要内容

（1）罪犯互监组制度　为了加强对罪犯的监督控制，防止罪犯单独或者结伙实施违规、违法、犯罪行为，确保监狱安全，促进罪犯改造，监狱在罪犯中实行互监组制度。监狱利用罪犯相互监督、相互控制，是一项基础的执法行为，也是对罪犯的行为进行强制管束的具体内容之一。互监组包括罪犯小组、寝室、联号等形式，互监组的罪犯行为高度协同，并负有相互监督、检举违规的义务。互监组成员出现违规、违法、犯罪行为的，其他组员要承担相应的责任。

互监组由监区分管民警负责管理，每个互监组可以指定一名互监组长、舍长、联号长。从罪犯投入监狱服刑到罪犯服刑终结离开监狱，罪犯始终都要被强制编入互监组。互监组确定后，民警召集罪犯宣布互监组管理制度，组织罪犯书写《互监保证书》。民警可以根据安全、矫正的需要随时调整互监组成员。

对罪犯进行编组，尤其是联号小组，应当坚持有利于民警监管，有利于罪犯改造，有利于劳动生产等原则，最大限度地减少或抑制罪犯组成非正式群体。民警要综合考虑罪犯的年龄、籍贯、民族、文化程度、身体状况、刑期、犯罪次数、性格、恶性程度等情况。原则上同籍贯、具有利害关系的罪犯（如亲戚、战友、同学、同事、同案或者有积怨矛盾的）不得编入同一个互监组。编制时注重差异搭配，如表现好的、一般的、表现差的搭配，刑期长的和刑期短的搭配，城市的与农村的搭配。

互监组成员严格执行"五同时"制度和"四固定"制度。所谓"五同时"，即同生活、同劳动、同休息、同活动、同学习，"四固定"即睡觉铺位固定、学习座位固定、队列站位固定、劳动岗位固定。任何罪犯不得脱离互监组擅自行动，罪犯一旦有违规行为或者不知去向，互监组其他罪犯必须立即制止或报告民警。

（2）队列队形训练　对罪犯强制进行队列队形训练，是监狱行为矫正的一项具体内容。由于罪犯中普遍存在好逸恶劳、自由散漫、精神萎靡、意志薄弱、集体意识差等问题，队列队形训练可以使罪犯保持良好的精神状态，养成良好的站立、坐下、走路和说话等行为习惯，增强罪犯的身体素质，锤炼罪犯战胜困难的意志，形成规范整齐的集体风貌，树立良好的集体观念和纪律观念。除病残犯和其他不适宜参加队形队列训练的罪犯外，罪犯无正当理由不得逃避、拒绝参加训练。队列队形训练是罪犯日常行为考核的重要项目。

（3）罪犯日常行为约束　罪犯日常行为约束是监狱对罪犯每天的主要行为进行强制约束的活动。对罪犯日常行为约束的依据主要是我国监狱法、《监狱服刑人员行为规范》和监狱管理机关的有关规范性文件。这部分内容在罪犯刑期执法中已有论述，此处不再赘述。

（4）罪犯"三大现场"行为约束　罪犯"三大现场"行为约束，是指监狱对罪犯在生活、学习、劳动现场的行为直接进行的监督和控制，它也是监狱强制执法的具体内容之一。

① 生活现场行为约束。罪犯的起居场所，包括寝室、卫生间、洗漱间、晾晒间、开水间、储藏室、医务室、心理咨询室、亲情电话室等。民警定期和不定期地对罪犯和上述场所进行检查，民警在出工、收工、罪犯会见前、会见后、进出监狱（监区）时对罪犯和携带的物品进行检查。罪犯出入监区要报数，三名以上罪犯走路时应成纵队且靠右行走，遇见民警靠右停行避让。民警在罪犯早起床后和晚上就寝前点名时，罪犯要立即站立答"到"（残疾犯、卧床病犯除外）。遇有来宾参观和监狱领导进入监舍视察时，罪犯应停止一切活动，起立问候。罪犯就餐时按指定位置就座，保持安静，听到民警的就餐号令后方可进餐。罪犯的娱乐活动必须在民警的直接管理和监督下进行，集体娱乐活动要保持秩序，如看电视时，不得抢占位置、随便调台。罪犯每日必须收看《新闻联播》等指定节目。

② 劳动现场行为约束。凡是有劳动能力的罪犯，都必须参加劳动，罪犯必须服从岗位和任务分配，不得擅自停止劳动，工间休息由民警统一安排，罪犯需要如厕方便的，应告知互监组员并请示民警。罪犯收出工由民警统一带领，列队行走。从事零星分散劳动的罪犯，不准脱离规定的劳动区域，不准与无关人员接触，要定时向民警报告自己的劳动情况。

③ 学习现场行为约束。学习现场，包括教室、阅览室、电教中心、礼堂、报告厅等场

所。罪犯在民警的带领下列队进入学习现场，按顺序在指定的位置坐好，不可随意变换座位。学习结束后，罪犯要依次走出教室，在指定地点列队报数，由民警带回监区。罪犯必须认真听讲、认真记笔记、认真回答问题，按时完成作业，讨论时必须发言。

2. 罪犯行为矫正中应注意的问题

罪犯编组要按照监狱的有关规定，结合监区管理、教育、劳动的实际情况灵活进行，并动态调整。以下罪犯不宜编入同一互监组：同乡、同案和亲属犯；流窜犯、累犯和有脱逃史的罪犯；顽固犯、危险犯；相互间矛盾较大的罪犯；文盲犯。顽固犯、危险犯应有2名以上改造表现积极的罪犯包夹监督。勤杂犯、零星劳作犯、留监犯等都必须编入互监小组，不得出现罪犯无互监组、单独流动的情形。

（二）罪犯劳动矫正

罪犯劳动矫正主要通过对有劳动能力的罪犯强制其从事生产劳动，矫正恶习、培养技能，并从劳动中学会合作，发现自身价值。同时，劳动也有利于罪犯的身心健康，防止其消极、颓废和无所事事。我国监狱法第六十九条规定："有劳动能力的罪犯，必须参加劳动。"第七十条规定："监狱根据罪犯的个人情况，合理组织劳动，使其矫正恶习，养成劳动习惯，学会生产技能，并为释放后就业创造条件。"这是监狱强制罪犯劳动、实施罪犯劳动矫正的法律依据。同时，我国监狱法第七十一条、七十二条、七十三条分别对罪犯的休息、劳动报酬、工伤等方面作了规定。

1. 劳动矫正的内容

主要包括以下具体内容。

（1）出工、收工管理　罪犯出工、收工管理主要包括以下内容。

第一，出工。民警根据劳动项目和监狱企业下达的劳动生产任务，对罪犯进行分组，安排罪犯互监小组。民警准备好带工所需要的警戒装备、对讲机、记事簿、点名册等。带队民警下达罪犯出工命令后，罪犯集合整队，民警清点出工人数，检查罪犯着装并搜身，检查随身所带物品。带队民警向罪犯讲清本次劳动项目、地点和主要任务，强调劳动纪律、安全和注意事项等。队列行进中，罪犯要精神饱满、步伐整齐，口号、歌声整齐、洪亮。罪犯到达车间门口，带工民警整队并组织罪犯背诵《监狱服刑人员行为规范》，然后罪犯报数依次进入劳动车间。

第二，收工。带工民警下达收工预令后，组织罪犯清点产品、劳动工具，检查设备、电源、门窗等，擦拭机器设备。民警下达收工命令后，罪犯按序报数走出车间大门，在指定区域列队。民警清点人数、搜身检查后，对本次劳动予以讲评，带领队列离开劳动现场。收工队列到达监区门口时，带工民警与监内值班民警再次整队清点人数，核对无误，值班民警打开监区大门，罪犯按序通过安检门，进入寝室。

（2）劳动现场管理　劳动现场管理的内容主要包括劳动任务分配、现场巡查、安全生产管理、工具管理等。

第一，分配劳动任务。民警应当在前一天就了解当天的劳动项目和相关要求，确定出工人数和人员，也可以于当日先和车间负责人沟通，明确有关劳动任务、要求，再向罪犯下达。安排罪犯劳动时，要以罪犯互监组为单位，固定罪犯的工种、岗位、活动区域，落实对重点人员的监控。罪犯不准擅自离开岗位和指定的区域。

第二，定置管理。所有原材料、成品、半成品、机器设备、工具等都要有固定位置。各种可用作行凶、脱逃的物件，如铁锤、扳手、撬杠、三角刮刀、绳索、绝缘工具、胶带纸等要落实专门民警管理，剪刀、板凳等要实行链式化管理。如发现这类物件丢失，民警一定要查清物件去向，不留安全隐患。罪犯不得超越生产现场的警戒线，如厕方便要告知互监组员并请示民警。

第三，现场巡查。民警不间断进行现场巡视，组织、协调当日生产，督促罪犯严格按照操作规程进行操作，保质保量地完成生产任务。落实民警半小时点名、罪犯签到、门卫监督岗等制度。罪犯不得从事与生产劳动无关的活动，如串岗、闲谈打闹、做私活、睡觉等。罪犯必须在指定地点休息，按照规定做工间操。罪犯离开互监组、出车间、离开劳作区域的，必须由民警亲自带领，并在监督岗处进行登记，接受检查。罪犯不得与本互监组以外的罪犯、人员（如其他监区的罪犯、监狱工人、进监车辆驾驶员、外协师傅、参观者等）随意接触。

第四，安全生产管理。罪犯应熟知安全操作规程并严格执行，熟练掌握灭火器、防毒面具的使用方法，牢记逃生通道、逃生路线。要加强火源、电源、热源的管理，罪犯不得违犯规定吸烟。车间的安全门、逃生通道、安全通道不得关闭或堵塞，应急设施要保持完好。发生火灾等事故时，罪犯要在民警的指挥下积极施救或有序撤离。

（3）劳动报酬管理　罪犯的劳动报酬是指监狱根据罪犯生产劳动任务的完成情况，结合罪犯劳动态度、劳动岗位、技术等级，参照当地经济发展水平、社会用工成本，根据考核结果发放给罪犯本人的劳动酬金、实物等。不参加劳动的罪犯依法不享有劳动酬金。罪犯的劳动报酬显然不同于社会企业劳动者的劳动报酬。我国监狱法第七十二条规定："监狱对参加劳动的罪犯，应当按照有关规定给予报酬并执行国家有关劳动保护的规定。"对参加劳动的罪犯发放一定的劳动报酬，有利于调动罪犯的劳动积极性，提高罪犯矫正质量。由于各地经济水平、监狱产业情况不同，目前还没有统一的劳动报酬管理办法，各个监狱的做法也不相同。本书以江苏省监狱系统自 2011 年起全面推行的《江苏省监狱罪犯劳动报酬管理办法》为例进行论述。

第一，劳动报酬管理的原则。罪犯劳动报酬采用"分级管理，劳有所得，多劳多得，按月考核，按月发放"的办法。罪犯劳动报酬管理坚持依法、科学的原则；经济效益与社会效益并重的原则；综合改造表现的原则；公开、公平、公正的原则；民警直接管理的原则。

第二，劳动报酬管理组织机构。各监所刑务劳动作业科负责本监所罪犯劳动报酬的管理工作。监区成立罪犯劳动报酬考评小组，并设考评员一名，负责本监区日常考评工作。监区考评小组不少于五人，由监区长任组长，成员由分管生产的监区领导、考评员等组成。

第三，劳动报酬管理流程。监狱对罪犯劳动报酬管理，应按下列流程进行。

首先，划分罪犯劳动等级。监区应根据罪犯的劳动岗位、劳动熟练程度、年龄状况等情况，划分罪犯劳动等级。罪犯劳动等级分为三类六级。罪犯劳动等级评定每月一次，由民警集体讨论后报监区考评小组审批，监区（分监区）每月将罪犯劳动等级评定结果汇总，报监所刑务劳动作业科备案。罪犯连续三个月完成劳动定额的，所在监区应给予考评，决定晋升一个劳动等级。罪犯当月不能完成劳动定额，或当月有五天以上不能完成日定额的，所在监区必须给予考评，降低一个劳动等级。

其次，考核评定罪犯劳动分。罪犯劳动分考核实行日清、旬核、月结。罪犯劳动分考核结果经监区罪犯劳动报酬考评小组集体审议通过后，每月上榜公布，并报刑务劳动作业科备案。罪犯对考核结果有异议的，应于三日内向所在监区提出复核申请，由刑务劳动作业科在三日内给予核准。罪犯当月所获得的劳动分，直接作为罪犯计分考核中"劳动规范"基础分考核结果。罪犯劳动报酬按劳动分进行考核，以劳动分兑现劳动报酬，并与改造表现挂钩，罪犯有违反监规纪律、逃避劳动、造成安全生产事故等情形的，监所应取消其劳动分和劳动报酬。

再次，劳动报酬评定。刑务劳动作业科根据各监区当月生产任务完成情况，制订各监区当月劳动报酬总额核发方案，报监所领导审批。监区根据本监区劳动报酬总额和劳动分总额，计算出单位劳动分应得的劳动报酬，并由此计算出每名罪犯当月应得劳动报酬数额，形成本监区罪犯劳动报酬发放方案。监区将罪犯劳动报酬发放方案集体审议通过后，于每月十五日前报刑务劳动作业科审核、备案，分管领导审批后，送监狱财务科集中发放。

最后，劳动报酬账户管理。建立罪犯劳动报酬个人账户，与罪犯零用钱和个人存款等区分开来。罪犯劳动报酬账户由监所生活卫生科扎口管理，账户核算由监所财务科负责。监所应对罪犯劳动报酬进行分类管理。罪犯个人劳动报酬账户应建立狱内消费账户和刑满释放生活储备金账户两个子账户，罪犯劳动报酬的70%存入狱内消费账户，由罪犯在服刑期间按规定支配使用，罪犯劳动报酬的30%存入刑满释放生活储备金账户，在罪犯刑满释放时一次性发放。罪犯劳动报酬账户实行透明化管理，罪犯劳动报酬账户明细和余额应对监区全体民警、罪犯个人实时开放，有条件的单位应将账户联网，实时查询。罪犯刑满释放时，监所应结清其劳动报酬账户，劳动报酬余额全额支付给本人。为提高罪犯劳动改造积极性，罪犯在服刑期间的个人消费主要在劳动报酬账户支出，并适当放宽劳动报酬账户消费支出标准。罪犯劳动报酬支出范围包括：按照有关规定用于狱内个人消费的支出；罪犯贴补家庭之用；罪犯偿还个人债务；其他个人合理支出。监所不得将罪犯劳动报酬用作罪犯生活费、零用钱、劳动保护用品等开支，或挪作他用。罪犯支出劳动报酬应由本人提出申请，所在监区批准后，报监所财务科执行。罪犯劳动报酬专用账户实行现额支出，严禁出现透支现象。

2. 劳动矫正执法应该注意的问题

① 罪犯劳动服务于罪犯矫正、改造的目的，劳动是改造罪犯的一种手段，而不是根本目的，因此监狱的罪犯劳动要克服一味追求经济效益的冲动。要通过劳动，让罪犯掌握一定的生产技能和从业经验，培养爱劳动的良好品德，消除好逸恶劳、不劳而获的错误思想，在劳动中发现自身的价值，学会与他人合作，进而健全人格。监狱在生产劳动的组织管理中，既要关注罪犯生产任务的完成情况，更要关注强制劳动对罪犯的矫正、教育、改造效果。

② 加强罪犯劳动保护。要坚决退出监管安全风险大、有损罪犯身体健康的产业。落实劳动厂房建设的"三同时"制度和劳动项目职业危害评估制度。罪犯的寝室、劳动区、仓储区必须分开。添置配齐安全设施，及时为罪犯配发劳动保护用品。加强罪犯的安全技能培训，强化民警的直接管理，从人的不安全行为、物的不安全状态、环境的不良影响等方面全面、充分地辨识安全生产风险。加强预案演练，配齐应急救援器材，做到有备无患，切实杜绝群死群伤等重大安全生产事故的发生。

（三）罪犯教育矫正

罪犯的教育矫正是指监狱依照我国的监狱法律法规、政策和规范性文件，以矫正罪犯为出发点，遵循教育的客观规律，对罪犯进行思想品德、认知水平、心理健康、劳动技能方面的培训、熏陶、养成等一系列执法活动。我国监狱法第四条规定："监狱对罪犯应当依法监管，根据改造罪犯的需要，组织罪犯从事生产劳动，对罪犯进行思想教育、文化教育、技术教育。"罪犯的教育矫正主要包括入监教育、"三课"教育、出监教育、个别教育等内容和形式。

1. 入监教育

在入监教育期间，监狱强制对新收罪犯进行法制和监规纪律教育，引导其认罪悔罪，明确改造目标，适应服刑生活。搞好入监教育，对促使罪犯认罪服法、消除疑虑、遵规守纪、积极改造具有重要的作用。入监教育以确保监狱安全稳定为中心，以稳定新收罪犯的思想为目的，准确掌握新收罪犯基本情况，摸清"底数"。收监教育遵循思想教育与行为训练相结合、集体教育与个别教育相结合、严格管束与耐心疏导相结合、身份甄别与心理测试评估相结合的方法，通过收监期间的强化教育和服刑行为规范的训练，使罪犯比较全面地了解相关法律、法规、政策和监规纪律，初步适应监禁生活，确立罪犯的身份意识，帮助罪犯迈好积极改造、奔向新生的"第一步"。入监教育以司法部监狱管理局统编的《入监教育》教材为基本内容，结合我国监狱法、反逃跑教育、狱务公开等内容，运用多种手段，搞活入监教育，积极开展基本队列训练和日常改造行为规范的养成教育。表4-1所列是某监狱入监教育集训工作计划安排。

表4-1 某监狱入监教育集训工作计划安排

| 项目 | 内容 | 周数 | 课时 | 备注 |
| --- | --- | --- | --- | --- |
| 常规性思想政治教育 | 1. 入监教育动员 | 1 | 4 | |
| | 2. 监狱法概述 | | 10 | |
| | 3. 罪犯的权利和义务 | 1 | 6 | |
| | 4. 认罪服法 | | 12 | |
| | 5. 遵守监规纪律 | 1 | 8 | 法制教育片 |
| | 6. 认清脱逃等再犯罪的危害 | 1 | 12 | 播放专题录像片 |
| | 7. 狱务公开 | 1 | 8 | |
| | 8. 罪犯改造行为规范 | | 6 | |
| | 9. 心理卫生常识及心理测量的引导 | 1 | 8 | |
| | 10. 积极参加劳动，接受教育改造 | | 6 | |
| | 11. 罪犯的考核与奖罚 | 1 | 4 | |
| | 12. 安全生产常识 | | 14 | |
| | 13. 认清形势、踏实改造 | 1 | 4 | |
| 辅助性教育 | 1. 组织收看相关专题电教片 | | 12 | 同常规教育中第5、第6项结合 |
| | 2. 收看《新闻联播》 | | 40 | 每天收看 |
| | 3. 阅读指定书报 | | 16 | 每周安排一次 |
| | 4. 教唱歌曲，开展文娱活动 | | 16 | 每周安排一次 |
| | 5. 正反改造典型现身说法 | | 4 | |
| | 6. 组织开展坦白检举活动 | | 2 | |
| | 7. 写个人简传、忏悔书、制订改造规划 | | 6 | |
| 基本队列规范训练 | 集合、整队、立正、稍息、四面转法、踏步、走步、跑步、蹲下、起立、报数、坐姿、摆放凳子、礼貌用语等 | | 120 | 每天2课时 |

2. "三课"教育

罪犯的思想、文化、技术教育俗称为"三课"教育，通过课堂教育、集体教育的形式，有目的、有计划、有组织地正面强制灌输、集中授课、系统讲解，进而帮助罪犯提高思想品德水平，增强法律意识和认罪悔罪意识，树立正确的世界观、人生观、价值观，掌握一定的文化知识和劳动技能。

(1) 罪犯思想教育的内容和要求　罪犯思想教育的主要内容包括认罪服法教育、法制教育、爱国主义教育、道德教育、人生观教育、劳动观教育、形势、政策、前途教育以及各类专项教育等。司法部监狱管理局和省级监狱管理机关指定的教材、读本，如《法律常识》、《人生观》、《政治常识》、《公民道德教育教材》、《劳动教育》、《认罪服法读本》以及分类教育的专门教材为每个罪犯的必修课目。在对罪犯开展思想教育时，应坚持理论联系实际、因人施教、以理服人、循序渐进的原则以及理论性、知识性与趣味性相结合的原则。罪犯思想教育的入学率应达100%，到课率和考试及格率分别要达到98%和90%以上。每年课堂化思想教育课时数不少于250课时，课时数应占"三课"教育总课时的50%。当年刑满释放的罪犯，90%以上应符合守法守规条件，释放罪犯的法律常识教育考试合格率达到95%以上，道德常识教育考试合格率达到95%以上。监狱教改部门负责罪犯思想教育计划的编制，督促监区落实执行，注重教育现场考核，对不落实教育计划、内容或学习场所秩序混乱的，视情况下发建议书、整改通知书，监狱应该追究相关部门、监区领导和值班警察的责任。

(2) 罪犯文化教育的内容和要求　罪犯文化教育包括扫盲教育、小学教育、初中教育和高等教育自学考试教育等。要加强罪犯文化教育的组织领导。建立由监狱分管领导总体负责、教育改造部门负责组织、文化中心具体落实、基层监区密切配合的组织领导体系和责任网络。强化教学过程管理，从确定师资力量制订教学计划、编写教案、编班、授课、考试、发证等各个环节加强管理，确保罪犯文化教育的效果。要严格入学对象，年龄在45周岁以下，初中文化程度以下的罪犯除患有严重慢性病、精神病或呆傻、盲、聋、哑者（应以医院证明为准）和正在接受入、出监教育的罪犯外必须参加扫盲、小学、初中教育。文化教育每学年入学率、到课率、考试及格率要分别达到90%、95%和80%以上，课时数不少于160课时。文盲犯应该在入监两年内脱盲，脱盲比例达到应脱盲人数的95%以上。罪犯刑满释放时，小学以上文化程度应达到应入学人数的90%，获证率（包括毕业证、结业证）要达到80%以上。监狱还应当鼓励罪犯参加高等教育自学考试，协调自考部门在监狱设立考点，帮助罪犯订购自考教材，开展考前辅导。在考试前，监区要安排罪犯脱产复习备考。对考试科目合格的罪犯及时兑现奖励。

(3) 罪犯技术教育的内容和要求　罪犯技术教育分为岗位技术培训、等级技术培训、职业技术培训等。严格入学对象管理。50周岁以下的罪犯、未获得技术员以上职称或未具有三级以上技术等级证的罪犯，除患有严重慢性病、精神失常或呆傻、聋、哑、盲者，以及正在接受入、出监教育的罪犯外必须参加技术教育。每学年罪犯入学率、到课率和考试合格率应分别达到95%、98%和80%以上，获证率（包括等级证、操作证、合格证等）应达到75%以上，年总课时数不少于160课时。刑满释放的罪犯取得职业技能等级证书比例应达到90%以上。岗位技术培训一般由监区组织实施，技术等级培训和职业技能培训由监狱会同劳动保障部门组织实施。罪犯的技术教育要做到"五定"，即定计划、定教材、定教员、定课时、定考核。罪犯完成岗位培训、等级技术培训、职业技术培训的，考试合格的，监狱和社会保障部门应发给相应的合格证书、等级证书，监狱应该及时兑现奖励。

3. 出监教育

罪犯出监教育的时间一般为三个月，罪犯集中在出监监区接受形势、政策、前途教育、遵纪守法教育和回归、就业指导。出监教育由监狱教改部门牵头，出监监区（或称"回归指导中心"）具体负责，监狱充分利用帮教志愿者、劳动保障部门、安置帮教部门等社会力量，对即将刑释的罪犯进行教育、培训和指导。出监教育的主要教育内容包括以下几方面。

（1）心理健康教育　主要开展人际关系与适应、夫妻交往分析、挫折心理调适、压力化解等刑满前心理健康指导，尽量消除罪犯心理障碍，增强适应社会的心理能力。

（2）法律常识教育　主要组织罪犯学习行政处罚法、治安管理处罚法、婚姻法、劳动法等法律知识，开展法律知识考核，确保罪犯法律常识教育合格率达到100%，使罪犯掌握基本法律常识，树立尊重和遵守法律的观念。

（3）职业技能教育　与各级劳动保障部门、职业技能培训机构联合开展实用性强、适合刑释人员回归再就业的技能培训，组织开展职业资格证书考试，确保每名罪犯至少掌握一项职业技能或取得一项技能证书。

（4）社会形势和道德教育　对罪犯开展公民道德和时事政治教育，使罪犯明确社会主义道德的基本原则和要求，提高道德认识水平，培养遵守社会主义道德的自觉性。

（5）创业指导和就业推荐　对罪犯开展创业法规、政策和形势教育，帮助罪犯了解创业常识，为罪犯回归创业提供指导。结合罪犯的职业技能特长和回归社会后的择业意向，定期与社会用人单位联合召开就业推荐会和招聘会，努力解决刑满罪犯的就业问题。

4. 个别教育

个别教育是教育改造罪犯的重要方法之一，是对罪犯进行最直接、最有效的进攻性矫治措施，以其针对性强、方法灵活机动等特点，解决了罪犯中大量的重点、难点问题，加强和改进个别教育管理工作，对于稳定罪犯思想、促进罪犯本质改造、维护监狱安全稳定，提高教育改造质量发挥着日益重要的促进作用。对罪犯的个别教育中必须坚持法制教育与道德教育、以理服人与以情感人、戒之以规与导之以行、内容的针对性与形式的灵活性、解决思想问题与解决实际问题相结合，做到因人施教、因势利导、循序渐进和巩固提高，必须根据罪犯的思想变化、改造表现、心理状态等灵活实施。

罪犯个别教育以集体教育、分类教育为基础，以科学认识罪犯个性特征为前提，以掌握罪犯思想动态、消除危险因素、稳定监管秩序为首任，以顽危犯的转化为重点，致力于促进罪犯养成规范行为、矫正恶习、转化思想、调适心理、增长知识，通过耐心细致的个别教育工作，预防重大事故的发生，进行自杀干预，充分调动罪犯的改造积极性，提高改造质量。具体内容包括以下几方面。

（1）个别谈话　个别谈话是个别教育的基本方法，是监狱警察通过与罪犯进行面对面的沟通和交流，有计划、有目的地对罪犯施加影响的过程。个别谈话主要应注意以下问题。

第一，严格执行"十必谈"制度。这是指十种重要情况发生时必须进行个别谈话的制度，即：新入监或者服刑监狱、监区变更时；处遇变更或者劳动岗位调换时；受到奖励或者惩处时；罪犯之间产生矛盾或者发生冲突时；离监探亲前后或者家庭出现变故时；无人会见或者家人长时间不与其联络时；行为反常、情绪异常时；罪犯主动要求谈话时；暂予监外执行、假释或者刑满释放出监时；以及其他需要进行个别谈话教育的情况。

第二，对个别谈话有次数要求。监区警察对所分管的罪犯，应当每月对每名罪犯进行至少一次的个别谈话教育；监区领导要对所有顽危犯每月谈话教育一次；对集训、禁闭的罪犯监区警察每周谈话教育两次。

（2）顽危犯转化　顽危犯的教育转化是监狱教育改造工作中的难点和重点。监狱工作实践中，有下列情形之一的，应认定为顽固犯：拒不认罪、无理缠诉的；打击先进、拉拢落后、经常散布反改造言论的；屡犯监规、经常打架斗殴、抗拒管教的；无正当理由经常逃避学习和劳动的。有下列情形之一的，认定为危险犯：有自伤、自残、自杀危险的；有逃跑、行凶、破坏等犯罪倾向的；有重大犯罪嫌疑的；隐瞒真实姓名、身份的。

对顽危犯的攻坚转化，监狱应整合多方资源，借鉴有关社会科学理论和技术，采取个别化矫正的方式，与罪犯改造质量评估工作相结合，对顽危犯制订个别化的矫正方案，系统、科学地对其进行矫正。监狱应指定专人负责顽危犯的攻坚转化，有必要时可采取集体攻坚的方式。顽固犯和危险犯的认定与撤销，由监区集体研究，提出意见，分别报监狱教育改造、狱政管理部门审核，由主管副监狱长审定。其撤销应以达到守法守规为标准。监狱也应当根据改造工作实际，确定顽危犯教育转化率，将转化率纳入年度改造工作目标，同时根据顽危犯转化工作的有关规定兑现奖励。

5. 辅助教育

辅助教育是指除监内常规教育之外的其他教育活动的总称。

（1）专项教育　专项教育是指结合罪犯改造的实际，确定一个主题而开展的专题教育。专项教育的主题要鲜明，贴近罪犯改造实际。可围绕罪犯改造中的重点、热点、难点问题，确定主题，如反逃跑专项教育、反自杀专项教育、监狱纪律专项整治教育、安全生产专项教育、认罪服法专项教育等。可结合社会重大事件开展专项教育，如预防艾滋病专项教育、禁毒专项教育、时事形势专项教育、反邪教专项教育、严打整治专项教育等。

专项教育的方法根据教育内容特点的不同而不同，要求教育方法灵活多样，形成浓厚的教育氛围，调动罪犯参与教育活动的积极性。开展专项教育，可以将多种教育方法综合使用，常见的教育方法有以下几种。

① 宣讲动员法。召开罪犯教育动员大会，宣讲专项教育的主题、目的、意义、内容和教育活动的重要措施，动员罪犯接受教育，端正思想认识。

② 组织学习法。下发专题教育的资料，组织罪犯学习教育的内容，使罪犯掌握、理解、领会专题教育的目的和意义。

③ 讨论发动法。布置专题教育的讨论要点，以罪犯小组或监区为单位组织罪犯讨论、交流心得体会、互相启发，也可组织罪犯撰写学习体会进行交流。

④ 警示教育法。组织罪犯现身说法，谈危害、谈认识，以正、反面典型来教育罪犯。该方法具有直观生动，说服力、震撼力强的特点。

⑤ 揭露批判法。以某一不良现象为焦点，组织罪犯揭批，使罪犯从中吸取教训，引以为戒，指明改造方向。

⑥ 竞赛活动法。制订教育活动的目标、步骤、方法及奖罚措施，以开展竞赛的方法，激励、鞭策罪犯的改造积极性，如无违规竞赛活动、文明改造竞赛活动等。

专项教育活动应在警察的直接组织、指挥、督促和检查下有序开展。第一，制订计划。开展专项教育前应制订教育计划。教育计划包括以下内容：教育活动的背景分析、活动主题、指导思想、组织机构、方法步骤、时间进度、评比总结等。第二，严密组织。专项教育活动具有教育时间的阶段性、教育内容的密集性、教育手段的多样性等特点，因此，监区组织专项教育必须由监区主要领导负责，监区民警分工负责，必要时可以吸收罪犯协助警察组织专项教育。但是，教育活动都必须由警察直接指挥和组织。第三，检查督促。专项教育活动过程中，警察要深入教育活动现场等形式，及时检查、掌握教育活动开展情况，及时调整教育措施，把握教育活动的正确导向。第四，总结考核。在专项教育活动取得阶段性成果或全部结束后，监区要不失时机地召开全体罪犯大会进行总结、客观评价，对在教育活动中表现突出的予以奖励，表现不好的予以批评教育或处理。

(2) 社会教育　社会教育是监狱利用监狱以外的社会教育资源与罪犯教育改造的内容有机结合，是监狱与社会合力开展对罪犯教育改造的一种教育方式。在我国监狱法颁布后，随着行刑社会化理念在监狱刑罚执行工作中不断深入，社会教育手段在改造罪犯的实践中得到了广泛运用。社会教育的主要组织形式，根据帮教主体和内容不同可分为以下几种。

① 团体帮教。主要由地方政府部门组成帮教团到监狱开展探望帮教。政府帮教的方法是由罪犯原籍地政府部门领导到监狱视察工作，作形势报告，介绍罪犯家乡的社会经济发展形势，提出改造的希望等。此外，一些社会团体，如作家协会、律师协会、工青妇组织到监狱开展座谈、演讲活动也属团体帮教。

② 志愿者帮教。由有志于社会公益事业的先进模范人物、离退休老干部等到监狱作报告，与罪犯座谈，或与罪犯开展结对帮教。

③ 典型帮教。由监狱刑释回归社会后有突出表现的人员到监狱作现身说法的演讲报告。

④ 参观帮教。采取"走出去"的办法，组织罪犯到狱外参观爱国主义教育基地和建设成就，接受教育。

⑤ 技术帮教。借助社会技术培训教育的力量，协助监狱开展对罪犯的职业技术培训。

⑥ 法律援助。借助社会法律援助机构、律师事务所、大专院校的法律专业力量，为罪犯提供法律咨询和法律帮助服务。

⑦ 医疗援助。借助社会专业医疗机构，为罪犯开展义诊、会诊等医疗服务。

⑧ 就业服务援助。与社会就业服务机构合作，为即将刑满的罪犯提供就业服务指导。

⑨ 贫困犯救助基金。募集社会机构、企业、志愿者的捐款，设立贫困犯救助基金，为贫困犯提供经济上的援助。

(3) 亲情教育　亲情教育是利用罪犯亲属开展规劝帮教工作。它具有直接性、具体性、针对性、准确性和亲和力强的特点。亲情教育对罪犯的感召力是其他教育形式不能相比的，是辅助教育中的一种重要教育形式。亲情教育的形式有以下几种。

① 家庭帮教。家庭帮教主要通过会见、通信以及家属与监狱签订帮教协议的方式，使罪犯在亲属的帮助、督促、支持下，安心改造。一般要求监区罪犯与罪犯家属签订帮教协议的覆盖面达60％以上。

② 节日团聚。利用春节、元宵、中秋等传统节日，邀请罪犯家属来监与罪犯亲情团聚、亲情会餐等。

③ 亲情同居。对符合条件的罪犯批准其亲属来监与罪犯同居。

④ 亲情电话。在重大节日期间或在平时对改造表现突出的罪犯，开通亲情电话，与亲属沟通交流。近年来，一些监狱与地方司法局合作，开通亲情可视电话，这是亲情教育形式的又一新尝试。

(4) 监区文化建设　监区文化建设是指监狱运用各种手段在监狱改造场所营造有利于促进罪犯改造的精神环境和文化氛围。从地位来看，监区文化建设属于辅助教育的范畴，但监区文化建设在改造罪犯的实践中形成了独有的内涵、机制、方法，因而在监狱教育中具有自己独特的地位。监狱文化建设在矫正罪犯中具有抑制罪犯不良行为习惯，矫正罪犯不良思想和恶习，激励罪犯改造积极性，融合罪犯人际交往，营造文明、健康、积极向上的环境的作用。监区文化建设内涵是十分丰富的，一般可分为监区文化的基础设施建设、培育载体、开展活动、规范制度四个方面。

① 监区文化基础设施建设。监狱监区文化基础设施建设主要内容有"三室"、"三化"、"三网"建设,"三室"指监狱图书室、阅览室、活动室。"三化"指监区环境的绿化、净化、美化。"三网"指电化教育网、有线广播网、局域网。

② 监区文化载体的培育。监区文化的载体是指表现监区文化的物质形式和组织形式。监狱监区文化的载体主要有"三队"、"三报"建设。"三队"指文艺演出队、歌咏队和体育队;"三报"指监狱改造小报、黑板报、墙报。

③ 监区文化活动的开展。监区文化活动的形式是多样的,可分为传统型监区文化活动和新型监区文化活动。传统型监区文化活动是监狱长期以来经常性开展的、较普及的监区文化活动形式。新型监区文化活动则是监狱警察在实践中结合时代文化发展的方向、引入富有时代气息的文化活动方式而开展的监区文化活动。传统监区文化活动主要有歌咏比赛、文艺节目表演、故事会、读书活动、创作活动、演讲比赛、游艺活动、体育活动、体育竞赛、书画、工艺美术作品征集、竞赛、展览等。其特点是通过开展大众化、群体性的、为罪犯喜闻乐见的文化活动,调节罪犯的改造生活,活跃罪犯的改造氛围。在总结传统监区文化活动形式的基础上,为满足罪犯日益提高的文化生活需求,融合、提炼、创新监区文化活动的方式,从而使监区文化活动的品位得到提高,如开展假日文化、广场文化、书展、爱国主义影院展播、影评活动、晚会文化等。

④ 监区文化制度的规范。随着监区文化在罪犯改造中地位的不断提高,人们对监区文化建设日益重视,监区文化在教育改造工作中已被广泛运用。监区文化建设必须要作系统的规划,一般要求在年初制订年度监区文化建设的规划。监区年度文化建设规划要根据监狱年度工作意见确定指导思想和工作重点,合理安排月度、季度的具体工作措施,确定监区领导和专管民警,分步实施。具体工作计划包括活动项目、时间进度安排、组织办法、实施方案、经费保障等。

# 四、释放执法

出监是监狱工作中约定俗成的说法,依据我国监狱法的规定,应为释放执法。罪犯被释放即意味着监狱必须解除其监禁状态,监狱必须依法按期释放罪犯,否则将承担相应的法律责任。

(一)罪犯释放概述

罪犯出监的情形包括释放、假释、暂予监外执行、离监探亲、保外就医等。后四种情形属于暂时性出监,监狱与罪犯之间的法律关系并没有终结,罪犯法律身份没有变化,罪犯还有可能回到监狱中继续服刑。离监探亲的罪犯在规定的期限内必须返回监狱。释放是罪犯出监的主要形式,是监狱对服刑罪犯依法解除监禁状态,恢复其人身自由,使其重返社会的一项刑罚执行制度。我国法律规定的释放有刑满释放(包括减刑后剩余刑期执行完毕)、人民法院的重新判决(裁定)释放、赦免等情形。这些情形属于永久性出监,标志着罪犯与监狱之间的法律关系完全终结,罪犯法律身份发生重大变化,人身自由得以恢复,成为自由公民(附加剥夺政治权利的罪犯除外)。

1. 刑满释放

刑满释放是罪犯服满人民法院判决或裁定确定的刑期时,刑罚执行机关依法解除其被监禁状态,恢复其人身自由的执法活动。我国监狱法第三十五条规定:"罪犯服刑期满,监狱应当按期释放，并发给释放证明书。"被判处有期徒刑（包括被判处无期徒刑、死刑缓期二年执行的罪犯被人民法院裁定减为有期徒刑）的罪犯刑期届满，就意味着刑罚执行完毕。刑罚执行机关应当按期将其释放，以恢复其人身自由，这是一项严肃的执法活动，应严格按照法定程序进行。监狱应当准确地掌握每个罪犯刑期的起止日期。对于刑期将满的罪犯，在释放前的一段时间内将他们编入出监监区，集中进行形势教育、前途教育、法纪教育和职业技能教育。监狱要事先做好罪犯刑满释放的各项准备工作，在其刑期届满之日办理好释放手续，予以按期释放。

2. 根据人民法院的重新判决（裁定）释放

在刑罚执行期间，如果发现据以执行的原判决（裁定）在认定事实或适用法律上确有错误，如将无罪的人予以定罪量刑，或者所判刑期明显失当，人民法院依照审判监督程序撤销原判，进行重审，并作出无罪释放或者判处较轻刑罚的判决（裁定），刑罚执行机关应根据人民法院的重新判决（裁定），立即释放无罪的在押人员或者已服满重审所判刑期的罪犯。

3. 赦免释放

赦免释放是指监狱根据人民法院的赦免通知书（或宽大释放裁定书），对已受罪刑宣告、正在刑罚执行过程中的特定罪犯，免除其刑罚的剩余部分，提前予以释放。赦免包括大赦和特赦，新中国历史上赦免都是特赦，对象均是已服刑改造达到了一定期限，确有改恶从善表现的战犯。根据我国法律规定，特赦由全国人民代表大会常务委员会审议决定，由中华人民共和国主席发布特赦令，由最高人民法院和高级人民法院执行，将特赦通知书发给特赦释放的罪犯和罪犯所在的监狱。监狱收到特赦通知书后，应立即办理释放手续，释放罪犯。

（二）出监执法的程序

出监执法的程序如图 4-2 所示。

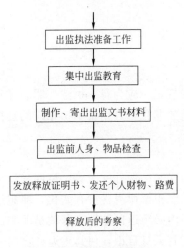

图 4-2　出监执法流程

1. 出监执法准备工作

临出监阶段是罪犯服刑改造中较为特殊的时段，是罪犯从监狱的改造生活逐渐回归社会正常生活的过渡阶段。这一特殊时段一般为三个月，由出监监区对这些罪犯进行管理、教育，对罪犯的管理较为宽松，罪犯不再参加生产劳动，以学习、休整为主。出监监区的管理、教育要进一步巩固罪犯教育改造成果，弱化罪犯的监狱人格，增加罪犯的社会劳动技能，清理罪犯财物，制作出监材料，为释放罪犯做好各项准备工作。监狱刑罚执行、狱政管理、生活卫生、教育改造等职能部门要按照有关规定，积极做好内、外部协调和服务工作，积极与公安机关、检察院、法院、司法机关、安置帮教机构、社区矫正机构、罪犯亲属等联系，衔接好刑满释放人员的接受和安置帮教等工作。

2. 开展集中出监教育

出监教育由监狱教育改造部门牵头组织，出监监区具体实施，主要对罪犯集中进行为期三个月的形势、政策、前途教育，遵纪守法教育，提供必要的就业指导，开展多种类型、比较实用的职业技能培训。

出监监区要配合监狱教育改造部门、心理矫治部门进行罪犯出监心理测试和评估，并进行改造质量的分析评估。监区民警要与罪犯进行个别谈话。面对重获自由，罪犯心态复杂，情绪容易波动。民警要通过与罪犯的个别谈话，引导其通过对犯罪与服刑生活的反思，正确认识婚姻家庭、就业、人际交往、社会现象，增强回归社会的信心。监狱可以邀请公安、劳动和社会保障、民政、工商、税务等部门的工作人员，向罪犯介绍有关社会治安、就业、社会保障、开办企业、刑释人员安置等方面的形势、政策、规定等，帮助罪犯掌握出监后应对各方面问题的技能。

3. 制作和寄出出监文书材料

主要制作和寄出以下文书材料。

① 填写《罪犯出监鉴定表》和《罪犯回归保护建议书》等。监狱应当在罪犯释放前一个月，将其在监狱服刑改造的表现情况、刑释的时间、职业技能特长和回归社会后的择业意向，以及对地方做好安置帮教工作的建议，填入《罪犯出监鉴定表》和《罪犯回归保护建议书》，寄送至刑释人员户籍所在地或居住地的县级安置帮教办公室和公安机关。对"三无人员"（无家可归、无业可就、无亲可投），应联系地方有关部门将其接回。对危害国家安全的罪犯，在刑释前一个月，应将其改造等有关情况通报原侦查机关。同时加强与地方安置帮教部门的联系和联动，形成机制和网络，对回归人员的表现情况做到动态了解。

同时，根据出监前检验性评估和重新犯罪预测评估，结合罪犯平时的改造表现以及原服刑监区民警的评价等，形成罪犯改造质量评估的综合评估意见，填写《出监罪犯综合评价表》，为罪犯释放和安置提供基础材料。对基本达到改造目标的回归人员，应根据其气质、性格、兴趣、文化水平、职业技能等特点和本人意愿等，监狱对其回归后的安置工作提出建议。对没有达到改造目标的回归人员，要对家庭、街道、社会有关团体提出对其进行帮教的具体建议，以预防其重新违法犯罪。对有严重社会危险性的回归人员，监狱应当建议其户籍所在地或经常居住地公安机关将其列为重点人员加以管理，防止发生重特大案件。

② 整理罪犯副档，将罪犯副档按服刑阶段，分法律文书、罪犯基本情况、改造表现、出监鉴定等类别整理装订，由监狱留存。

③ 在罪犯刑满释放前一个月填写《刑满释放人员通知书》，一联寄往罪犯户籍所在地公安机关，一联寄往当地安置帮教部门。在罪犯释放后，将《罪犯出监鉴定表》连同罪犯的判决书、裁定书（包括减刑裁定书）、释放证明书（副本）一同寄往户籍所在地公安机关。

4. 检查罪犯的人身和物品

出监监区民警要在罪犯出监前一天再一次核对罪犯的出监日期。释放当日，出监监区民警要将罪犯集合到指定地点，宣布释放过程中的纪律要求和释放程序，解答罪犯提出的相关问题。人身和物品检查的目的是检查罪犯是否携带违禁品和应交回的囚服、监狱的公共用品，是否私自为其他罪犯传递信件或物品，是否带有监狱工作的文字资料等。检查时，要将罪犯带到指定地点，要求罪犯将衣服口袋和行李包内所有物品全部拿出，由民警逐一翻检。在保证罪犯隐私的前提下，命令罪犯脱衣裸体检查，检查完毕后，罪犯立即更换便衣，囚服由监狱收回。此后，该罪犯不得再与任何其他罪犯接触。

5. 向刑释人员发放释放证明和报到证

监狱要向释放人员发放《释放证明书》和《报到证》。《释放证明书》标志着罪犯已依法获得释放，成为一个自由公民。《释放证明书》应在罪犯出狱当天予以签发。刑满释放人员持释放证明和报到证到原户籍地公安机关上报户口，申领居民身份证。另外，对于外国籍罪犯和港、澳、台籍罪犯，监狱应当在其刑满前三个月，向省、自治区、直辖市公安厅（局）

进行申报，以方便他们办理出境手续。

6. 向刑释人员发放个人的合法财物

刑满释放人员的合法财物主要包括以下几个方面：一是入监时由监狱负责保管的物品，如金银首饰、有价证券、通信工具及其他贵重物品等。二是罪犯个人账户上的钱款余额，包括劳动报酬、零用钱、会见款、邮汇款等。三是罪犯正常的生活、学习用品等。四是罪犯在改造期间创造的各类智力产品，如书画、文稿、发明创造等，涉及监狱秘密的各类图纸、规划、软件等除外。五是罪犯在服刑期间获得的各类学历、技术等级和获奖证书。六是监狱认为可由其带回的其他物品，如改造日记、来往信件等。

7. 向刑释人员发放路费或生活补助费

监狱将根据刑满释放人员个人经济状况、家庭住所远近发放相应的路费，确保每一名刑满释放人员能顺利回家。罪犯确有生活困难的，监狱还可以给罪犯免费提供一套便服。同时，要按照《罪犯工伤补偿办法（试行）》（司法【2001】013号文）及时发放工伤罪犯的伤残补助金。

8. 释放后的考察

一般来说，罪犯释放后，他和监狱就不再存在刑事法律关系，但监狱可以经常性地开展改造质量跟踪考察工作，与刑释人员所在地司法行政、公安机关取得联系，了解刑释人员回归社会的总体表现，特别是就业谋生和重新犯罪情况。监狱教育改造部门和回归指导中心应当定期对回归人员进行跟踪考察，通过电话、信函、实地考察以及安置帮教信息管理系统等方式对刑满释放人员回归社会后五年内的情况进行了解，评估教育改造工作的质量和效果，总结教育改造工作的成功经验，不断提高教育改造工作的质量。

（三）出监执法中应注意的问题

1. 在出监执法中，要特别注意维护和保障罪犯的按期被释放权

按期释放罪犯，这是一个严肃的执法问题，也是监狱职责的基本要求。《司法行政机关行政赔偿、刑事赔偿办法》第五条规定，对服刑期满的服刑人员无正当理由不予释放的，监狱应予以刑事赔偿。如果监狱民警没有认真核实罪犯的释放日期，使罪犯提前被释放，那么责任民警就涉嫌严重失职。如果罪犯在刑释当日被查获有重大违规行为，如私藏现金、手机等违禁物品、行凶报复、与人打架、破坏公共物品等，监狱也不得以关禁闭为由延长关押时间。如果罪犯刑释当日有重新犯罪行为的，监狱有关部门应立即进行侦查，写出起诉或免予起诉意见书，连同案卷材料、证据一并移送至检察机关，由检察机关和公安机关协商办理罪犯刑释后羁押审查事项。如果有刑释人员扰乱监管、办公秩序或妨碍民警执行公务行为的，监狱可迅速与当地公安机关联系，由公安机关采取相应的治安或刑事强制措施。罪犯释放当日，办理释放手续应以监狱正常办公时间为准，尽量从早从快办理，不得故意拖延时间。

2. 要重视罪犯的出监教育

罪犯由于被长期监禁，会形成一定的监狱人格，往往对社会的巨大、快速变化很难适应。在出监教育阶段，要突出罪犯的再社会化技能的培训，如选择一些门槛低、罪犯容易掌握的工种，组织罪犯接受培训、参加考级考证；出监监区的管理强度适当降低，让罪犯有一定的生活自由度，培养自主能力；加强生活、社会知识的教育，例如，如何上网、乘坐地铁、办银行卡、创办企业等。

# 第五章 监狱许可

监狱许可,是监狱基于法律规定和罪犯改造表现,赋予罪犯一定资格或准予罪犯从事一定行为,行使一定权利的执法行为。如罪犯会见、通信、特许离监、暂予监外执行等,先由罪犯或罪犯亲属提出申请,监狱或监狱上级机关按照相关法律规定予以批准和许可。又如罪犯的分级处遇,对罪犯的现实改造表现进行考核、分类、定级,分别给予相应的待遇,通常把伙食、自由活动时间、活动空间、文化娱乐、监内消费额度等作为处遇区分的主要内容。一般意义上理解,许可的前提条件是提出申请,在监狱执法活动中,罪犯和罪犯亲属均可以作为申请人,如罪犯亲属申请会见罪犯、申请罪犯离监处理重大家庭事务、申请严重疾病罪犯的保外就医,罪犯申请给予相应的处遇等。监狱及其上级机关的许可本质上是一种执法裁量权,必须符合相关的法律规定,不得突破法律的底线。如对罪犯的处遇,必须考虑监狱的性质、法律规定、社会经济发展水平和社会公众的心理承受能力等因素,不得使监狱成为"疗养院"、"娱乐中心"。

## 一、罪犯通信、会见许可

通信、会见权是法律赋予罪犯在服刑期间的一项重要权利,是罪犯接触外界的一个主要途径。罪犯可以通过通信、会见了解社会,交流感情,增强改造信心。监狱也可以通过通信、会见工作,获得外部帮教力量,促进罪犯改造,并向社会展示监狱的文明和进步。当然,罪犯的通信、会见是一项规范性很强的工作,稍有疏忽就会给监管安全带来实质或潜在的危害,造成监狱工作声誉的损毁。因此,监狱民警应熟知通信会见的程序和规则,把握各环节的重点。这对正确执行刑罚是十分必要的。

通信是罪犯在监狱服刑期间与他人的书信来往活动。它是服刑罪犯与外界联系的一种主要途径,也是罪犯依法享有的一项权利和服刑处遇。《中华人民共和国监狱法》第四十七条规定:"罪犯在服刑期间可以与他人通信,但是来往信件应当经过监狱检查。监狱发现有碍罪犯改造内容的信件,可以扣留。罪犯写给监狱的上级机关和司法机关的信件,不受检查。"我国监狱法的这条规定,直接赋予了罪犯与外界通信的权利,以法律的形式确定了罪犯的通信权。应当指出的是,罪犯的通信权利不完全等同于社会公民,罪犯的通信自由和通信秘密权与社会公民相比受到一定的限制。为正确执行刑罚的需要,确保监管场所的安全,保守监狱的秘密,必须严格按监狱法的规定,对罪犯来往信件进行严格管理。

会见是罪犯在监狱服刑期间按照规定,与前来探视的亲属、监护人会面交谈的活动。它是服刑罪犯与外界联系的又一种主要途径,也是罪犯依法享有的一项权利和服刑处遇。《中华人民共和国监狱法》第四十八条规定:"罪犯在服刑期间,按照规定,可以会见亲属、监护人。"可见,罪犯在服刑期间的会见权由法律直接予以保障,监狱警察必须切实保障罪犯依法行使会见权。

（一）通信许可

监狱通信许可主要包括以下几方面。首先，依法允许罪犯与他人通信。罪犯在服刑期间可以与他人通信，监狱法对罪犯通信对象作了不予限制的规定。罪犯在服刑期间不仅可以与亲属、监护人通信，还可以与其他人通信。法律对罪犯与什么人通信未加限制，充分体现了对罪犯通信权利的保障。其次，监狱依法行使对罪犯收发信件的检查权。我国监狱法明确了监狱对罪犯来往信件的检查权。对罪犯的信件检查权属于监狱，由监狱的人民警察具体行使。我国监狱法第十四条规定，监狱警察不得违反规定，私自为罪犯传递信件。再次，监狱依法行使对罪犯信件的扣留权。监狱在法定条件下可以扣留罪犯的来往信件。这里所谓罪犯的信件，既可以是罪犯寄给他人的信件，也可以是他人寄给罪犯的信件。扣留的法定条件是"有碍罪犯改造的内容"。最后，监狱依法保障罪犯发信的有限密封权。根据我国监狱法的规定，罪犯写给监狱上级机关和司法机关的信件，不受检查。监狱的上级机关，是指司法部及监狱管理局，省、自治区、直辖市的司法厅（局）及监狱管理局，直接管辖监狱的地区（市）司法局等。司法机关，这里指人民法院、人民检察院和公安机关。

1. 通信的一般规定

罪犯在服刑期间通信的范围一般限于亲属和监护人。亲属主要是指与罪犯有血缘、婚姻和收养关系的家庭成员。监护人特指对未成年犯、精神病犯负有监护责任的亲属。除了以上人员以外，罪犯原先在社会上的恋人、朋友、老师、同事、同学等关系能否通信，我国监狱法没有禁止性规定，一般可以视为允许。但是，为了有利于监管安全，需要对通信范围作必要的限定，如同案犯、刑释人员、社会上的不稳定分子等，一般不允许相互通信。罪犯寄发的信件一般每月一至两封，在规定的发信日前由罪犯直接交给专管警察或投入指定的信箱。如遇特殊情况，经罪犯口头申请，监区主管领导同意，可适当增加发信次数或单独寄发。罪犯来信一般不作限制，但送交信件一般可规定每半月一次，如有特别或紧急情况的除外。罪犯发收信件使用监狱地址一律用信箱代号，不使用信箱代号的不予寄发。

2. 信件的检查与处理

我国监狱法规定，罪犯来往的信件应当经过监狱的检查，发现有碍罪犯改造内容的信件可以扣留。在信件检查中，属于有碍罪犯改造的内容，根据发信与来信的不同，可以分为以下三种情况分别处理。

① 罪犯外寄的信件含有下列内容的，应予扣留。

泄露监狱机关秘密的，如武警部队的看押兵力、监狱警察数、押犯数、警戒设施、监控设施、监狱的内部工作制度以及监狱的技术秘密；捏造事实，攻击诬蔑监狱工作的；与外界人员串供、谈论案情或订立攻守同盟的；意图在监狱拉关系，贿赂人民警察的；向家属、朋友索要违禁品，或提出非分要求的；夹带危险品、违禁品的；对被害人、证人、司法机关人员进行谩骂、威胁的；非正当需要向外界打听地形、交通、联系方式等情况的；为社会人员违法犯罪或逃避法律制裁出谋划策的；为谋取不正当利益要挟、威逼他人的；对民事关系的当事人或利害关系人，如对债权人、债务人或解除婚姻关系的配偶进行谩骂、威胁；其他有碍罪犯改造内容的。

② 罪犯接收的信件含有下列内容的，应予扣留。

攻击党和政府以及社会主义制度的；颠倒黑白，诬蔑监狱工作或打听监狱秘密的；鼓动罪犯无理缠诉，对抗管教的；为罪犯拉关系、走后门，介绍监狱警察的；为违法犯罪活动订立攻守同盟的；对罪犯进行人身攻击、人格污辱的；威逼、恐吓罪犯的；传播小道消息，易引发罪犯思想波动的；夹带危险品、违禁品或现金的；非正当理由，向罪犯提供地形、交通、联系方式等情况的；其他有碍罪犯改造内容的。

③ 罪犯接收的信件含下列内容，可暂缓分发。

配偶提出离婚或恋人提出分手的；家庭发生重大变故的，如亲属伤亡、家庭成员新近受到刑事、民事、行政制裁的；家庭遭受重大自然灾害的；家庭或本人被索要债务的；邻里纠纷、矛盾激化的；继承纠纷侵犯罪犯合法权益的；其他不宜直接分发的情况。

暂缓分发，主要考虑罪犯的心理承受能力，以及使警察有必要的时间寻求对策。在罪犯没有思想准备、警察防范措施不到位的情况下，直接把这些含有不利信息内容的信件分发给罪犯，极易使罪犯感情冲动，诱发事故。在暂缓分发的同时，警察要针对性地做好思想疏导工作，稳定情绪。可选择合适的时机、恰当的角度，把握好传递内容的尺度，使罪犯较平稳地接受信件内容。对那些性格暴躁或孤僻的罪犯在分发这类信件时，还应采取相应的包夹措施，避免发生突发事故。实践表明，只要措施有力、工作到位、方法得当，罪犯普遍都能较理智地接受客观事实，保持稳定的改造情绪。但必须注意，暂缓分发不是任意拖延，更不能随意扣留，尤其是涉及民事法律关系的民事法律行为，往往对当事人有时效的限制，如继承权纠纷提起诉讼的期限为二年。若无故拖延或扣留罪犯继承权纠纷的信件，超过诉讼时效就会直接导致罪犯丧失人民法院保护其遗产继承的胜诉权。因此，对暂缓分发的信件不是简单的推迟分发时间，而是要根据具体情况，采取相应的处理措施，必要时可为罪犯提供一定的法律帮助。

对于扣留的信件，凡有侦查价值的，应送监狱狱侦部门处理或由监狱狱侦部门转至有权处理的机关处理，信件中夹带的危险品、违禁品予以没收。信件中夹带的现金，监狱在查明无主观恶意后，可以代为存入罪犯个人账户，由监区或罪犯本人告知亲属有关接收现金的规定及信件中夹带的现金已转入罪犯本人账户的事实。

3. 信件检查的要求

监狱在对罪犯的信件进行检查时，应按下列要求进行。

（1）确定专管警察负责处理信件　对罪犯的信件的检查权属于监狱，由监区负责罪犯监管工作的警察具体行使。罪犯信件是了解罪犯思想动态的一个窗口，通常由监区狱政（狱侦）内勤民警负责信件检查较为合适。如果监区其他警察适合担任专管警察的情况下，也可以由其他警察担任，但专管警察必须有高度的责任心，并在一定时间内保持工作岗位的相对稳定。专管警察确定以后，监区其他警察一般情况下不得随意行使信件专管权。

（2）严格履行检查登记手续　专管警察除了对信件内容严格检查外，还应仔细检查信封表面、内壁、信纸背面等处有无可疑的标记、符号或文字，不放过蛛丝马迹，尤其对重点罪犯的来往信件，上述部位更要严格检查。检查以后必须按《罪犯发信登记簿》和《罪犯收信登记簿》规定的栏目逐项详细登记。来信寄信人姓名、地址、关系不全或不清的，应找罪犯核实清楚。

（3）通报信件内容　专管警察应当在每周的监区狱情分析会上，将信件内容作为一个专题汇报，向与会警察汇报一周重要信件内容及处理结果，对需要采取防范措施及需要帮助解决问题的，提请商讨对策。遇有紧急情况，可随时汇报通气。但是，通信内容涉及罪犯个人隐私的，要予以保密，不得在会上泄露。

（4）检查方式文明、规范　专管警察在对信件的检查过程中，要尊重罪犯的通信权，保持信件的清洁、平整。启封来信宜用剪刀小心拆启，切忌撕裂。不得剪取信封上的邮票用作集邮。经过检查的来信，由专管警察亲自分发给罪犯，不得由罪犯转发。这些行为虽然细小，但直接折射出监狱文明执法的面貌，应当引起足够的重视。

4. 特定罪犯通信的特别规定

主要有以下几点。

(1) 罪犯与国外及港、澳、台的亲属或他人通信的规定　罪犯与居住在国外及港、澳、台的亲属或他人通信，须经省、自治区、直辖市监狱管理局批准，来往信件要经监狱狱侦部门严格检查，详细登记。如果发现有碍罪犯改造内容的信件，应予扣发。发现内容可疑的，由监狱狱侦部门送交省级监狱管理机关处理。

(2) 少数民族罪犯通信的规定　少数民族罪犯可以使用本民族文字进行通信，信件内容可以委托有关部门检查。

(3) 重点控制罪犯通信的规定　重点控制罪犯是指危害国家安全的罪犯，邪教组织以及其他非法组织的罪犯，涉黑、涉枪、涉毒骨干罪犯，团伙犯罪首要分子，在社会上有重大影响案件的罪犯，在改造中被确定为各类危险分子、抗改分子的罪犯。这些罪犯，或犯罪的社会危害性大，或社会影响面广、关系复杂，或给监狱正常的监管改造秩序带来现实的或潜在的危害，加强对这类罪犯通信的管理是十分必要的。对这类罪犯的通信许可，除必须执行一般的通信规定外，一般只限于父母、配偶、子女等直系亲属之间的通信，而且对通信次数也要从严掌控。专管警察要会同对这类罪犯的分管警察共同审查来往信件，对信件内容模糊不清的，必须查实清楚；对信件中带有暗示或影射用语的，予以扣留。必要时，对来往信件予以复印备查。

(4) 对正在禁闭或接受审查的罪犯的通信规定　禁闭或审查期间暂停通信。

(5) 外国籍罪犯通信规定　外国籍罪犯是指经我国人民法院依法判处刑罚，在我国监狱内服刑的外国公民。外国籍罪犯依据《中华人民共和国监狱法》、司法部第七十六号令《外国籍罪犯会见通信规定》及有关国际条约，经省、自治区、直辖市监狱管理局审查批准，可以通信。外国籍罪犯通信的范围限于亲属、监护人以及外国籍罪犯所属国驻华使、领馆外交、领事官员。监狱对外国籍罪犯与亲属或监护人的往来信件要进行检查。对正常的往来信件，应当及时邮寄转交；对有违反监狱管理规定内容的信件，可以将其退回，同时应当书面或者口头说明理由，并记录备案。监狱对外国籍罪犯与所属国驻华使、领馆外交、领事官员的往来信件，按照《维也纳领事关系公约》以及我国缔结的双边领事条约的规定办理，及时转交。外国籍罪犯的申诉、控告、检举信以及写给监狱上级机关和司法机关的信件，不受监狱检查。监狱应当及时转交。

(二) 会见许可

罪犯的会见许可主要有以下具体规定和内容。

1. 会见的一般规定

首先，会见人。会见人是指罪犯的亲属和监护人。亲属是指与罪犯有血缘、婚姻和收养关系的人。监护人特指未成年犯、精神病罪犯的亲属及外国籍罪犯的法定代理人。根据帮教工作的需要，罪犯原单位的领导、同事、老师、恋人提出会见的，经批准可以安排会见。除此之外，对会见人的范围必须严格限定。其次，会见次数、时间及会见人数。亲属会见罪犯，原则上每月1～2次，每次不得超过半小时，特殊情况可以适当延长。每次会见，会见人不得超过3人。要求增加会见次数或人数的，须经监狱批准。罪犯一般应当在监狱规定的会见日接见，首次接见、路途遥远的经审批后可以在非会见日接见。最后，会见方式。会见人与被会见人会见时实行相对隔离的方式,双方交谈时禁止使用隐语和外语,并服从现场警察的管理。

2. 会见执行

监狱在许可罪犯会见时,应按下列程序进行。

(1) 验审登记　负责会见登记的监狱警察,应仔细审查会见证、身份证、会见审批单等,确认被会见人是否属于应当暂停会见,会见人是否已经监狱会见室审查并准予会见,会见人数是否符合准予人数,身份证件与本人是否吻合,与会见人的关系是否清楚,是否有物品接收单。经审查确认真实无误,认为符合会见条件的,予以登记候见;认为不符合会见条件的,说明情况,不予会见;认为欠缺条件,能够补充的,要求提供相关证明,符合条件后,予以登记候见。

(2) 会见管理　通常监区按批次安排罪犯会见,带入或带出会见室都必须整队点数、搜身检查。罪犯按指定的座号会见,不得任意调换位次。会见现场管理的警察应加强巡查,对违反会见制度的现象及时予以制止。负责监听的警察要有指向地对重点罪犯的会见过程进行监听,并做好监听记录,重要情况列入监区犯情分析内容。

(3) 中止会见　会见过程中,发现有下列情形之一的,应当中止会见:谈论国家机密的;使用隐语或外语交谈的;谋求非法目的的;会见人精神不正常或酗酒,或患有传染病的;违反会见规定,经教育不听的;会见人与被会见人发生严重口角冲突,无法平息的;其他有碍会见的行为,应予中止会见的。

(4) 暂停会见　监狱对下列情形之一的罪犯,应当暂停会见:正在禁闭或戴戒具反省的;司法机关通知暂停会见的;有重新犯罪嫌疑,正在审查的;正在接受监狱严管的;患有急性、恶性传染病的;其他应予暂停会见的。凡是暂停会见的,要向罪犯亲属讲明原因。

(5) 介绍、沟通情况　监区领导应当直接参与会见管理,在会见前、会见中或会见后向会见人通报罪犯近期的改造表现和健康状况,解答会见人提出的有关罪犯服刑情况的问题。同时,监区领导或其他管理警察也可以向会见人了解罪犯的相关情况。

3. 会见物品及钱款的处理　罪犯在会见中带入监狱的物品、钱款应依法分别处置。

(1) 物品　罪犯在会见时要带入亲属给予的物品,由监狱会见室统一接收检查。会见结束,在将罪犯带回监舍前,监区民警应当对带入的物品进行复检,严防违禁品流入监内。

(2) 钱款　会见人交给被会见人的钱款,应当由监狱会见室统一收存,罪犯个人账户存款数额较大时,应劝说家属不存钱或少存钱。

4. 对特定罪犯的会见许可

主要包括以下具体规定。

(1) 一级从宽级罪犯会见的规定　按照分级处遇的规定,确定为一级从宽管理的罪犯会见,可安排在亲情会见室会见,即可以无隔离地与亲属面对面交谈,但亲情会见不是取消管理,只是相对普通会见在氛围上多一些温情,在管理上多一些自律,会见现场警察的管理职责仍不能放松。允许进入亲情会见室的会见人,随身携带的拎包、通信工具等物品,由警察负责统一存放、保管,待会见结束后交还会见人。警察向会见人提示亲情会见室会见的特别注意事项以及违反事项的后果,如禁止向被会见人传递物品、谈论有碍改造的言论等。对会见过程中的不当行为,警察有权制止,情节严重的,警察有权中止会见。会见结束后,管理警察应及时对被会见人的人身及许可带入的物品进行仔细的检查。

(2) 少数民族罪犯的会见规定　根据我国的宪法、法律的有关规定,少数民族罪犯在会见中可以使用本民族的语言交谈。

（3）重点控制罪犯的会见规定　严格限定会见人范围，一般只限于被会见人的父母、配偶、子女等直系亲属。对会见次数、时间也要从严掌握。负责会见登记的警察事先应当对会见人的会见动机、情绪、配合态度了解清楚，发现不宜会见的，不予安排会见。严格监视会见过程，现场管理警察必须全过程监视、监听，对发现有违反会见规定的行为应予以制止；经教育不听的，应予以中止会见。从严掌握会见物品的接收，除生活、学习必需品外，不轻易许可带入其他物品；对准许带入的物品要严格检查。除帮教工作需要外，不宜安排在亲情会见室会见。对正在禁闭或接受审查，或与会见人对立情绪明显的，应当暂停会见。

（4）罪犯与国外及港、澳、台会见人会见的规定　对来自国外及港、澳、台的会见人，除持有本人护照或有关身份证及能证明与被会见人关系的证明外，须经省、自治区、直辖市监狱管理机关批准，并履行相关会见手续。会见必须全程有管理警察陪同。会见人或被会见人违反会见规定，经警告无效的，应当立即中止会见。带入的会见物品必须严格检查。

（5）外国籍罪犯会见的规定　外国籍罪犯依据《中华人民共和国监狱法》、司法部76号令《外国籍罪犯会见通信规定》及有关国际公约，经省、自治区、直辖市监狱管理局批准，可以会见。外国籍罪犯会见的对象限于亲属、监护人以及外国籍罪犯所属国驻华使、领馆外交、领事官员。亲属或者监护人要求会见外国籍罪犯的，首次会见的，应当向省、自治区、直辖市监狱管理局提出书面申请，再次会见的，可以直接向监狱提出申请。亲属或者监护人会见外国籍罪犯，一般每月可安排1~2次，每次会见人员一般不超过3人，要求增加会见次数或者人数的，监狱可以酌情安排。每次会见的时间不超过1小时，要求延时的，经监狱批准，可以适当延长。会见开始前，监狱警察应当向会见人通报被会见人近期的服刑情况和健康状况，告知会见有关事项。会见时应遵守中国籍罪犯会见的有关规定。会见可以使用本国语言，也可以使用中国语言。监狱应当安排监狱警察陪同会见。会见人或者被会见人违反会见规定，经警告无效的，监狱可以中止会见。会见人和被会见人需要相互转交信件、物品的，应当提前向监狱申明，并按规定将信件、物品提交检查，经批准后方可交会见人或被会见人。

## 二、分级处遇

分级处遇是指监狱根据罪犯的改造表现和服刑时间，结合罪犯的犯罪性质及主观恶意程度，实行不同的级别管理并给予相应服刑处遇的执法活动。分级处遇是近年来监狱深化狱制改革、体现区别对待的刑事政策、逐渐与国际刑事司法制度接轨而进行的有益探索。分级处遇在改造工作实践中较好地发挥了管理的约束、惩戒、矫治、养成、激励、引导作用，极大地调动了绝大多数罪犯的改造积极性和自觉性，有效地威慑和控制了少数罪犯的抗改行为，对维护监管场所的安全与稳定起到了积极的作用。

（一）分级处遇许可的内容

1. 管理等级

目前对罪犯实行的是"三等五级"管理等级制度。"三等"是指从宽管理、普通管理、从严管理。把从宽管理、从严管理各分出一级，形成"五级"，管理的宽严程度依次为：宽管级（A级）、从宽级（AB级）、普通级（B级）、从严级（BC级）、严管级（C级）。由于分级处遇管理工作目前仍处于探索阶段，各地在确定各级管理对象的条件与处遇方面的规定不尽相同。

2. 级别处遇

基本处遇即给予所有正在服刑的罪犯的普遍待遇。级别处遇就是对不同级别的罪犯给予不同的待遇，具体包括以下内容。

（1）警戒程度及活动范围　不同的等级设置不同的警戒程度，规定不同范围的活动区域。对严管级罪犯设置较高警戒度，严格限定其活动范围；对宽管级罪犯设置相对较低的警戒度，允许活动区域适当增大。

（2）法律奖励比例的幅度　宽管级罪犯呈报减刑、假释的比例及减刑的幅度要高于和大于其他等级的罪犯；严管级罪犯的减刑、假释条件从严掌握。

（3）通信会见的控制程度　这主要是在通信次数、会见的次数、时间、方式、监听和收受物品等方面予以区别。宽管级罪犯会见时间可适当延长，有条件的还可在亲情餐厅与亲属共餐，宽管级罪犯可以与亲属通话等；而严管级的罪犯一般停止会见。

（4）劳动工种的安排　宽管级罪犯可优先安排从事零星分散劳动和事务性工种；严管级罪犯不能从事分散劳动和事务性工种。

（5）生活待遇　不同管理级别的罪犯在文体活动的安排、图书借阅、日用品购买等方面有所区别。

（6）监外活动的条件和内容不同　宽管级罪犯符合条件的可以准予离监探亲，有条件的可以组织外出参观；普管级罪犯的监外活动必须严格控制；严管级罪犯则不得监外活动。

3. 分级处遇的管理

分级处遇的管理主要有以下几点。

① 各级计分考核组织亦为分级管理考核组织，负责罪犯分级管理工作的督促、检查、指导。各监所每半年对罪犯分级管理情况进行总结，并上报上级监狱管理机关。

② 罪犯等级每季度评定一次。罪犯等级分为五级，每个季度的第一个月前十日内完成上一季度的日常评定工作。罪犯升级应逐级晋升，原则上每次晋升一级。如有立功表现或重大立功表现的，可越级升级。罪犯降级依据考核结果，按照等级条件，可越级降级。如出现违规违纪达到规定的降级条件的，应及时予以降级。

③ 等级评定程序。罪犯处遇等级评定的程序包括罪犯自报、罪犯小组评议、监区集体研究、逐级审批。其中宽管级（A级）、严管级（C级）由监区审核，监狱审批；从宽级（AB级）、普管级（B级）、从严级（BC级）由监区审批。凡越级升降级别的均由监狱审批。

④ 罪犯必须达到普管级以上方可提请减刑、假释，死缓犯、无期徒刑犯和老残犯、有立功或重大立功表现的除外。在减刑、假释呈报期间，罪犯因严重违反监规纪律被降为从严级或严管级的，一律撤回减刑、假释呈报材料。

⑤ 未成年犯、女犯、老病残犯等级设置条件和处遇可适当放宽，具体办法由监狱根据有关规定制定。

⑥ 经批准确定后的等级及升降情况，由监区及时张榜公布。罪犯对确定后的管理级别有异议或不服的，可在公布后的三日内提出复议申请，各级考核组织在一周内审议并予以答复。

⑦ 监狱、未成年犯管教所对符合严管条件的严管级罪犯要进行集中管理，不符合严管条件的其他严管级罪犯可由监区管理。

⑧ 罪犯调出时，所定的管理等级不变，等级评定材料随档案移交接受单位。

⑨ 罪犯应佩戴相应等级的标牌。宽管级（A级）为草绿色；从宽级（AB级）为果绿色；普管级（B级）为黄色；从严级（BC级）为橙黄色；严管级（C级）为红色。

（二）分级处遇中应注意的问题

① 罪犯管理等级的设置要从各地实际出发，充分考虑监狱的监管设施、警察执法水平、管教基础工作状况等，要有利于监管安全，要有利于罪犯的改造，要使大多数罪犯在服刑后期有进入宽管级的机会。各管理等级的条件要明确具体，易于操作。

② 认真搞好首次定级和升降级工作，这是执行分级处遇的重点。对罪犯的首次定级工作是实行分级处遇的基础和必经程序，定级工作必须做到客观、公正。同时，罪犯的分级管理是一项原则性很强的动态管理工作，需要对罪犯进行全面考核评定，根据评定结果，按照条件进行升级或降级。要按照处遇的内容认真及时地落实兑现，使罪犯得到实惠，切实感受到激励和压力，促使其由被动改造转向自觉改造。如果不注重政策落实，处遇规定就成了一纸空文，处遇管理的激励作用就无法发挥。

③ 严管是一种严厉的管理措施，应当慎用或少用，不能为追求监管安全的保险系数或者顾及警察个人的自尊，滥用严管制度。适用严管的对象必须严格限定为对监管安全和秩序已经造成严重的现实危害，或者虽未造成现实危害，但有证据表明有重大危险威胁的，或者有其他重大违法活动的。除此以外，不得随意适用严管。

## 三、特许离监

特许离监是指罪犯家庭确有特殊情况，确需罪犯本人回家处理且符合一定条件，经批准特许其离监回家看望或处理的一项监狱执法活动。它是一种特殊的人道主义政策，适用于确有必要回家处理重大家事的罪犯。特许离监制度在我国监狱法中没有明确规定，但是作为一项人道主义政策，已在监狱实际工作中被采用。2001年司法部以司法通【2001】094号通知的形式，正式对特许离监制度予以认可，并就具体执行作出了规定。

（一）特许离监的理由与条件

特许离监的理由，一般是罪犯的配偶、直系亲属或监护人病危、死亡，或家中发生重大变故，确需本人回去处理的。罪犯被特许离监，必须同时符合下列条件：

① 剩余刑期在10年以下，改造表现较好的；

② 有县级以上医院出具的病危或死亡证明及当地村民（居民）委员会、派出所签署的意见；

③ 特许离监的去处在监狱所在的省一级行政区域范围内。

（二）特许离监的基本程序

特许罪犯离监，应按下列程序进行。

1. 特许离监的提起

特许罪犯离监是基于罪犯家庭发生重大变故的事由启动的。因此，特许离监探亲只能由罪犯本人或其亲属提起。罪犯亲属持有关证明及担保文书，向监狱提出申请。

2. 特许离监的办理

首先由罪犯所在监区合议，合议同意的，由监区填写《罪犯特许离监审批表》，依次报监狱狱政部门审核，监狱有关部门集体合议后由监狱领导批准。如果申请特许离监的罪犯原属副处级以上职务犯、在当地有较大影响的案犯、危害国家安全的罪犯、邪教组织罪犯、涉黑、涉毒罪犯等，须报省级监狱管理机关批准。国家重大活动期间、目的地有严重自然灾害的，暂停罪犯特许离监的审批。

（三）特许离监的执行

特许罪犯离监，应按下列要求执行。

① 罪犯特许离监的时间一般为1天（不含路途时间），罪犯必须由两名以上监狱警察押解，全程加戴戒具。罪犯必须服从监狱警察的管理，不得从事与申请事项无关的活动，不得故意拖延在监外的时间，不得拉拢贿赂执行警察。

② 执行警察应该详细了解罪犯的改造表现、家庭情况和路线。一般由罪犯所在监区的领导或分管警察负责执行，监狱提供车辆。到达目的地后，执行警察首先应与当地的派出所及村民（居民）委员会取得联系，通报情况。执行警察应当向罪犯宣布特许离监纪律并要求罪犯亲属督促、配合，提供担保人。

③ 特许离监是一项政策性很强的工作，执行期间情况复杂，执行警察要加强监管，不得使罪犯脱管失控。执行完毕，当日可返回的，应当日返回，当晚不能返回的，必须将罪犯羁押在当地监狱或看守所。特许离监罪犯进出监狱大门要进行登记和人身、物品检查。罪犯回监后情绪异常的，监区警察应该谈话疏导，落实夹控措施。

## 四、暂予监外执行

暂予监外执行是指对被判处有期徒刑、拘役的罪犯，由于出现了某种法定的特殊原因，不适宜在监狱继续服刑，而依法批准其在监狱外继续执行刑罚的一种制度。暂予监外执行是一种刑罚变更执行制度。根据我国刑事诉讼法和监狱法规定，被判处有期徒刑、拘役的罪犯，如果患有严重疾病需要保外就医；或者怀孕或正在哺乳自己婴儿的妇女；或者生活不能自理，适用暂予监外执行不致危害社会的，依照法定的程序审批后可以不在监狱等刑罚执行场所关押服刑，而暂时回归社会，由公安机关（设立社区矫正机构的由社区矫正机构）监督管理。我国监狱法第二十五条规定："对于被判处无期徒刑、有期徒刑在监内服刑的罪犯，符合刑事诉讼法规定的监外执行条件的，可以暂予监外执行。"第二十六条规定："暂予监外执行，由监狱提出书面意见，报省、自治区、直辖市监狱管理机关批准。批准机关应当将批准的暂予监外执行决定通知公安机关和原判人民法院，并抄送人民检察院。人民检察院认为对罪犯适用暂予监外执行不当的，应当自接到通知之日起一个月内将书面意见送交批准暂予监外执行的机关，批准暂予监外执行的机关接到人民检察院的书面意见后，应当立即对该决定进行重新核查。"第二十七条规定："暂予监外执行的罪犯，由居住地公安机关执行。原关押监狱应当及时将罪犯在监内改造情况通报负责执行的公安机关。"第二十九条规定："暂予监外执行的情形消失后，刑期未满的，负责执行的公安机关应当及时通知监狱收监；刑期届满的，由原关押监狱办理释放手续。罪犯在暂予监外执行期间死亡的，公安机关应当及时通知原关押监狱。"

监狱暂予监外执行的对象，主要是有严重疾病需要保外就医和生活不能自理的罪犯，适用暂予监外执行不致危害社会的有期徒刑罪犯（监狱法第二十五条有关被判处无期徒刑的罪犯可以暂予监外执行的规定，因与刑事诉讼法相抵触而无效）。除了刑诉法、监狱法等法律外，办理暂予监外执行的规范性文件主要有司法部、最高人民检察院、公安部颁布的《关于印发罪犯保外就医执行办法的通知》、《罪犯保外就医疾病伤残范围》；最高人民法院、最高人民检察院、公安部、司法部、卫生部联合发布的《关于颁发〈精神疾病司法鉴定暂行规定〉的通知》；最高人民法院、最高人民检察院、公安部、司法部发布的《人体轻伤鉴定标准（试行）》、《人体重伤鉴定标准》；各省级主管部门制定的相关规定等。

（一）罪犯暂予监外执行的内容

目前监狱办理的暂予监外执行，主要有保外就医和"年老体弱，生活不能自理"两种情形。我国刑事诉讼法第二百一十四条第二款的"怀孕或者正在哺育自己婴儿的妇女"情形主要由看守所等公安机关执行，在此不予论述。

1. 暂予监外执行的条件

暂予监外执行的条件主要有病情、刑期、年龄、身体和现实改造表现共五个方面。

（1）病情条件　罪犯保外就医的病情条件主要参照《罪犯保外就医疾病伤残范围》（司发【1990】247号）执行。罪犯"年老多病，生活不能自理"暂予监外执行的病情条件主要参照《"年老多病，生活不能自理"暂予监外执行疾病伤残范围》执行。

（2）刑期条件　《罪犯保外就医执行办法》第二条第二款规定：原判无期徒刑和死刑缓期二年执行后减为无期徒刑的罪犯，从执行无期徒刑起服刑7年以上，或者原判有期徒刑的罪犯执行原判刑期（已减刑的，按减刑后的刑期计算）1/3以上（含减刑时间），患严重慢性疾病，长期医治无效的；原判刑期10年以下的（不含10年）需执行原判刑期（已减刑的，按减刑后的时间计算）1/5以上（含减刑时间），原判刑期10年以上的（含10年）需执行原判刑期（已减刑的，按减刑后的时间计算）1/4以上（含减刑时间），方可批准暂予监外执行。但如果病情恶化近期有死亡危险、改造表现较好，需要紧急保外的，可以不受上述期限的限制。

罪犯"年老多病，生活不能自理"暂予监外执行的刑期只对"社会影响很坏，民愤极大的罪犯"有限制性规定。

（3）年龄条件　"年老多病，生活不能自理"暂予监外执行的罪犯必须符合规定的年龄要求，男性罪犯60周岁以上，女性罪犯55周岁以上。

（4）身体条件　"年老多病，生活不能自理"暂予监外执行的罪犯必须失去生活自理能力，具体是指罪犯因身体、精神因素，失去一般强度体力活动能力，穿衣、行走、用餐、大小便等日常生活行为长期难以自理，或需要他人协助方能完成，具体情况由监狱暂予监外执行疾病伤残鉴定小组进行讨论予以初步认定。

（5）改造表现　改造表现主要是为了评价罪犯的社会危害性。在现实中主要考察罪犯确有悔改表现的情况，如认罪服法态度、遵守监规、接受教育矫正等方面。

2. 暂予监外执行的程序

暂予监外执行，由监狱提出书面意见，报省、自治区、直辖市监狱管理机关批准。批准机关应当将批准的暂予监外执行的决定通知公安机关和原判人民法院，并抄送人民检察院。监狱办理罪犯暂予监外执行的操作流程主要有以下环节，如图5-1所示。

① 监狱医院对罪犯病情进行诊断、研究和初步确认，提出初步意见。

② 罪犯所在监区计算罪犯刑期、评估罪犯现实及一贯改造表现，对刑期条件符合的、一贯表现较好的罪犯，征求罪犯亲属意见，罪犯亲属同意接收的，必须签订担保书。召开监区会议讨论决定是否申报该罪犯暂予监外执行。

③ 对有可能符合暂予监外执行相关标准的罪犯，安排外出就诊进行全面身体检查，由省政府授权省级监狱管理机关指定的医院开具疾病证明书。

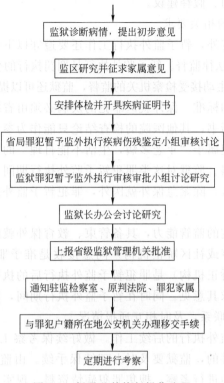

图 5-1 暂予监外执行操作流程

④ 根据省政府指定医院开具疾病证明书,省级监狱管理机关罪犯暂予监外执行疾病伤残鉴定小组审核讨论无异议的,告知监狱刑罚执行部门。

⑤ 监狱刑罚执行部门对上报材料初审通过的,报请有驻监检察官参加的监狱罪犯暂予监外执行审核审批小组集体研究。

⑥ 监狱罪犯暂予监外执行审核审批小组研究通过的,报监狱长办公会讨论。

⑦ 监狱长办公会讨论通过的,报省级监狱管理机关审批。

⑧ 省级监狱管理机关批准后,普通保外就医和"年老多病,生活不能自理"暂予监外执行的,监狱刑罚执行部门于三日内必须通知驻监检察院、原判法院及罪犯家属。因病情危重,随时有死亡可能而紧急办理的"急保",必须当日通知。

⑨ 普通保外和"年老多病,生活不能自理"暂予监外执行的于三日内,"急保"当日安排专门警力押送罪犯至户籍所在地(或经常居住地、担保人所在地)公安派出所(外省为县级公安机关),当面与执行机构、罪犯家属进行法律文书和人身交接。监狱押送警察要将罪犯在监内的改造情况通报给监管执行机构。

⑩ 罪犯获准暂予监外执行后,必须遵守有关暂予监外执行的规定,接受公安机关的监管,监狱也要定期派人员进行考察。罪犯暂予监外执行的情形消失后,刑期未满的,监狱按照公安机关的通知对罪犯予以收监。刑期届满的,监狱及时办理释放手续。罪犯在此期间死亡的,公安机关应当及时通知监狱处理。罪犯在暂予监外执行期间违反相关管理规定,应予收监的,监狱立即收监执行。对仍符合暂予监外执行条件的,监狱经过考察报请省级监狱管理机关批准,延长暂予监外执行期限(一般不超过一年)。罪犯在暂予监外执行期间确有悔改表现或者立功表现,监狱在征求负责执行、监管的公安机关意见的基础上,及时予以行政

奖励或向人民法院提出减刑、假释建议。

3. 暂予监外执行工作的相关要求

除了条件和程序的规定外，暂予监外执行工作还要遵守以下要求。

第一，接受检察机关的法律监督。暂予监外执行是刑罚执行的变更措施，是一项非常重大、严肃的执法活动。监狱必须主动接受检察机关的监督，监狱还可以提请驻监检察官提前介入。

第二，严格核查证据和标准。保外就医罪犯的疾病必须由省级人民政府指定的医院进行检查、鉴定并出具疾病诊断书，其他医院的检查结论只能作为参考，不能作为办理罪犯暂予监外执行的依据。认定罪犯属于"年老多病，生活不能自理"的，必须有相应的影像、笔录及现场考察报告等证明材料。监狱对这类罪犯暂予监外执行期间考察时必须制作相应的影像资料、笔录、现场考察报告。除紧急保外就医外，罪犯暂予监外执行应达到相应的刑期或年龄标准。

第三，担保人要有一定的监管能力，具备管束、教育保外就医罪犯的能力，并有一定的经济条件。地方公安机关（或社区矫正机构）同意接收是准予罪犯暂予监外执行的必要条件。地方公安机关（社区矫正机构）是罪犯暂予监外执行后的执行、监管主体，必须在办理罪犯暂予监外执行之前征求其意见。同时在暂予监外执行期间，监狱要与公安机关（社区矫正机构）、担保人保持密切联系，及时相互通报情况。

第四，认真做好暂予监外执行的后续工作。做好续保考察工作。当保外就医期限届满，罪犯仍然符合保外就医条件的，监狱要及时办理续保手续。由监狱狱政部门安排监狱医生、民警赴保外就医罪犯所在地进行考察，搜集罪犯病情资料、现实表现和执行机关的意见，根据考核结果及时填写《罪犯延长保外就医审批表》，重新履行审批手续。对暂予监外执行情形消失或出现罪犯违规、违法犯罪情形的，监狱应及时将罪犯收监。暂予监外执行的罪犯，有下列情形之一的，应撤销暂予监外执行，予收监：有违法犯罪行为的；病情痊愈或病情基本好转的；以自伤、自残、欺骗等手段故意拖延暂予监外执行时间的；期限届满的；违反公安机关监督管理规定经教育不改的；罪犯采用非法手段骗取暂予监外执行的。

（二）暂予监外执行应注意的问题

① 暂予监外执行工作是我国监狱刑罚执行工作的重要环节，罪犯、罪犯亲属及社会公众对罪犯暂予监外执行工作非常关注，必须准确把握条件，严格工作程序，依法、严格、及时办理罪犯暂予监外执行，维护罪犯合法权益，降低监狱行刑成本，提高罪犯改造质量，促进社会和谐稳定。监狱要主动接受检察机关、罪犯、罪犯亲属、社会的监督，公开、透明、阳光执法，严禁违规操作、暗箱操作。

② 要严格暂予监外执行的禁止性条件。依据规定罪犯有下列情形的，不得暂予监外执行：被判处死刑缓期二年执行和无期徒刑的罪犯尚未减为有期徒刑的；罪行严重，民愤很大的；为逃避惩罚在狱内自伤自残的。具有上述情形之一的罪犯，一律不得暂予监外执行。如果罪犯暂予监外执行具有社会危害性的，也一律不得暂予监外执行。罪犯的社会危害性应综合考虑犯罪的性质、情节、罪犯的主观恶性、其一贯表现等因素判定。罪犯在服刑期间一贯表现好，遵守监规纪律，接受教育改造，不致重新违法、犯罪的，或者是年老体弱、身体残疾并丧失作案能力的，一般可以认定为没有社会危害性。对暴力犯、涉黑、涉恶、涉毒犯、惯累犯、危害国家安全罪的罪犯暂予监外执行，应从严控制。未成年犯、老残犯、女犯、过失犯的保外就医，可适当放宽。

# 第六章 监狱奖惩

监狱奖惩是监狱刑罚执行过程中的一项重要执法活动，奖是对罪犯积极行为的认可、肯定和鼓励，惩是对罪犯消极行为的制止、否定和抛弃。对罪犯实施科学、及时、有效的奖惩是监狱的基础执法工作，对罪犯的改造行为具有引导、评价和激励的作用，对实现监狱的惩罚和改造职能具有极其重要的现实意义。

## 一、监狱奖惩概述

（一）监狱奖惩的概念

监狱奖惩，是指监狱按照法律规定，根据考核结果，对罪犯在服刑改造期间比较突出的好坏表现依法给予相应奖励或处罚的执法活动和行为。

（二）监狱奖惩的依据

监狱奖惩的依据分为法律依据和事实依据两个方面。

1. 监狱奖惩的法律依据

监狱对罪犯的奖惩活动必须按照法律的规定进行，必须严格遵守相关的程序性和实体性规定，任何与法律法规相抵触的奖惩行为对罪犯不产生约束力。我国刑法、监狱法及司法部的有关规章对罪犯的奖惩规则作了明确规定。如我国刑法第七十八条、第八十一条分别对罪犯减刑和假释条件作了严格规定。我国监狱法第五十七条、第五十八条分别对罪犯的行政奖励和行政惩处条件作了具体规定。司法部令第77号《监狱提请减刑假释工作程序规定》对监狱提请、省级监狱管理机关审核减刑、假释建议的程序作了严密规定。

2. 监狱奖惩的事实依据

我国监狱法第五十六条规定，监狱应当建立罪犯的日常考核制度，考核结果作为对罪犯奖励和处罚的依据。由此，监狱奖惩的事实依据应当是监狱对罪犯在一定时期内改造表现的综合考察与评定结论。当然，监狱对罪犯的行为要求必须具体化，使之行之有导，在此基础上实施严格、科学的考核，形成对罪犯改造表现的科学定性，作为对罪犯奖惩的事实依据，使监狱奖惩做到实事求是、公正及时、事实清楚、证据确凿。

（三）监狱奖惩的分类

对监狱奖惩的分类是一项十分复杂的技术性工作，在监狱法学研究中对罪犯的奖惩分类有很多种，主要有以下四种分类方法。

1. 按照奖惩结果对刑期变化的影响程度分类

可分为：一般性奖惩与决定性奖惩。一般性奖惩主要包括物质性奖惩、处遇性奖惩、积分性奖惩等。决定性奖惩主要包括表扬、记功、减刑、假释和警告、记过、禁闭、狱内犯罪处理等。

2. 按照是否有经济属性分类

可分为：物质性奖惩和非物质性奖惩。

3. 按照有无成文法律规定分类

可分为：法定性奖惩和非法定性奖惩。法定的奖励有：行政表扬、物质奖励、记功、离监探亲、减刑、假释。处罚有：警告、记过、禁闭、狱内犯罪处理。非法定性奖励有：优秀学员、活动积极分子、技术能手、改造标兵、监狱改造积极分子等。处罚有：停止会见和拨打亲情电话等处遇、临时管制、强化管控等。

4. 按奖惩机关与奖惩程序的不同分类

可分为：行政奖惩与刑事奖惩。行政奖惩主要由监狱或监狱上级管理机关直接决定和实施，如对罪犯的表扬、记功、物质奖励、批准离监探亲等。刑事奖惩的实质性权力在人民法院、检察院等部门，如对罪犯减刑、假释的裁定权在中级以上人民法院，监狱主要行使建议权；对罪犯狱内犯罪行为，由监狱行使侦查权，并与检察院的起诉、人民法院的审判活动有机结合起来。这种分类方法简单、易懂，是当前学界主流的一种分类方法，如图6-1所示。

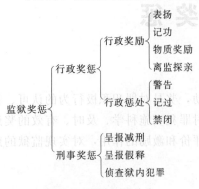

图 6-1　监狱奖惩分类

## 二、监狱行政奖惩

行政奖惩包括行政奖励和行政处罚两种。

### （一）行政奖励

对罪犯的行政奖励有表扬、物质奖励、记功、离监探亲共四种。关于罪犯获得行政奖励的条件，我国监狱法第五十七条明确规定："罪犯有下列情形之一的，监狱可以给予表扬、物质奖励或记功：①遵规守纪，努力学习，积极劳动，有认罪服法表现的；②阻止违法犯罪活动的；③超额完成生产任务的；④节约原材料或者爱护公物，有成绩的；⑤进行技术革新或者传授生产技术，有一定成效的；⑥在防止或者消除灾害事故中作出一定贡献的；⑦对国家和社会有其他贡献的。"在实践中，监狱应该根据罪犯的现实表现，分别适用相应的行政奖励。

1. 表扬

对罪犯适用表扬的依据是监狱对该名罪犯日常改造表现的量化考核结果。目前，通用的考核方法是计分考核法。考核内容分为基本规范、生活规范、学习规范、劳动规范、文明礼貌规范共五个方面，其中劳动规范的考核得分不得超过基础分的45%。监区应每天对罪犯加、扣分事项予以记载；每旬根据日考核结果集体评定，并在考核台账中予以记载；每月将罪犯得分情况予以汇总、排序、张榜公布。当罪犯在一定时间内考核计分累计达到规定分数时，则予以表扬奖励，并从累计分中扣除规定积分，剩余积分进入下轮考核。

适用表扬的程序：监区在每月十日前排选出符合条件的罪犯，集体研究拟呈报表扬人员（名单应在监区公示不少于三日），于每月十五日前将《罪犯奖励审批表》以及计分考核台账上报监狱罪犯行政奖励审核审批小组办公室。监狱行政奖励审核审批小组办公室在初审的基础上，提出审核意见报监狱行政奖励审核审批小组审批。监狱行政奖励审核审批小组月底前完成上月罪犯表扬的审核审批工作。

2. 记功

记功的情形表现分为一般立功和重大立功两种。一般立功须符合以下条件之一：①检举、揭发监内外犯罪活动，或者提供重要的破案线索，经查证属实的；②阻止他人犯罪活动的；③在生产、科研中进行技术革新，成绩突出的；④在抢险救灾或者排除重大事故中表现积极的；⑤有其他有利于国家和社会的突出事迹的。

重大立功须符合以下条件之一：①阻止他人重大犯罪活动的；②检举监狱内外重大犯罪活动，经查证属实的；③有发明创造或者重大技术革新的；④在日常生产、生活中舍己救人的；⑤在抗御自然灾害或者排除重大事故中有突出表现的；⑥对国家和社会有其他重大贡献的。其中，对拟认定罪犯"有发明创造或者重大技术革新"重大立功表现的，必须符合下列条件：一是发明创造或者重大技术革新系在监狱服刑期间完成；二是发明创造或者重大技术革新系罪犯本人构思并完成；三是提供设计图纸、资料等原始记录证明；四是将发明创造或者重大技术革新的过程形成日志；五是申报专利须经监区（分监区）审核，由教育改造部门代为申报，获得专利的要提供专利证明书。

记功的程序如下。

① 认定罪犯具有立功、重大立功表现的，应当由监区召开全体民警会议，根据法律规定的条件，集体评议，提出建议，报送监狱刑罚执行部门审查。

② 监狱刑罚执行部门收到拟认定罪犯具有立功、重大立功表现的材料后，应当就下列事项进行审查：一是提交的材料是否齐全、完备、规范；二是事实和证据是否确凿、充分；三是是否符合法定立功、重大立功情形。

③ 刑罚执行部门对拟认定罪犯立功、重大立功表现的材料审查后，应当出具审查意见，连同监区报送的材料一并提交提请减刑假释评审委员会审核、审定。

④ 评审委员会对罪犯一般立功表现进行审核审定，对罪犯重大立功表现进行审核。监狱长办公会对罪犯重大立功表现予以审定。

⑤ 评审委员会审核、审定罪犯是否具有立功、重大立功表现时，可以邀请检察机关有关人员列席。评审委员会审核罪犯是否具有"发明创造或者重大技术革新"重大立功表现时，可以聘请相关专家进行咨询。

⑥ 评审委员会经审核后，应当将拟认定具有立功、重大立功表现的罪犯名单及具体事实在监狱内公示，公示期限为七个工作日。公示期满无异议的，罪犯即获得立功奖励。公示期内，如有民警或者罪犯对公示内容提出异议，评审委员会应当立即认真进行复核，并书面告知复核结果。对因检举揭发等认定有立功、重大立功表现的罪犯名单及具体事实不宜公布的，直接告知罪犯本人，有关材料存入档案。

⑦ 评审委员会应当将拟认定罪犯具有重大立功表现的评审报告提请监狱长办公会审定。监狱长办公会议审定罪犯具有重大立功表现的，应当在审定后的五个工作日内报省级监狱管理机关备案。

3. 物质奖励

在监狱实务中，物质奖励的形式较多，各监狱做法也不尽相同，归纳起来主要有劳动奖金、实物奖励、加餐等形式。对罪犯适用物质奖励的基本条件主要有：监狱管理、教育等工作较好，期间监管、生产秩序稳定；监狱企业完成规定的产量、质量、利润等主要经济技术指标；罪犯认罪服法，遵守监规纪律，改造表现较好，无违反监规纪律受到行政处分情况发生；在监狱组织的专项活动中表现优异，等等。

适用物质奖励应该注意以下问题。一是坚持民警直接管理。物质奖励作为对罪犯的一种行政奖励，是一项严肃的执法行为，必须由民警直接操作和管理。监狱应成立相应的组织机构、指派专门人员负责有关罪犯物质奖励的综合考核、台账统计、发放等日常工作，确保奖励准确、科学。二是奖励适度。监狱适用的物质奖励虽然是对罪犯发放钱物，但和社会企业纯粹的发放生产奖金、实物等不同。它的发放依据并不单纯是生产效益，而是罪犯改造各个方面的综合表现情况，同时，作为促进罪犯思想改造的一种辅助形式，要与加强罪犯的政治思想教育密切配合，不能一味追求发放数额而削弱物质奖励的法律意义。因此，对罪犯的物质奖励数额要有一定的限制。根据监狱所处地区的社会、经济发展水平，按照罪犯改造表现的考核情况，物质奖励一般控制在价值50～1000元范围内。三是及时发放。物质奖励的根本目的是充分调动罪犯的改造积极性。因此，要规范管理流程，提高执行效率，对罪犯一段时间内改造、生产情况应及时考核、兑现，做到合法、适时实施物质奖励，否则时过境迁，就会在一定程度上影响物质奖励的意义。

4. 离监探亲

被判处有期徒刑的罪犯，具有监狱法第五十七条规定条件之一，且执行原判刑期已逾二分之一，服刑期间一贯表现好，离开监狱不致再危害社会的，监狱可根据情况准其离监探亲。罪犯离监探亲每年只准一次，探亲对象仅限于监狱所在的省（自治区、直辖市）行政区域范围内的父母、子女、配偶等，探亲时间一般为3～7天（不含路途时间），费用由罪犯或其亲属承担。

罪犯离监探亲，应按以下程序进行：

① 罪犯按规定条件申请或由监区推荐；

② 监区对罪犯的申请或监区推荐的罪犯进行认真审查，符合条件的，填写《罪犯离监探亲审批表》，经监狱职能部门审核后报主管监狱长批准；

③ 对列为重点管理的罪犯实施离监探亲的，须报省级监狱管理机关批准；

④ 监狱对批准离监探亲的罪犯必须明确其离监探亲期间的纪律，发放《罪犯离监探亲证明》；

⑤ 罪犯回到探亲地后，必须持《罪犯离监探亲证明》及时到当地公安机关报到，主动接受公安机关的监督；

⑥ 对逾期不归的罪犯，以脱逃论处，但因不可抗力等原因未能按期归监的除外。

（二）行政处罚

对罪犯的行政处罚有警告、记过和禁闭三种。关于对罪犯行政惩处的条件，我国监狱法第五十八条明确规定：

① 聚众哄闹监狱，扰乱正常秩序的；

② 辱骂或者殴打人民警察的；

③ 欺压其他罪犯的；

④ 偷窃、赌博、打架斗殴、寻衅滋事的；

⑤ 有劳动能力拒不参加劳动或者消极怠工，经教育不改的；

⑥ 以自伤、自残手段逃避劳动的；

⑦ 在生产劳动中故意违反操作规程，或者有意损坏生产工具的；

⑧ 有违反监规纪律的其他行为的。

1. 警告、记过

警告和记过的作用和性质类似，只是适用记过的违规情节相对更为严重。罪犯有我国监狱法第五十八条规定情形之一的，监区应及时搜集证据，经集体研究，认为需要给予警告、记过的，填写《罪犯行政处罚审批表》，并附相关证据材料，报经监狱狱政管理部门审核后，由监狱分管领导审批。审批结果应当在监区公示，受处罚罪犯有异议的，可申请复议，监狱在七个工作日内复核完毕。受警告、记过处分的罪犯自处分之日起六个月内不予呈报减刑、假释。

2. 禁闭

罪犯有我国监狱法第五十八条规定情形之一的，监区应及时搜集证据，经集体研究，认为需要给予禁闭的，填写《罪犯禁闭审批表》，并附相关证据材料，报经监狱狱政管理部门审核后，由监狱分管领导审批。审批结果应当在监区公示，受处罚罪犯有异议的，可申请复议，监狱在七个工作日内复核完毕。复议期间，不影响禁闭执行。禁闭期满，应及时办理解除禁闭手续，报经监狱狱政管理部门审核，分管领导审批后，及时宣布对罪犯解除禁闭的决定。

罪犯禁闭期限为7~15天。禁闭罪犯的日常教育、管理和考核由禁闭室负责，原监区协助教育。罪犯禁闭期间停止通信、会见，接受全天候视频监控，每天上、下午各放风一次，每次不超过半小时。受禁闭的罪犯自禁闭解除之日起6个月内不予呈报减刑、假释。

## 三、监狱刑事奖惩

刑事奖惩是监狱根据罪犯在服刑改造期间的表现，依照法定程序，提请人民法院裁决实施奖励或处罚的执法行为。对罪犯适用刑事奖惩，监狱仅有提请权，裁定权归人民法院所有。

（一）刑事奖惩的形式和特征

刑事奖惩包括刑事奖励和刑事惩罚，其中刑事奖励有减刑和假释，刑事惩罚主要是对罪犯狱内犯罪的处理。相对于行政奖惩而言，刑事奖惩具有以下明显的特征。

1. 适用条件更严厉

刑事奖励要求罪犯在服刑改造期间确有悔改或立功表现，一般应以罪犯获得相应的行政奖励为基础方能实施，刑事处罚必须是罪犯在服刑改造期间触犯刑法，重新犯罪时才能适用。

2. 奖惩力度更大

相对于行政奖惩而言，刑事奖惩对罪犯的影响更大，如减刑将使罪犯的刑期缩减，假释使罪犯被附条件的提前释放，实施狱内犯罪行为的罪犯将受到加刑处罚。

3. 适用程序更严格

我国刑法、刑事诉讼法、监狱法等法律对罪犯刑事奖惩的程序作了明确、具体的规定，相对行政奖惩而言，罪犯适用刑事奖惩的程序更加严格。

（二）减刑

减刑是指对于被判处死刑缓期二年执行、无期徒刑、有期徒刑的罪犯，在监狱服刑期间符合法定条件时，依法将其原判刑罚予以适当减轻的一项刑罚变更制度。减刑的对象包括在监狱服刑的被判处死刑缓期二年执行、无期徒刑、有期徒刑的罪犯。被判处死刑缓期二年执行、无期徒刑、有期徒刑的罪犯必须符合法定条件才可以减刑。减刑是将原判刑罚予以适当减轻，减刑有一定限度。在刑种上，只限于将死刑缓期二年执行减为无期徒刑或有期徒刑，无期徒刑减为有期徒刑，而有期徒刑不能减为拘役。在刑期上，由原判较长的刑期减为较短的刑期。

1. 监狱提请减刑的法律和事实依据

我国刑法第七十八条第一款规定：被判处管制、拘役、有期徒刑、无期徒刑的犯罪分子，在执行期间，如果认真遵守监规，接受教育改造，确有悔改表现的，或者有立功表现的，可以减刑；有重大立功表现的，应当减刑。我国刑法第五十条规定：判处死刑缓期执行的，在死刑缓期执行期间，如果没有故意犯罪，两年期满以后，减为无期徒刑；如果确有重大立功表现，两年期满以后，减为二十五年有期徒刑；如果故意犯罪，查证属实的，由最高人民法院核准，执行死刑。我国监狱法第二十九条规定：被判处无期徒刑、有期徒刑的罪犯，在服刑期间确有悔改或者立功表现的，根据监狱考核的结果，可以减刑；有重大立功表现的，应当减刑。我国监狱法第三十一条规定：被判处死刑缓期二年执行的罪犯，在死刑缓期执行期间，符合法律规定的减为无期徒刑、有期徒刑条件的，两年期满时，所在监狱应当及时提出减刑建议，报经省、自治区、直辖市监狱管理机关审核后，提请高级人民法院裁定。

根据上述法律条文规定，减刑对象包括被判处无期徒刑、有期徒刑的罪犯和被判处死刑缓期二年执行的罪犯，其中，对被判处无期徒刑、有期徒刑的罪犯的减刑又可分为可以减刑、应当减刑两种情形。

① 被判处无期徒刑、有期徒刑的罪犯确有悔改表现或者立功表现的可以减刑。立功表现的情形已在本章行政奖惩一节中介绍过，而判断一名罪犯在服刑期间确有悔改表现的标准，应该同时具备以下四个方面情形。

一是认罪服法。对罪犯在刑罚执行期间提出申诉的，要依法保护其申诉权利。对罪犯的申诉应当具体情况具体分析，不应当一概认为是不认罪服法。

二是认真遵守监规，接受教育改造。对于因违反监规、抗拒改造受到行政、法律惩处的应当暂缓呈报减刑，并设定相应的考核期限，待考核期满，确有悔改的方能重新获得减刑呈报资格。

三是积极参加政治、文化、技术学习。对于有学习能力的罪犯，应当考核其"三课"学习态度及学习效果，原则上各课测试成绩应达到合格以上标准才能获得减刑呈报资格。

四是积极参加劳动，完成生产任务。对于丧失部分或全部劳动能力的罪犯应当实事求是，区别对待，客观公正地认定其劳动表现。

② 被判处无期徒刑、有期徒刑的罪犯在刑罚执行期间有重大立功表现的，应当减刑。

③ 被判处死刑缓期二年执行的罪犯的减刑条件：一是在死刑缓期执行期间，如果没有故意犯罪，两年期满以后，减为无期徒刑；二是在死刑缓期执行期间，如果确有重大立功表现，两年期满以后，减为二十五年有期徒刑。

2. 监狱提请减刑的程序

监狱提请减刑，应当经监区集体评议、监区长办公会审核、减刑假释评审委员会评审、监狱长办公会决定等法定程序。人民法院对监狱申报的减刑案件应逐件登记、审查，并组成合议庭审理。监狱提请减刑应严格按照以下程序进行。

① 由监区召开全体民警会议，根据法律规定的条件，按照监狱该批次减刑、假释实施方案的要求，结合罪犯服刑表现，集体评议，提出建议，报经监区长办公会审核同意后，报

送监狱刑罚执行部门审查。直属监区，由全体民警集体评议，提出减刑建议，报送监狱刑罚执行部门审查。监区集体评议以及监区长办公会议审核情况，应当有书面记录，并由与会人员签名。

② 监区提请减刑，应当报送下列材料：《罪犯减刑审核表》；监区长办公会或者监区集体评议的记录；终审法院的判决书、裁定书、历次减刑裁定书的复印件；罪犯计分考核明细表、奖惩审批表、罪犯评审鉴定表和其他有关证明材料等。

③ 监狱刑罚执行部门收到对罪犯拟提请减刑的材料后，应当就下列事项进行审查：需提交的材料是否齐全、完备、规范；认定罪犯是否确有悔改或者立功、重大立功表现；拟提请减刑的建议是否适当；罪犯是否符合法定减刑的条件等。刑罚执行部门完成审查后，应当出具审查意见，连同监区或者直属分监区报送的材料一并提交监狱提请减刑假释评审委员会评审。

④ 监狱提请减刑假释评审委员会应当召开会议，对刑罚执行部门审查提交的减刑建议进行评审。会议应当有书面记录，并由与会人员签名。

⑤ 监狱提请减刑假释评审委员会经评审后，应当将拟提请减刑的罪犯名单以及减刑意见在监狱内公示。公示期限为七个工作日，公示期内，如有民警或者罪犯对公示内容提出异议的，监狱应当提请减刑假释评审委员会进行复核，并告知复核结果。

⑥ 监狱提请减刑假释评审委员会完成评审和公示程序后，应当将拟提请减刑的建议和评审报告，报请监狱长办公会审议决定。

⑦ 经监狱长办公会决定提请减刑的，由监狱长在《罪犯减刑审核表》上签署意见，加盖监狱公章，并由监狱刑罚执行部门根据法律规定制作《提请减刑建议书》，连同有关材料一并提请罪犯服刑地的中级人民法院裁定。其中，对被判处死刑缓期二年执行、无期徒刑的罪犯减刑，监狱应当将《罪犯减刑审核表》连同有关材料报送省、自治区、直辖市监狱管理机关，经审核同意后，提请罪犯服刑地的高级人民法院裁定。

⑧ 监狱提请人民法院裁定减刑，应当提交下列材料：《提请减刑建议书》；终审法院判决书、裁定书、历次减刑裁定书的复印件；罪犯确有悔改或者立功、重大立功表现的具体事实的书面证据材料；罪犯评审鉴定表、奖惩审批表等。

⑨ 监狱在向人民法院提请减刑的同时，应当将提请减刑的建议，书面通报驻监检察机关。

⑩ 省级监狱管理机关收到监狱报送的提请减刑建议材料后，应当由主管副局长召集刑罚执行等有关部门进行审核，并将审核意见报请局长审定。对重大案件或者有其他特殊情况的罪犯的减刑问题，应召开局长办公会审议决定。监狱管理机关审核同意对罪犯提请减刑的，由局长在《罪犯减刑审批表》上签署意见，加盖监狱管理机关公章。

(三) 假释

假释是指被判处有期徒刑或无期徒刑的罪犯，在实际执行一定刑期后，确有悔改表现，不致再危害社会，司法机关附条件地将其提前释放的一项刑罚变更制度。根据我国刑法第八十一条的规定，被判处有期徒刑的犯罪分子，执行原判刑期二分之一以上，被判处无期徒刑的犯罪分子，实际执行十三年以上，如果认真遵守监规，接受教育改造，确有悔改表现，没有再犯罪危险的，可以假释。如果有特殊情况，经最高人民法院核准，可以不受上述执行刑期的限制。对累犯以及因故意杀人、强奸、抢劫、绑架、放火、爆炸、投放危险物质或者有组织的暴力性犯罪被判处十年以上有期徒刑、无期徒刑的犯罪分子，不得假释。因此，对罪犯适用假释必须同时符合以下四个条件。

① 必须是被判处有期徒刑或无期徒刑的罪犯。被判处死刑缓期二年执行尚未减为无期徒刑或有期徒刑的罪犯，不能适用假释。

② 必须是已经执行了一定刑期。被判处有期徒刑的罪犯，执行原判刑期二分之一以上，其时间从判决执行之日起计算。判决执行以前先行羁押的，羁押一日折抵刑期一日。被判处无期徒刑的罪犯，执行十三年以上，其时间从无期徒刑判决之日起计算。如果有特殊情况，经最高人民法院核准，可以不受上述执行刑期的限制。"特殊情况"是指罪犯有重大特殊贡献或国家政治、国防、外交等方面的特殊需要的情形等。

③ 必须是认真遵守监规，接受教育改造，确有悔改表现，没有再犯罪危险的。以下两种情形可以认定为没有再犯罪危险：一种是罪犯在刑罚执行期间一贯表现好，确实能认罪服法、遵守监规，积极改造，不致违法、重新犯罪的；另一种是具有悔罪表现的老年犯、身体残疾犯（不含自伤致残）、丧失作案能力或者生活不能自理且假释后生活确有着落的罪犯。

④ 必须不是累犯以及因故意杀人、强奸、抢劫、绑架、放火、爆炸、投放危险物质或者有组织的暴力性犯罪被判处十年以上有期徒刑、无期徒刑的犯罪分子。累犯不得假释，八种犯罪中的一罪被判处十年以上有期徒刑、无期徒刑的罪犯不得假释。

监狱提请假释的程序参照提请减刑程序进行。

假释并不改变原判刑罚，而是一种附条件的提前释放，罪犯在假释考验期内如果发生撤销假释的法定情形时，应当撤销假释并及时收监。应当撤销假释的情形和撤销假释后的处理规定有以下内容。

第一，被假释的犯罪，在假释考验期间犯新罪，无论所犯新罪是故意犯罪还是过失犯罪，是重罪还是轻罪，都应当撤销假释。依照刑法第七十一条的规定实行数罪并罚，即对新罪作出判决，将新罪所判处的刑罚与前罪没有执行完的刑罚，再按照刑法第六十九条的规定数罪并罚，决定应当执行的刑罚，将其收监执行。

第二，在假释考验期限内，如果发现被假释的犯罪分子在原判决宣告以前还有其他罪没有判决的，而且该罪没有超过追诉时效的，也应当撤销假释，对没有判决的罪作出判决，将新作出的判决所判处的刑罚与原判决所判处的刑罚，进行数罪并罚，决定应当执行的刑罚，但已经执行的刑期应当减掉。

第三，在假释考验期内，被假释的犯罪分子有违反法律、行政法规或者国务院公安部门有关假释的监督管理规定的行为，尚未构成新的犯罪的，应当依照法定程序撤销假释，收监执行未执行完毕的刑罚。在对犯罪分子撤销假释并收监时，应当依照法定程序进行。刑法对撤销假释的法定程序没有具体规定，应当按照我国监狱法第三十三条的规定进行，即对于被假释的罪犯，在假释期间有违反法律、行政法规和国务院公安部门有关假释的监督管理规定的行为，尚未构成犯罪的，公安机关可以向人民法院提出撤销假释的建议，人民法院应当自收到撤销假释建议书之日起一个月内予以审核裁定；人民法院裁定撤销假释的，由公安机关将罪犯送交监狱收监执行尚未执行完毕的刑罚。

（四）对罪犯狱内犯罪的处理

我国监狱法第五十九条规定："罪犯在服刑期间故意犯罪的，依法从重处罚。"监狱法第六十条规定："对罪犯在监狱内犯罪的案件，由监狱进行侦查。侦查终结后，写出起诉意见书或者免予起诉意见书，连同案卷材料、证据一并移送人民检察院。"因此，罪犯在监狱内犯罪的案件，由监狱机关负责侦查，侦查终结后，写出起诉意见书，连同案卷材料、证据一并移送当地人民检察院审查处理。

1. 狱内犯罪的认定

为了及时打击狱内在押罪犯的犯罪活动，确保监狱的安全稳定，司法部根据有关法律规定，针对狱内犯罪活动的特点，专门制定了《狱内刑事案件立案标准》。《狱内刑事案件立案标准》将狱内犯罪案件分为一般案件、重大案件和特别重大案件，凡符合该标准所列六十种情形之一的，根据案件情节和后果，分别由监狱、省级司法行政部门、司法部认定为相应的狱内犯罪案件。

2. 狱内犯罪的常见类型和特点

狱内犯罪由于发生在监狱这一特定的场所，罪犯人身自由受到限制，案件的类型有别于一般的犯罪，主要有破坏监管秩序案件、逃脱案件、组织越狱案件、伤害、杀人、盗窃案件等。

3. 狱内案件处理程序

为了更有效地预防和打击狱内罪犯的犯罪活动，狱内案件一旦发生，监狱必须迅速立案侦查，积极采取有效措施侦破案件，并将案件侦破结果移送人民检察院。

（1）立案侦查　狱内侦查部门在收到有关罪犯狱内犯罪的报告、检举等材料后，根据狱内刑事案件立案标准，认为有犯罪事实需要追究刑事责任的，按照立案程序予以立案；认为没有犯罪事实，或者犯罪情节显著轻微不需要追究刑事责任，或者具有其他依法不追究刑事责任情形的，狱内侦查部门不予立案。对于立案的案件，狱内侦查部门迅速组织力量展开侦查工作。

（2）侦破结案　经过侦查，主要案情查实并已取得确凿的证据，对重点犯罪嫌疑人已依法采取强制措施，且法律手续完备，即可宣告案件侦破，予以结案。如经过侦查，证明无犯罪事实或犯罪嫌疑人无罪，则应按照程序撤销案件。

（3）移送　监狱侦查终结的案件，应当做到犯罪事实清楚，证据确凿、充分，并写出起诉意见书，连同案卷材料、证据一并移送人民检察院处理。

# 第七章 监狱执法责任与罪犯权利救济

随着监狱行刑理念的变革和监狱法制建设的不断深入，在监狱执法过程中越来越重视罪犯合法权益的保障、救济和执法权力运行的监督，其目的在于建立结构合理、配置科学、程序严密、制约有效、监督有力的监狱执法权力运行机制，强化监狱及监狱人民警察执法的法律化和规范化，严格防范监狱及监狱人民警察执法的随意和偏差，做到执法有保障、有权必有责、用权受监督、违法受追究、侵权须赔偿。因此，严格落实监狱执法责任，进一步完善罪犯权利救济制度，加强对监狱及监狱人民警察执法权力的监督，对促进监狱及其人民警察严格规范执法，推进监狱工作法制化、科学化、社会化，不断提高罪犯改造质量，保障监狱改造人宗旨的实现，具有重要的现实意义。

## 一、监狱执法责任

监狱执法是监狱及监狱人民警察依照有关法律规定，对依法被关押的罪犯执行刑罚以及教育、矫正、管理的总和。它是一个复杂、连续而又长期的执法过程。监狱执法的主体是监狱人民警察。监狱人民警察在执法活动中应当严格遵守宪法和法律，忠于职守，秉公执法，严守纪律，清正廉洁。但监狱人民警察与关押的罪犯之间，存在惩罚与被惩罚、改造与被改造的特殊关系。因此，在具体的执法过程中，由于各种原因，就有可能出现极少数监狱人民警察违法使用职权等行为，对罪犯人身权利或财产权利造成一定的损害。为进一步规范监狱人民警察的执法行为，确实做到依法行政，对违法执法的，就有必要追究相应的法律责任。

（一）监狱执法责任的内涵

监狱执法责任是监狱及监狱人民警察在执法的过程中因违反法律规定或执法不当对罪犯造成人身伤害或财产损失，而依法必须承担的法律责任。它是监狱及监狱人民警察在执法过程中行使职权对罪犯的合法权益造成损害所产生的法律后果，属于国家赔偿的范畴。首先监狱执法责任的主体是监狱及监狱人民警察。侵权主体的确认是国家承担赔偿责任的前提。我国宪法和国家赔偿法，确立了我国赔偿责任中的侵权主体是国家机关和国家机关工作人员。

首先，监狱作为执法责任赔偿主体，应当是行使监狱管理和刑罚执行职能的监狱及其监狱管理人员。监狱包括具体行使关押罪犯的监狱、未成年犯管教所等刑罚执行机关，也包括各级监狱行政管理机关。监狱的管理人员主要指在监狱中行使监管罪犯职权的、直接从事管理罪犯及行使监管行政管理职权的监狱人民警察。监狱中不行使国家监管罪犯行政职权的人员，不成为监狱执法责任赔偿的侵权主体。其次，监狱执法责任必须发生在监狱执法活动中。监狱执法责任就是要解决在执法过程中，监狱及其监狱人民警察因违法侵犯罪犯合法权益，造成一定损害，应承担相应赔偿责任的问题。对于监狱及监狱人民警察行使监狱执法活动职权以外的行为，则不在执法责任赔偿范围之内。如监狱以监狱企业法人的资格从事生产经营活动给他人造成的损失，属于企业民事责任，不由国家承担执法责任赔偿；又如监狱人民警察实施监狱刑罚执行和监管罪犯职权以外的个人行为给他人造成的损害,也不应由国家承担执法责任赔偿费用,而是个人承担民事责任或刑事责任。最后,在监狱执法责任的构成中,监狱执法中的违法行为,对罪犯合法权益造成了某种程度的损害,如人身损害、财产损失和精神伤害,且这种损害是已经发生的、实际存在的。同时,监狱在执法中的违法行为与损害权益事实之间必须存在因果关系。根据我国国家赔偿法的明确界定,监狱及监狱人民警察的执法侵权行为应当具有违法性、职务性和对罪犯合法权益的侵害性,不具备这些特征的侵权行为不属于监狱执法侵权,因此也不能构成监狱执法责任。例如,监狱人民警察利用罪犯的亲属进行非法经营活动,造成的财产损失,不属于监狱执法责任所承担的范畴。

(二)监狱执法责任的依据

监狱执法因其执法过程中的违法过错行为所造成罪犯合法权益的损害,必须承担相应的执法责任。其执法责任的主要依据是《中华人民共和国国家赔偿法》,以及《司法行政机关行政赔偿、刑事赔偿办法》。根据《中华人民共和国国家赔偿法》第二条的规定"国家机关和国家机关工作人员行使职权,有本法规定的侵犯公民、法人和其他组织合法权益的情形,造成损害的,受害人有依照本法取得国家赔偿的权利。"可见我国国家赔偿采用的是违法归责原则,即有国家赔偿法规定情形出现时,国家承担赔偿责任。违法归责原则以职务违法行为为归责的根本标准,而不问行为人主观上是否有过错。

(三)监狱执法责任的赔偿范围、方式及标准

1. 监狱执法责任的赔偿范围

根据《中华人民共和国国家赔偿法》以及《司法行政机关行政赔偿、刑事赔偿办法》的规定,监狱及监狱人民警察在行使职权时,有下列侵犯人身权情形之一的,应当予以刑事赔偿:

① 刑讯逼供或者体罚、虐待罪犯,造成身体伤害或死亡的;
② 殴打或者唆使、纵容他人殴打罪犯,造成严重后果的;
③ 侮辱罪犯造成严重后果的;
④ 对服刑期满的罪犯无正当理由不予释放的;
⑤ 违法使用武器、警械、戒具造成罪犯身体伤害、死亡的;
⑥ 其他违法行为造成罪犯身体伤害或者死亡的。

此外,监狱及监狱人民警察在各项管理工作中,其违法行为给罪犯造成财产损害的,必须给予相应的财产赔偿。

属于下列情形之一的,监狱机关不予赔偿:

① 与行使监狱执法职权无关的工作人员的个人行为;
② 罪犯自伤自残的行为;
③ 因罪犯自己的行为致使损害发生的;
④ 法律规定的其他情形。

2. 监狱执法责任的赔偿方式及标准

监狱执法责任的赔偿方式表现为:负有赔偿义务的监狱能够通过返还财产或者恢复原状方式赔偿的,应以返还财产或者恢复原状的方式赔偿;不能通过返还财产或者恢复原状方式赔偿的,主要以支付赔偿金方式赔偿。致人精神损害的,应当在侵权行为影响的范围内,为受害人消除影响,恢复名誉,赔礼道歉;造成严重后果的,应当支付相应的精神损害抚慰金。

监狱执法责任的赔偿标准是根据国家赔偿法的标准执行。对非法侵犯罪犯人身自由的，如非法延期关押，未按期释放，每日赔偿金按照国家上年度职工日平均工资计算。侵犯罪犯生命健康权的，赔偿金按照下列规定计算。

① 造成身体伤害的，应当支付医疗费、护理费。

② 造成部分或者全部丧失劳动能力的，应当支付医疗费、护理费、残疾生活辅助具费、康复费等因残疾而增加的必要支出和继续治疗所必需的费用，以及残疾赔偿金。残疾赔偿金根据丧失劳动能力的程度，按照国家规定的伤残等级确定，最高不超过国家上年度职工年平均工资的二十倍。造成全部丧失劳动能力的，对其扶养的无劳动能力的人，还应当支付生活费。

③ 造成死亡的，应当支付死亡赔偿金、丧葬费，总额为国家上年度职工年平均工资的二十倍。对死者生前扶养的无劳动能力的人，还应当支付生活费，其生活费的发放标准，参照当地最低生活保障标准执行。被扶养的人是未成年人的，生活费给付至十八周岁止；其他无劳动能力的人，生活费给付至死亡时止。

（四）监狱执法责任的赔偿程序与执行

1. 监狱执法责任的赔偿程序

监狱执法责任的赔偿由负有赔偿义务的监狱来受理、承办和审核。请求赔偿应由请求人填写《行政（刑事）赔偿申请登记表》。特殊情况不能以书面方式提出的，可以口头方式提出，由受理机关承办人员代为填写并作出笔录，当事人签名。受理赔偿申请应当查明下述情况：

① 是否属于监狱执法责任的赔偿范围；

② 有无不承担赔偿责任的情形；

③ 请求人是否为当事人，如受害的罪犯死亡，其请求人是否是其继承人或其他有扶养关系的亲属；

④ 是否应由本监狱机关予以赔偿；

⑤ 赔偿请求是否已过时效；

⑥ 请求赔偿的有关材料是否齐全。

对已受理的赔偿案件，由监狱发送有关业务部门，业务部门应指定与该案无直接利害关系的人员办理。特殊情况下，监狱也可成立专案办理机构办理。负有赔偿义务的监狱应在一个月内对赔偿请求提出予以赔偿或不予赔偿的意见，连同有关材料报送上级机关（监狱管理局）法制工作部门审核。负有赔偿义务的监狱确认应由本监狱负赔偿责任的案件，应当提出赔偿数额、赔偿方式，上级机关法制工作部门对承办部门的意见应在十日内进行审核，并报本机关负责人批准，对符合法定赔偿条件，决定予以赔偿的，制作《行政（刑事）赔偿决定书》。

对不符合法定赔偿条件，决定不予赔偿的，制作《不予赔偿决定书》。《行政（刑事）赔偿决定书》和《不予赔偿决定书》由监狱负责人签署，加盖监狱印章，并送达赔偿请求人。监狱对赔偿请求人的申请不予确认的，赔偿请求人有权向上一级监狱行政管理机关提出申诉。上一级机关对于下级监狱不予确认的赔偿请求，可以自行确认，也可以责成下级监狱予以确认。赔偿请求人对负有赔偿义务监狱的决定持有异议的，可以向上一级行政机关提出复议。复议申请可以直接向上一级行政机关提出，也可以通过原承办案件的监狱转交。负责复议的司法行政机关收到复议申请后，应及时调取案卷和有关材料进行审查。对事实不清的，可以要求原承办案件的监狱机关补充调查，也可以自行调查。对复议申请进行审查后，按照下列情形，分别作出复议决定：

① 原决定事实清楚，适用法律正确的，予以维持；

② 原决定认定事实不清楚、适用法律错误，或赔偿方式、赔偿数额不当的，撤销原决定，重新作出决定。复议决定做出后，应制作《行政（刑事）复议决定书》，复议决定书由机关负责人签署，加盖机关印章。

2. 监狱执法责任的赔偿执行

监狱执法责任的赔偿执行是负有赔偿义务的监狱负责赔偿决定的执行。赔偿应分别根据不同情况执行：赔偿请求人对赔偿决定无异议的，按赔偿决定书执行；赔偿请求人对赔偿决定提出复议的，按复议决定书执行；赔偿请求人向人民法院赔偿委员会申请，并由人民法院赔偿委员会作出赔偿决定的，按人民法院赔偿委员会作出的赔偿决定书执行；赔偿请求人向人民法院提起诉讼，人民法院作出赔偿判决的，按照判决书执行。负有赔偿义务的监狱应在自收到赔偿申请的2个月以内执行赔偿。赔偿请求人向上一级监狱行政机关申请复议或向人民法院赔偿委员会申请赔偿的，在收到复议决定书或人民法院赔偿委员会作出的赔偿决定书后即应执行。

（五）监狱执法责任的追究

监狱执法责任是由监狱人民警察在执法过程中的违法或执法不当行为而引起的。因此，违法执法的监狱及监狱人民警察必须受到追究，承担应有的法律责任。

1. 刑事责任

这是指司法机关对在执法过程中违反刑事法律规范的监狱责任人或监狱人民警察，根据其应承担的刑事责任所实施的刑事惩罚措施。如虐待被监管人致伤、致残、致死亡的，构成虐待被监管人罪、故意伤害罪、故意杀人罪；利用职权贪污受贿构成贪污受贿罪；滥用司法权徇私舞弊构成徇私舞弊罪；玩忽职守造成监管安全事故构成玩忽职守罪，等等，根据刑事法律的规定可判处拘役、有期徒刑、无期徒刑或死刑。

2. 行政责任

这是指监狱对在执法过程中违法失职尚不构成犯罪的监狱责任人或监狱人民警察所实施的行政惩罚措施。其主要依据包括：我国公务员法第五十三条中关于公务员滥用职权，侵害公民、法人或者其他组织的合法权益等应受惩戒行为的规定；我国人民警察法第二十二条中关于人民警察不得有刑讯逼供或者体罚、虐待人犯等禁止性行为的规定；我国监狱法第十四条"九不准"禁止性行为规范中的有关规定，等等。行政责任的承担方式主要有警告、记过、记大过、降级、撤职和开除。此外，对受处分的民警，可以按照国家有关规定降低乃至取消警衔。

3. 刑事追偿

这是指监狱依法向罪犯或其亲属履行刑事赔偿义务后，责令有故意或有重大过失的监狱责任人或监狱人民警察承担部分或全部赔偿费用的经济惩罚措施。刑事追偿的依据是我国国家赔偿法第二十四条的有关规定。在刑事赔偿制度中设立追偿制度，有利于增强监狱人民警察的依法行刑意识和工作责任心，防止和减少对罪犯侵权现象的发生。这里需要指出的是：监狱人民警察只有实施了国家赔偿法规定的违法侵权行为并在监狱赔偿损失后才能对其予以追偿，否则监狱不能擅自对有执法过错的民警予以任何经济追偿；实施追偿的归责原则是过错责任原则。这里的过错仅包括"故意"和"重大过失"，不包括"一般过失"，也就是说，对有一般过失的监狱人民警察不应当予以追偿。

## 二、罪犯权利救济

"有权利就必须有救济"是人们普遍信奉的一条法律公理。在社会主义法治理念中，尊重和保障人权是社会主义法治的基本原则。人权作为人人都应该享有的权利，是现代社会的道德和法律对人的主体地位、尊严、自由和利益的最低限度的确认，也是人类社会不断进步的具体体现。随着我国法治社会的不断推进和罪犯人权保护理念的不断进步，罪犯的权利保障愈来愈受到人们的普遍关注。从现代法治的要求来看，目前我国罪犯的权利保障仍然存在途径相对单一、罪犯权利保障的原则性较强而灵活性较弱等欠缺，在一定程度上使罪犯的合法权利未能得到有效的保护，不同程度上影响了监狱行刑的效果。在新的历史时期，充分尊重和保护罪犯的人权，加强对罪犯权利救济问题的研究，依法完善罪犯的权利救济制度，确保罪犯合法权利充分得到实现，对深入推进依法治监，提高监狱法治水平，更好地实现监狱改造人的宗旨，无疑具有极大的促进作用。

（一）罪犯权利救济的内涵

罪犯权利救济是指监狱及监狱人民警察在执法过程中对服刑期间罪犯的实体权利造成侵害的时候，由有关机关或个人在法律所允许的范围内采取一定的补救措施消除侵害，使得罪犯获得一定的补偿或者赔偿，来保护罪犯的合法权益。它包括两种情形：其一，在罪犯权利能够"恢复原状"的情况下，通过排除罪犯权利得以实现的障碍，促使监狱及监狱人民警察履行其应履行的义务，以使原有状态得以恢复；其二，罪犯权利在不能"恢复原状"的情况下，通过和解或强制的方式使由监狱及监狱人民警察执法造成的实际损失、危害、伤害、损害得到合理的补偿或者赔偿。罪犯权利救济是由现行监狱法等刑事法律及相关制度设定的，其主要内容包括：一是罪犯对监狱及监狱人民警察在执法过程中侵犯其合法权利的行为可以进行检举或提出控告，监狱应当及时处理或转送检察机关处理；二是罪犯对生效判决不服的，可以提出申诉，对于罪犯的申诉，人民检察院或者人民法院应当及时处理；三是罪犯亲属对监狱所作的罪犯死亡鉴定不服的，可以向检察机关提出重新鉴定的申请；四是，国家赔偿法及司法部《司法行政机关行政赔偿、刑事赔偿办法》规定，监狱及监狱人民警察因职务侵权行为损害罪犯人身、财产权的，罪犯可以依法获得刑事赔偿。

罪犯享有权利救济权是由其固有的法律地位所决定的。法律地位是由法律所确定的法律关系主体享有权利与承担义务的状况所决定的。它是公民在社会生活中所处的政治、经济、文化等地位在法律上的反映。罪犯法律地位是指罪犯在监狱服刑期间，依照我国宪法和法律的规定，应当享有权利和承担义务的状况。罪犯法律地位具有特殊性。罪犯被依法监禁的人身状态，导致其行为能力受限，某些权利尽管未被依法剥夺或限制，但因无法行使而处于停止状态。在义务履行上，罪犯停止履行公民的一定义务，但必须履行为其法律身份所设定的特定义务。罪犯法律地位是法律赋予存在的，明确罪犯法律地位，有利于增强执法者的人权保障观念和权利救济意识，有利于提高执法者的执法水平，从而减少和避免工作上的失误，真正做到保护罪犯的合法权益免受不法侵害；有利于罪犯明晰自我认识，当权利受到侵犯时自主寻求救济途径。

（二）罪犯权利救济的意义

1. 罪犯的权利救济直接关系到监狱工作贯彻落实"首要标准"的成效

"首要标准"的提出,要求监狱工作必须坚持"以人为本"的价值取向,突出"把改造人放在第一位"的工作方向,突出提高罪犯改造质量、降低刑释人员重新违法犯罪率的工作目标。罪犯的合法权利得到法律的有效保护,这不仅是法律人道性的体现,更重要的是具有鼓励并促进罪犯积极改造的意义。从这个角度来说,能否保护好罪犯的合法权利,完善罪犯权利救济制度,关系到能否有效地改造好罪犯,关系到监狱行刑效能的高低。因此,罪犯的权利救济,对于贯彻落实"首要标准",不断提高罪犯改造质量,降低"重犯率",具有极其重要的意义。

2. 罪犯的权利救济直接影响到监狱法治建设的成效

现代监狱作为建设中国特色社会主义法治国家的一个重要组成部分,其权利保障和救济的功能、价值日益彰显。法治是以权利为本位的,而法治作为监狱变革发展的重要成果,最终将体现在监狱中承受刑罚的罪犯身上。罪犯权益实际享有的程度是衡量监狱法治水平,尤其是人道化程度的重要指标。从法律的角度来讲,保护罪犯的权利和保护公民的权利,都是法律的要求,都是法治的价值,罪犯权利保障必须置于法律调整之中。监狱在惩罚犯罪、改造罪犯的同时,必须充分保障罪犯的合法权益,对罪犯权利的救济,是人权保障的最后一道屏障。因此,在一定程度上可以说,罪犯的权利救济,维系着法治监狱的建设,是监狱法治建设的根本要求。

3. 罪犯的权利救济是履行国际人权公约的内在需要,有利于树立良好的国际形象

监狱人权保障和救济是整个社会人权保障的重要组成部分。新中国成立以来,我国监狱机关以马克思主义人权理论为指导,坚持社会主义人道主义原则,落实保障罪犯各项法定权利的措施,在罪犯人权保障方面取得了辉煌成就,初步形成了中国特色的监狱人权保障和救济制度。《国家人权行动计划》(2009-2010)的第二部分,明确提出了详细的保障被羁押者的权利行动计划,以此推动在押罪犯的权利保障和救济发展的进程。监狱处在国际人权斗争的前沿阵地,当前国际人权斗争日益复杂,保障人权的难度日益增大,如有不慎,就可能引发争议。因此,积极实施罪犯的权利救济,完善罪犯的权利保障和救济制度,促进我国对罪犯的人权保障和救济逐步与世界人权发展趋势相适应。

(三)罪犯权利救济的途径

尽管罪犯权利的保障取得了长足的进步,但在监管执法实践中总会出现这样或那样的罪犯权利受到侵犯的事实。我国监狱法规定"罪犯的人格不受侮辱,其人身安全、合法财产和辩护、申诉、控告、检举以及其他未被依法剥夺或者限制的权利不受侵犯。"当罪犯的法定权利在监狱执法过程中受到执法主体的侵害时,应当通过救济途径使侵害罪犯权利的行为得以终止,或使罪犯受到侵害的权益获得相应的补偿。

1. 通过行使检举权、申诉权、控告权来救济受损的权益

我国监狱法规定"对罪犯提出的控告、检举材料,监狱应当及时处理或者转送公安机关或者人民检察院处理,公安机关或者人民检察院应当将处理结果通知监狱。""罪犯的申诉、控告、检举材料,监狱应当及时转递,不得扣压。""罪犯对生效的判决不服的,可以提出申诉。""监狱在执行刑罚的过程中,根据罪犯的申诉,认为判决可能有错误的,应当提请人民检察院或者人民法院处理,人民检察院或者人民法院应当自收到监狱提请处理意见书之日起六个月内将处理结果通知监狱。""对于罪犯的申诉,人民检察院或者人民法院应当及时处理。"因此,罪犯当自身权益受到监狱执法主体的侵害时,可以依法向监狱及其上级机关、检察院或人民法院进行检举、申诉或控告。罪犯检举,是指罪犯对监狱内外的违法犯罪活动

向有关机关进行揭发或者举报的活动。罪犯检举是破获犯罪案件的重要线索来源，也是其认罪悔罪、积极改造的表现，对维护自身或他人的权利有积极的作用。罪犯申诉，是指罪犯认为已经发生效力的判决或者裁定有错误，向司法机关提出撤销或者变更原判刑罚的请求。申诉是罪犯的一项法定权利。依据我国刑事诉讼法第二百零三条的规定，当事人对已经发生法律效力的判决、裁定不服的可以提出申诉，但是不能停止判决、裁定的执行。我国监狱法也明确规定，罪犯对生效的判决不服的，可以提出申诉。对于罪犯的申诉，监狱应当及时转送，不得扣押。监狱根据罪犯的申诉，如果认为原判可能存在错误的，应当提请人民检察院或者人民法院处理。罪犯控告，是指罪犯对于监狱人民警察或者其他国家人员的违法行为，向有关机关进行揭发、控诉，并要求依法处理的活动。罪犯在服刑期间，对监狱人民警察违反监管法规、体罚虐待犯人、贪污受贿、徇私舞弊等违法犯罪行为，有向公安机关、人民检察院等部门进行揭发、控告的权利。对罪犯的控告、检举材料，监狱应当及时处理或者转送公安机关、人民检察院处理，不得以任何理由进行扣押，也不得以任何形式阻挠或者打击报复控告、检举人。同时，也应采取措施防止他犯打击报复检举人。当然，监狱也应当防止罪犯以行使控告权或者检举权为由，捏造事实陷害他人，一经查实，必须从严惩处。

在我国的人权救济机制中，检察机关的救济保障具有相对独立的地位和作用。突出表现在：一是充分发挥职能作用，对刑事判决、裁定的执行和监管改造场所的活动是否合法实行监督，受理罪犯及其亲属的投诉、申诉、控告，纠正监狱执法的过错行为，切实保护在押罪犯的合法权益；二是充分发挥在押罪犯及其亲属自身的自我保护、自我救济作用，使在押罪犯在自己受到错误裁判时，提出申诉，对监管执法人员的违法行为进行检举控告；三是通过派驻检察院、检察室的检察官，督促监管场所疏通投诉渠道，为罪犯解决涉法、涉管等方面的问题，提出人权保护要求，为罪犯的人权提供可靠保障机制；四是加强对监管场所的安全检察，严厉打击发生在被监管人员之间的刑事犯罪、监管人员虐待被监管人员犯罪、监管人员职务犯罪，有效保障被监管人员的生命权、健康权、财产权等权利。

2. 通过罪犯自身的行为实现权利自力救济

罪犯在服刑期间接受改造的自身行为，是考察罪犯表现的基本内容。罪犯自觉地执行基本规范、生活规范、学习规范、劳动规范、文明礼貌规范，达到自觉接受刑罚，尽快使自己改造成为守法公民，在一定程度上就规避了监狱的强制执法，更多享受到监狱执法所带来的益处，如监狱许可执法、奖励执法，等等，这也是罪犯自我实现权利保护的有效途径。实践表明，在监狱服刑期间，罪犯能自觉认罪悔罪，严格遵守监规监纪，接受监狱人民警察的管理和教育，往往会得到表扬、物质奖励、记功、离监探亲等行政奖励和减刑、假释等法律奖励的优先权，这属于罪犯积极的自我权利保护，也是罪犯对合法权利进行自力救济的表现。

# 三、监狱执法监督

党的十六大报告指出"要加强对司法工作的监督，惩治司法领域中的腐败，建设一支政治坚定、业务精通、作风优良、执法公正的司法队伍。"这是从讲政治、讲大局的高度对加强执法监督，落实监狱防腐工作提出的严格要求。提高监狱执法水平，保障罪犯合法权益，加强执法监督，形成权力制约，是预防腐败、依法治监的重要保障，是提高监狱执法公平正义的必然要求，是规范监狱执法行为的客观需求。

（一）监狱执法监督的内涵与意义

监狱执法监督是指由法律授权的国家机关、社会团体以及人民群众对监狱执法活动进行的监察、督促、检查，并对违法或不当行为实施纠正、补救或追究责任的一种法律行为。执法监督的目的是为了提高执法效率，实现执法的公平正义，监督的对象是监狱执法的权力及行使监狱执法权力的监狱人民警察。

监狱执法监督是监狱法治的重要组成部分。它对我国的监狱法制建设、行刑科学文明化进程的发展、公平正义的维护、罪犯改造质量的提高以及罪犯合法权益的保障等诸多方面都有着重要的现实意义。

① 加强监狱执法监督有利于促进监狱行刑活动的顺利进行，有利于推进我国的社会主义法制建设。监狱作为监狱法律的执行机关，其执法活动既是刑事立法和刑事司法的后续，又是刑事立法和刑事司法的最终实现，在一系列刑事法律活动中行刑活动延续时间最长，教育改造人的任务也最为艰巨。作为刑罚执行机关，监狱在行刑活动中始终处于主导地位。如果缺乏必要的监督机制，就无法形成权利制约，监狱的行刑权就将衍生出钱权交易、色权交易等腐败现象，损害罪犯的合法权益，严重威胁到社会主义的公平正义。因此，为了保证监狱及监狱人民警察在执行刑罚活动中始终依法办事、廉洁自律、忠于职守，保证监狱行刑活动正确、合法、顺利地进行，实现依法治监，就必须对监狱行刑活动进行监督，这是国家对行刑活动的要求，也是完善社会主义法制的要求。

② 加强监狱执法监督有利于全面提高监狱的教育改造质量。监狱对罪犯执行刑罚的目的，不是单纯为了惩罚罪犯，而是通过对罪犯执行刑罚，改造其犯罪思想，矫正其犯罪恶习，推进罪犯的再社会化，减少社会重新犯罪率，最终达到预防犯罪、减少犯罪的目的。这一目的的达到，有赖于教育矫治功能的强化和行刑效果的提高。而只有依法正确执行刑罚，保证监狱法律的正确实施，保证监管改造的每一个环节都依法进行，保证罪犯的合法权益得到保护，保证违法行为能得到及时的纠正和制裁，保证法律赋予监狱的权力行使都得到必要的制约，才能确保监管教育的规范性，才能让罪犯悔过自新，使罪犯由强制转变成自觉接受教育改造，最终达到实现行刑效果的目的。而对监狱执法活动进行监督，能够及时考察监狱的行刑情况和罪犯接受教育矫治的情况，及时发现并纠正问题，全面提高教育改造质量，强化监狱的行刑效果。

③ 加强监狱执法监督有利于全面提高监狱人民警察的执法素质。监狱人民警察作为刑罚执行机关的工作人员，是监狱法律的具体执行者、实践者。监狱正是通过监狱人民警察的具体工作来实现对罪犯的监管与教育的。监狱人民警察的职务行为代表着监狱，代表着国家，监狱人民警察的执法水平在一定程度上也就代表了监狱的执法水平。其行为稍有偏差，不仅会损害到罪犯的合法权益，影响监管安全，还可能破坏到国家机关形象。监狱人民警察这种工作的特殊性和工作环境的相对封闭性使得监狱人民警察的执法意识和执法水平在整个行刑活动中显得尤为重要。经常性的法律监督，可以强化监狱人民警察作为我国监狱法律执行者应有的角色意识和执法意识，可以时刻提醒监狱人民警察经常性地学习各种法律知识和业务知识，提高自身的政治素养、法律意识和专业水平，有助于监狱整体执法水平的提高。

④ 加强监狱执法监督有利于保护罪犯的合法权益。罪犯被限制了人身自由，未被剥夺的权利是受法律保护的，但在其享有的权利中，有相当一部分权利是必须依赖监狱及监狱人民警察的执法行为才能真正实现的。从这个角度上讲，与监狱及监狱人民警察相比较，罪犯相对处于弱势，是一个弱势群体。执法工作如果缺乏必要的监督，监狱及监狱人民警察就有可能忽视罪犯合法权益的保护，增加行刑的随意性、扩张性，形成强势对弱势的侵害。相

反，如果将监狱执法的每一环节都置于有效的监督之下，必然有助于对罪犯合法权益的保护，充分体现社会人道主义的关怀。

（二）监狱执法监督的内容

监狱是国家执行刑罚的主要场所，是国家贯彻落实罪犯教育改造方针政策的主要阵地。因此，监狱执法活动必将受到国家机关、社会各界的广泛关注，对其执法活动的监督必将是全方位、多层次的，涉及监狱执法活动的每一个环节。具体来讲，监狱执法监督的内容包括以下几个方面。

1. 对监狱强制性执法行为的监督

监狱强制性执法是国家法律赋予监狱的权力，在彰显了监狱执法功能的同时，也体现了监狱执法的强制力和惩戒力，其执法效果的优劣，直接影响到法律的权威，必须进行依法监督，强化执法效果。

① 对监狱执行法院的刑事判决、裁定的活动是否合法实行监督。其一，对罪犯收监、出监执法的监督。收监是刑罚执行的首要环节，其监督内容包括：罪犯判刑后是否及时收监，有无拖延执行和徇私释放的情况；监狱是否依照法定程序履行收监手续，交付执行的法律文书是否齐备；未满18周岁的未成年犯是否有与成年犯混押的现象；在不予收押的对象中，有无有意推诿拒收的现象；是否对接收的罪犯进行体检和生活安置；是否已及时通知了罪犯家属；是否开展了入监教育，等等。出监是监狱依法对被关押的罪犯解除监禁的行为，是监狱执行刑罚的最后一个环节，其监督内容包括：监狱对服刑期满的罪犯是否按期释放并发给释放证明书；监狱对应当释放的罪犯是否进行了出监教育，是否就其安置与有关部门进行了联系；监狱代罪犯保管的财物是否交还本人，有无丢失、毁损情况等。其二，对刑罚变更执行行为的监督，其内容包括：监狱对死缓犯减为无期徒刑或者有期徒刑以及报请执行死刑的意见是否符合法定条件，有无违法延长死缓犯死缓考验期限的情况；对于在服刑期间确有悔改或者立功表现的罪犯，监狱是否及时报请法院减刑或假释，减刑和假释是否符合法定条件，减刑幅度是否超过法定范围；监狱决定暂予监外执行的罪犯是否符合法律规定的条件，监外执行的报批手续是否齐全，监狱是否将监外执行罪犯的狱内改造情况如实通报给负责执行的公安机关，监外执行的情形消失后是否及时将罪犯收监执行，等等。

② 对罪犯刑期执法的监督。罪犯的刑期管理是监狱执法最为基础的部分，其监督内容包括：罪犯的行为管束是否符合《监狱服刑人员行为规范》；罪犯的生活、卫生、医疗保障是否符合我国监狱法的规定，是否符合社会人道主义精神；罪犯狱内违规违纪是否依规章制度处理；罪犯狱内犯罪是否依法办理；罪犯的日常考核是否统一依照法律法规以及各级机关编制的规范性文件统一执行；监狱的安全警戒是否符合国家规定，安全警戒设施是否安全可靠，武装警戒、狱内警戒和社区联防是否协调有序；监狱民警配备使用武器或戒具是否符合警察法、监狱法以及警械武器使用条例，等等。

③ 对罪犯的矫正执法是刑罚执行实质性的过程，是改造罪犯最为关键的部分，其监督内容包括：监狱是否采取必要的形式组织罪犯劳动，有无强迫罪犯超时、超体力劳动的情况；罪犯在法定节日和休息日的休息权有没有得到保障；监狱对参加劳动的罪犯是否按照规定给予劳动报酬，罪犯是否获得有关法律规定的劳动保护；罪犯在劳动中致伤、致残或者死亡的，监狱是否参照国家劳动保险的有关规定处理，对罪犯是否进行了必要的岗位技能培训和罪犯回归的就业指导等；教育矫正过程中是否依法对罪犯开展了思想、文化、技术教育，是否贯彻落实了司法部制定的教育改造工作规定和教育改造罪犯纲要，是否对罪犯进行了心

理健康教育和教育矫治,在教育改造罪犯的活动中是否因人施教,教育内容是否适度,教育师资和教育时间是否得到保障,是否有教室、图书阅览室等必要的教育设施作保证;是否组织罪犯开展适当的体育活动和文化娱乐活动,等等。

2. 对监狱许可性执法行为的监督

监狱许可执法是监狱依照法律规定和罪犯的现实表现,准予罪犯从事一定的行为,行使一定权利的执法活动。有一定的自由裁量权,对其进行监督尤为必要。

(1) 对罪犯通信、会见和等级处遇管理的监督　通信、会见是法律赋予罪犯在服刑期间的一项重要权利,但其通信、会见的权利并不是充分的,而是受到一定限制的,对其监督的内容包括:监狱是否对罪犯通信对象进行审查,对来往的通信是否进行了检查,对有碍罪犯改造内容的信件是否进行了扣留,对罪犯写给监狱上级机关和司法机关的信件是否违法进行了检查和扣留,对信件中夹杂的钱物是否依法进行了处理;对罪犯会见的对象是否进行了审查,会见过程的管理是否符合规定要求,对会见物品及钱款是否按照规定处理,批准的特优会见是否符合规定条件,对外籍犯的通信管理是否符合外籍犯会见通讯规定及有关国际公约,等等。分级处遇是指监狱根据罪犯的现实表现并结合罪犯的犯罪性质和主观恶习程度,实行的不同级别管理的制度,对其监督主要是看罪犯所享受的处遇等级是否与监狱规定的条件相符合,在许可罪犯享受等级处遇的过程中监狱是否存在徇私舞弊、乱用职权的现象。

(2) 对罪犯特许离监和暂予监外执行的监督　对罪犯特许离监和暂予监外执行的监督主要是:执法程序是否符合法律法规;被特许离监和暂予监外执行的罪犯是否符合法律法规规定的条件;在特许离监和暂予监外执行的过程中是否存在滥用职权、徇私舞弊的行为等。

3. 对监狱奖惩执法的监督

监狱奖惩执法是监狱对罪犯现实表现比较突出的优或劣,分别给予相应奖励或处罚的执法行为。监狱奖惩执法直接关系到罪犯的切身利益,容易滋生监狱执法的腐败,必须对其进行依法监督,做到有法必依,执法必严。对其监督内容主要包括:对罪犯的奖惩是否有事实依据,是否符合法定程序,是否具备法律法规规定的要件;奖惩的内容是否超出法律许可的范围,等等。

(三) 监狱执法监督的形式及途径

《中华人民共和国宪法》第一百二十九条、《中华人民共和国检察院组织法》第一条均规定:"人民检察院是国家的法律监督机关。"《中华人民共和国刑事诉讼法》第二百二十四条规定:"人民检察院对执行机关执行刑罚的活动是否合法实行监督,如果发现有违法情况应当通知执行机关纠正。"《中华人民共和国监狱法》第六条规定:"人民检察院对监狱执行刑罚的活动是否合法,依法实行监督。"根据上述法律规定,检察机关对监狱执法活动及与执法活动相关的其他活动依法进行监督。而根据我国宪法、法律及相关法规的规定,我国的法律监督是指由所有国家机关、社会组织和公民对各种法律活动的合法性所进行的监督,其监督体制包括国家机关即权力机关、司法机关、行政机关的监督和社会监督两个方面。监狱作为国家机关的一个重要组成部分,其执法及相关的管理活动必然要受到国家机关及社会民众的广泛监督。因此,其监督体制也应包括权力机关的监督、司法机关的监督、行政机关的监督以及政党、社会团体及人民群众的监督。

1. 国家权力机关的监督

国家权力机关对监狱执法的监督可以是立法层面上的监督,也可以是具体执法行为上的监督。在我国,各级人民代表大会及其常委会对监狱行刑活动的监督主要有以下几方面。

一是审查文件。即对国务院、司法部、地方人大及其常委会、地方人民政府呈送的有关监狱行刑工作的规范性法律文件进行审查，如果上述规范性法律文件违反宪法和法律的有关规定，则予以建议变更或者强制撤销。

二是质询。对涉及监狱法律实施中的重大问题向监狱主管机关提出质疑或询问并要求答复，根据具体情况作出相应决议。

三是组织特定问题的调查委员会。对监狱行刑活动中发生的重大问题和案件进行调查了解，并督促有关机关及时对问题进行处理。

四是视察。各级人大代表有权单独或邀请政协委员一起不定期地到监狱视察，了解、检查监狱的财政预算、狱政管理情况和执法执纪情况，对于存在的问题，提出建议、批评和意见，限期予以改正。

2. 司法机关的监督

司法机关的监督，是我国监狱执法监督的重要组成部分，包括检察机关的监督和审判机关的监督。

（1）检察机关的监督　检察机关对监狱执法的监督是我国监狱执法监督中最核心、最规范的一种，是法律赋予检察机关的一项重要法律监督职能。检察机关依法对发生法律效力的刑事判决、裁定，以及执行刑罚活动是否合法实行监督，包括对刑罚交付执行的监督、对刑罚变更执行的监督、对刑罚终止执行活动的监督、对刑罚执行中罪犯提出申诉、控告、检举处理的监督、对刑期执法和矫正罪犯等活动的监督。检察机关通过在监狱设立驻监（所）检察室（组）、在监狱内设置举报箱、参加监狱有关会议、直接对关押的罪犯进行调查情况等形式对监狱工作进行全面的监督。监督的重点是查处监狱及其民警利用执行刑罚和监管职务之便利实施的收受贿赂，在减刑、假释、暂予监外执行中徇私舞弊等职务犯罪，保障罪犯的合法权益，预防和查处监狱人民警察体罚、虐待罪犯、强制罪犯超时超体力劳动等违法行为，促进狱务公开，确保刑罚执行的严肃性和公正性。对于不同的监督内容，检察机关有不同的监督方式。一是提出建议和意见。在减刑、假释、暂予监外执行等刑罚变更执行活动中如果发现监狱违反法定程序或处理不当的，检察机关可采取口头建议或书面建议的方式督促纠正；如果是审判机关裁定内容不妥的，检察机关则提出纠正意见或按照审判监督程序，向审判机关提出抗诉。二是查证申诉、控告、检举材料。对罪犯及其家属提出的申诉进行查证，经查证确属有错误的判决、裁定，转请审判机关处理。对控告、检举材料，组织专人审查，如属实，予以纠正和处理，如属诬告，追究诬告者的责任。三是抗诉。检察机关如果在发现已经生效的刑事判决、裁定确实有错误或者又发现罪犯漏罪和新的犯罪事实或者证据的，通过审判监督程序提出抗诉。四是侦查、批捕、起诉。对监狱人民警察执行刑罚中利用职务便利，损害刑罚执行的公正性和严肃性的职务犯罪行为进行侦查、批捕，并依照程序向人民法院起诉。对尚未构成犯罪的，转请主管部门处理。

（2）审判机关的监督　审判机关对监狱行刑活动的监督基本上是通过对检察机关提出的抗诉，对监狱提出的减刑、假释建议，对检察院针对监狱人民警察的职务犯罪行为提出的起诉，对罪犯及其家属针对监狱及其人民警察的违法行为提出的赔偿诉讼等进行处理、审理来完成的。为了保证刑罚变更执行活动更加公平、公正，增加减刑、假释的透明度，越来越多的审判机关在办理减刑、假释案件时都开始在不同范围内举行听证会、审批会，自觉接受社会的监督。

3. 行政机关的监督

行政机关的监督是指上级监狱管理机关及其主管部门对下级监狱的执法活动的合法性进行监督。它主要包括以下几个方面。

（1）辖属监督　辖属监督是指具有行政隶属关系的上级监狱管理机关及其主管部门对下级监狱的执法活动的合法性进行监督。这种监督是依行政管理权和行政隶属关系产生的。它既是一种执法监督方式，同时也是上级监狱管理机关及其主管部门行使行政管理权的一种手段。这种监督的方式通常有以下几种。一是制定、修改或者废除有关监狱执法活动的规章、命令、指示、部门工作制度、工作纪律等规范性法律文件或非规范性文件，规范监狱的执法活动，撤销所属监狱作出的不适当的决定等。二是行使暂予监外执行的审批权。需要暂予监外执行的罪犯，必须由罪犯所在监狱提出监外执行的意见，报经所在省（自治区、直辖市）的监狱管理局审批方能在监外执行。三是通过行使人事任免权，对执法活动进行监督。对违规违纪或不能胜任本职工作的监狱管理人员，进行人事任免，来调整监狱执法的综合效果。四是进行执法检查，发现违法执行刑罚的，限期改正并进行查处。

（2）监狱纪检、监察部门的监督　纪检监察监督是指由监狱内部所设立的纪检监察部门对本单位的人民警察的职务行为进行的监督。监狱的纪检部门作为内部的监督机构，对监狱执法的全过程进行监督。纪检监察民警与负责执行刑罚的民警同属于一个单位，共处于一个执法环境，对监狱的执法情况更为熟悉，因此更能了解到监狱执法活动中存在的问题和不足。纪检监察监督的方式主要是通过检查监狱人民警察执法情况，对监狱人民警察在工作中出现的违法违纪行为进行调查，对没有构成犯罪的一般违法违纪行为进行处理或者建议有关机关进行处理，对于构成犯罪的，移送司法机关处理。

4. 社会监督

社会监督，是指民主党派、社会组织、团体和个人对监狱执法活动的合法性所进行的一种监督。在我国，社会各界人士及人民群众是我国监督资源中最大的主体资源，也是最广泛的一种法律监督方式，包括人民政协、各民主党派、共青团、妇联、居委会、村委会、法律职业、新闻舆论以及包括服刑罪犯及其家属在内的个人等各行各业的人民群众对监狱执法的监督。然而，监狱是一个相对封闭的国家执法机关，社会监督如何有效地对其执法行为监督基础在于监狱的"狱务公开"。狱务公开是监狱工作法制化建设的重要环节，也是监狱在刑罚执行这一社会关注的敏感领域从事的"阳光行动"。它把社会最关心、与罪犯切身利益最密切、最容易引发矛盾和滋生腐败的执法环节置于了全社会的有效监督之下，从而避免了执法各环节的"暗箱操作"。监狱执法活动的公开，主动接受社会各界的广泛监督，能够促进监狱规范执法，有效地遏制司法腐败的发生，进一步促进监狱人民警察队伍的廉政建设和整体素质的提高，更好地树立现代化文明监狱的新形象。

# 第八章 监狱执法文书制作

监狱执法文书体现着监狱执法的合法性和正当性,是监狱执法的重要工具和证据,因此,监狱在执法过程中,必须规范制作相应的执法文书。监狱执法文书质量的高低,直接反映了一个监狱执法的质量,监狱执法文书制作是否规范,也体现了监狱人民警察执法的能力和水平。

## 一、监狱执法文书概述

监狱执法文书是我国监狱在对被判处死刑缓期二年执行、无期徒刑、有期徒刑的罪犯执行刑罚和改造的过程中,依照法律规定,制作的具有法律效力或法律意义的文书总称。

（一）监狱执法文书的分类

根据不同的标准,监狱执法文书可分为不同的种类。

① 依写作和表达方法的不同,可分为文字叙述式文书、填空式文书、表格式文书和笔录式文书。

文字叙述式文书是指用文字书写或在固定的文书样式上填写相应内容的文书,主要有监狱行政公文,监狱专用公文中的提请减刑建议书、提请假释建议书,提请执行死刑意见书等。

填空式文书是指事先设计好文书格式,将供选择的项目空出,使用时根据项目填写的文书,如罪犯入监通知书、罪犯奖惩通知书、罪犯病危通知书、罪犯死亡通知书等。

表格式文书是指将有关项目设计成表格,使用时按照要求填写的文书,主要有罪犯收监登记表、罪犯评审鉴定表、罪犯出监鉴定表等。

笔录式文书是指监狱在对罪犯进行侦查审查活动中所作的讯问、询问和现场勘查等各种笔录,主要有审查笔录、询问笔录和现场勘查笔录等。

② 依文书内容和作用的不同,可分为刑罚执行文书、狱政管理文书和监狱侦查文书。

监狱刑罚执行文书是指监狱依法执行刑罚活动而形成的文书,主要有收监文书、暂予监外执行文书、建议减刑、假释文书、提请复查意见书、提请执行死刑意见书、出监文书等。

狱政管理文书是指监狱对罪犯进行管理活动而形成的文书,主要有对罪犯的奖惩文书、评审鉴定表、对罪犯关押禁闭、使用戒具审批表、抓捕脱逃罪犯文书、狱情反映文书等。

监狱侦查文书是指监狱对狱内犯罪事实进行侦查而形成的文书,主要有狱内案件立案文书、笔录、结案文书等。

③ 依受文对象和处理方式的不同,可分为监狱内部文书和监狱对外文书。

监狱内部文书是指监狱机关内部使用的登记、报告、审批的文书。

监狱对外文书分三种情况:一是对监狱以外的行政机关、群众团体、企事业单位制发的文书;二是监狱向公安机关、人民检察院或人民法院提请处理或裁定的文书;三是监狱向罪犯家属或有关部门发出的通知书。

（二）监狱执法文书的特点

监狱执法文书是专门用于监狱执法领域的文书，因此，它有自己的特点，归纳起来主要有以下几点。

1. 专业性

监狱执法文书的专业性特点表现在以下几个方面。

（1）制发机关专业性　监狱执法文书的制发机关只能是监狱，一般来说，是由监狱及上级机关根据具体情况制发的。

（2）使用领域专业性　监狱执法文书的使用仅限于监狱刑罚执行领域。

（3）文书内容专业性　监狱执法文书所涉及的内容主要是对罪犯的刑罚执行和改造等，比起其他公文更具有专业性。

（4）文书样式专业性　监狱执法文书的样式是根据监狱进行法律活动的内容和特点设计的专业性文书样式。

2. 法定性

监狱执法文书的法定性主要表现在以下三个方面。

① 依法制作。监狱是国家的法律机关，它的一切活动都必须依法进行，作为代言工具的监狱执法文书必须依据有关的法律法规进行制作。

② 依法行文。监狱执法文书的行文必须符合特定的法律程序，履行特定的法律手续。比如以监狱名义制发的公文必须经过监狱领导审阅签字同意；对罪犯进行询问、讯问、谈话所作的笔录，完成后，要向当事人宣读，当事人认定无误后签字画押。

③ 具有法律效力和法律意义。

3. 规范性

监狱执法文书的规范性主要表现在以下三个方面。

（1）格式固定　监狱执法文书讲究程式化和表格化。程式化是指监狱执法文书的结构基本固定或趋于固定，文字式文书从首部的标题、制发机关、文种、发文字号等，到正文的开头、中间、结尾，以及尾部落款、盖章、生效日期，都有固定的模式。填空式文书大部分文字是统一印制的，使用时只需要根据不同的情况填写相应的内容就可以了。表格化是指按照公安部、司法部有关规定将文书的项目以表格的形式设计并固定下来，统一规定、统一制作、统一样式，全国通用，便于填写、便于查阅、便于实施。

（2）基本情况固定　大部分监狱执法文书都有固定的项目和栏目，而且这些项目是不可缺少的。固定的项目有姓名、性别、曾用名、出生年月、民族、文化程度、原工作单位、职务、体貌特征、健康状况、原籍、家庭住址、本人简历、家庭主要成员与社会关系等。

（3）文字规范　监狱执法文书要求语言规范、标点正确、用语得当、无病句、无歧义，特别是要杜绝含糊其辞、模棱两可的语言。

4. 实效性

监狱执法文书的实效性主要表现在以下两个方面。

（1）实际效用　监狱执法文书的根本目的在于解决监狱刑罚执行过程中出现的各种问题，针对性强，具有法定的强制性和约束力，或者起到法律证据的作用。

（2）迅速及时　监狱执法文书要解决的问题都是当前具体的实际问题，监狱工作的性质和法律规定要求发现问题立即着手制作执法文书，注重执法文书制作的时效性。

## 二、监狱执法文书的制作要求

监狱执法文书的制作要求主要是语言规范、简练，文风严谨、朴实。

（一）语言规范、简练

1. 规范严肃

监狱执法文书是监狱法律活动的工具，具有法律效力或法律意义。因此，监狱执法文书的语言要合乎语法规范，庄重严肃，行文郑重，尽量采用规范化的书面语言和专业用语，不得使用方言土语等不规范的语言。

2. 干练简洁

干练简洁就是简明扼要，即用较少的语言表达比较丰富的内容，在表意明确的前提下，不重复，不啰嗦，不写废话、空话、套话。监狱执法文书的语言要求简洁，是由法律文书实践的需要决定的。制作法律文书文字贵在精要，无论叙事和说理，要把意思表述清楚和完整。

3. 准确无误

监狱执法文书是传达监狱执行刑罚、矫正罪犯等法律活动信息的工具，必须做到用语准确无误，是非分明，切忌使用含糊不清的语言。

① 辨析词义的轻重、范围的大小和褒贬的感情色彩，精心选用最恰当的词语。

② 用词精当、贴切。制作执法文书除大量使用"法言法语"、专业术语外，往往还要根据不同语言环境准确用词，做到文如其事，恰如其分，避免歧义。

③ 造句符合语法与逻辑规则。

（二）文风严谨、朴实

监狱执法文书，应该提倡"严谨庄重、朴实无华"的文风。要用庄重严肃、通俗质朴、准确无误、简约精练的语言，制作内容真实、主题明确、思想丰富的监狱执法文书。监狱执法文书的实用性特征，决定了语言运用旨在陈述事件、说明问题、讲清道理，它不需要文学性的描写，也不要学术性的探究，更不追求形象生动和辞藻的华丽。为了便于执法文书的理解和执行，应使用浅显易懂的词语，而不能使用形象化和深奥孤僻的词语。

① 如实反映事实，切忌无中生有。监狱执法文书写作的基本要求是内容真实。要端正态度，实事求是，有就是有，没有就是没有，不能无中生有，编瞎话。

② 准确说明情况，切忌夸大其词。监狱执法文书讲求准确，实实在在地分析原因和讲清道理，杜绝在监狱执法文书中说大话、报喜不报忧。

③ 严谨阐述理由，切忌空话连篇。监狱执法文书讲求用语严谨，推理严密，分析透彻，反对空话、套话，反对做表面文章。

## 三、常用执法文书的制作

（一）罪犯入监登记表

1. 罪犯入监登记表的概念

罪犯入监登记表，是监狱收押新入监罪犯时所制作的反映罪犯基本情况的表格式文书。填写罪犯入监登记表是收押罪犯时必须履行的一项法律手续，罪犯入监登记表是罪犯服刑的重要档案资料，务必要逐个栏目审清填准。

2. 内容和制作方法

罪犯收监登记表内容全、项目多，归纳起来，主要有以下三类。

（1）收押单位和收监时间　在文书名称的左上方要填"单位：××监狱"，在文书名称的右上方要填"入监时间：××年×月×日"。

（2）罪犯个人情况　主要有姓名、别名、性别、民族、出生时间、文化程度、拘留日期、逮捕机关、逮捕时间、判决机关、判决日期、罪名、刑种、刑期、起止日期、剥夺政治权利年限、捕前职业与政治面貌、有何特长、籍贯、口音、家庭住址、曾受过何种惩处、本人简历、主要犯罪事实等。

（3）家庭成员及主要社会关系　这是罪犯入监登记表的重点栏目之一，应按要求详细填写。

3. 应当注意的问题

在填写罪犯入监登记表时，应注意以下四点。

（1）转抄与填写基本情况　表中应填写的大部分内容，可从判决书、结案登记表、执行通知书等法律文件中转抄。有些栏目如罪犯特长、口音、家庭成员及主要社会关系等，则需要通过与罪犯交谈等途径查实清楚后方可填写。

（2）了解和补充罪犯简历　罪犯简历在罪犯入监登记表中表现在"本人简历"栏。在填写该栏目的内容时，要通过询问罪犯进一步了解和补充，一般要求从罪犯七岁开始至被捕均要详尽填写。

（3）精练概括犯罪过程　"主要犯罪事实"一栏，应以判决书中所认定和列举的事实为依据，着重转抄犯罪时间、地点、手段、情节、后果等内容，对于案情复杂、篇幅较长的，可在填写中精练概括犯罪过程部分。

（4）完整记录家庭成员和主要社会关系　家庭成员必须全部记入，主要社会关系尽可能不遗漏，相关人员的工作单位、住址要准确、详细。

【文例】　8-1

### 罪犯入监登记表

单位：××监狱　　　　　　　　　　　　　　　　　　　　　　入监时间：××年×月×日

| 姓名 | 张×× | 别名 | 张×× | 性别 | 男 | 照片 |
|---|---|---|---|---|---|---|
| 民族 | 汉 | 出生时间 | ××年×月×日 | 文化程度 | 小学 | |
| 拘留日期 | ××年×月×日 | 逮捕机关 | ××公安局 | 逮捕日期 | ××年×月×日 | |
| 判决机关 | ××人民法院 | 判决日期 | ××年×月×日 | 罪名 | 盗窃罪 | 刑种 | 有期徒刑 |
| 刑期 | ×年 | 起止日期 | 自××年×月×日 至××年×月×日 | 附加刑 | 罚金2万元 |
| 捕前职业 | 农民 | 籍贯 | ××省××县 | 口音 | ××省××县 | 有何特长 | 电焊 |
| 户籍所在地 | ××省××县××镇××村 | 常住地址 | ××省××县××镇××村××号 |
| 身份证号 | 321××××××××××001 | 婚姻状况 | 已婚 |
| 曾受过何种惩处 | ××年因犯××罪被判刑×年，××年×月至××年×月在××监狱服刑 |

续表

| | 起时 | 止时 | 所在单位 | 职务（职业） |
|---|---|---|---|---|
| 本人简历 | ××年×月 | ××年×月 | ××省××县××学校 | 学生 |
| | ××年×月 | ××年×月 | ××省××县××厂 | 员工 |
| | ××年×月 | ××年×月 | ××省××监狱 | 服刑人员 |
| | ××年×月 | ××年×月 | ××省××县××镇××村 | 农民 |
| | ××年×月 | ××年×月 | ××省××县××公司 | 员工 |
| | ××年×月 | 捕前 | ××省××县××镇××村 | 无业 |
| 体貌特征 | 身高：168cm，足长：25.5cm，体型：中等；脸型：长方；眉：三角；眼：椭圆；鼻：直鼻梁；耳：近贴、小；嘴：水平；额：一般；下巴：尖；牙：齐 | | | |
| 主要犯罪事实 | 2009年×月×日凌晨，张××伙同李××、王××窜至南京××公司院内，采用大力钳断线、剥皮等手段，盗窃电缆线，价值人民币23456元。 | | | |

| | 关系 | 姓名 | 性别 | 年龄 | 工作单位、职务 | 住址 | 电话 |
|---|---|---|---|---|---|---|---|
| 家庭成员及主要社会关系 | 父亲 | ××× | 男 | 60 | ××县××镇××村农民 | ××县××镇××村 | 0527-66666×× |
| | 母亲 | ××× | 女 | 58 | ××县××镇××村农民 | ××县××镇××村 | 0527-66666×× |
| | 妻子 | ××× | 女 | 30 | ××县××镇××公司员工 | ××县××镇××村 | 0527-66666×× |
| | 儿子 | ××× | 男 | 7 | ××县××镇小学学生 | ××县××镇××村 | 0527-66666×× |
| | 姐姐 | ××× | 女 | 32 | ××县××镇××公司会计 | ××县××镇××村 | 0527-88888×× |
| | 姐夫 | ××× | 男 | 34 | ××县××镇××公司司机 | ××县××镇××村 | 0527-88888×× |
| | — | — | — | — | — | — | — |

| | 姓名 | 性别 | 出生日期 | 捕前职业 | 罪名 | 刑期 | 家庭住址 |
|---|---|---|---|---|---|---|---|
| 同案犯 | 李×× | 男 | ××年×月×日 | 农民 | 盗窃罪 | 3年 | ××县××镇××村 |
| | 王×× | 男 | ××年×月×日 | 无业 | 盗窃罪 | 2年6个月 | ××县××镇××村 |

（二）提请减刑建议书

1. 提请减刑建议书的概念

提请减刑建议书，是监狱依法提请人民法院对在服刑期间确有悔改或立功表现的罪犯予以审核裁定减刑时所制作的文书。提请减刑建议书是监狱依法提请减刑裁定的重要文书，制作的主体是监狱，适用对象是符合法定减刑条件的罪犯。

2. 内容和制作方法

提请减刑建议书的结构分为以下三部分。

（1）首部　首部由以下三部分构成：一是文书名称，即提请减刑建议书；二是文书编号，包括机关代字、年号和文书顺序号；三是减刑对象的基本情况，要依次写明罪犯姓名、性别、年龄、民族、籍贯、罪名、原判法院、判决日期、判决书字号、刑期、何日送监狱执行等内容。

（2）正文　正文包括事实结论、具体事实、理由综述、法律依据和建议四部分。

① 事实结论。在首部的末尾应另起一行明确提出事实结论，同时承上启下地写明"该犯在服刑改造期间，确有××表现，具体事实如下"。

② 具体事实。提出减刑建议的法定条件是罪犯确有悔改或者立功表现，应当围绕有关的规定来叙写具体事实。

根据最高人民法院的有关司法解释,"确有悔改"是指服刑罪犯同时具备如下四种情形:第一,认罪服法;第二,认真遵守监规,接受教育改造;第三,积极参加政治、文化和技术学习;第四,积极参加劳动,完成生产任务。"确有立功表现"是指罪犯具备下列情形之一者:第一,揭发、检举监内外犯罪活动,或者提供重要的破案线索,经查证属实的;阻止他人犯罪活动的;第二,在生产、科研中进行技术革新,成绩突出的;第三,在抢险救灾或者排除重大事故中表现积极的;第四,有其他有利于国家和人民利益的突出事迹的。"重大立功表现"是指刑法第七十八条所规定的"应当减刑"的六种情形。

罪犯在服刑改造期间的"悔改"、"立功"、"重大立功"表现各自有着不同的内涵。在司法实践中,对刑种、刑期和不同表现的罪犯,在减刑的幅度、减刑的起始时间、间隔时间等方面都有不同的规定。因此,在叙写减刑建议书的具体事实时,要严格依据罪犯服刑改造中的客观表现进行综合归纳。在结构安排上,可依照性质、范围对罪犯多方面的悔改或者立功表现进行归类,按其表现的突出程度作出先后主次的布局安排,分门别类地叙写清楚。实践中,通常从思想改造、遵守监规、"三课"学习、劳动生产等几个方面叙述。

③ 理由综述。该部分是代表监狱对被提请减刑罪犯具体事实作出定性、定量的综合性陈述,要说明其在哪几方面具备了减刑条件,用语要精练准确、概括性强。可表述为"综上所述,罪犯×××在服刑改造期间能认罪服法、积极改造、遵守监规纪律、完成劳动任务,在发生震灾时不顾生命危险抢救同犯和国家财产,确有悔改和立功表现"。对于被判处死刑缓期二年执行的罪犯的减刑,依照刑法第五十条的规定,要分别写明两种情形:一是死刑缓期执行期间,"没有故意犯罪",两年期满后减为无期徒刑;二是"确有重大立功表现",两年期满后,减为二十五年有期徒刑。

④ 法律依据和建议。在前文说明"提请理由"的基础上另起一行,引用有关的法律条文并做出结论。法律依据主要是刑事诉讼法第二百二十一条第二款,死缓犯的减刑为刑事诉讼法第二百一十条第二款。在引用法律规定之后,要明确提出监狱的结论,不能含糊其辞。

(3) 尾部  尾部包括送达单位、落款与印章、制作文书的时间和附项四部分内容。送达单位指减刑建议书致送的主管人民法院名称。根据法律规定,对被判处死刑缓期二年执行和无期徒刑的罪犯的减刑,应当提请罪犯服刑地高级人民法院裁定;有期徒刑犯则由罪犯服刑地中级人民法院裁定。附项要求注明随减刑建议书送达的"罪犯服刑档案共×卷×页"。罪犯记功受奖的次数、计分考核情况以及悔改或立功具体事实的证明材料均在附项中。

3. 应当注意的问题

在制作提请减刑建议书时,应注意以下几点。

(1) 事实明确具体  在叙写被提请减刑罪犯的悔改或立功表现时,要求写明时间、地点、经过和结果,如生产劳动表现要用数量、质量、发明创造或技术革新成果来证明;检举揭发要有明确的对象和狱内被侵害的客体;做好人好事要有时间、数量、性质、结果等方面的详细描述。

(2) 事实与结论前后照应  叙述具体事实是为了得出某罪犯确有悔改或立功表现的结论,而对某罪犯减刑的建议是以罪犯服刑期间具体表现事实为基础,两者必须前后照应。如果结论是"确有悔改并有立功表现",具体事实则不仅要叙述"悔改"的四种情形,还要说明"立功"的事实。

(3) 格式规范、文字精练  制作减刑建议书时,要严格按照规范化格式来叙写,事实要集中,文字要高度概括。

【文例】 8-2

## 提请减刑建议书

（20××）×监减建字第×号

罪犯张××，男，1975年×月×日生，汉族，原户籍所在地江苏省南京市，因盗窃罪、抢劫罪经南京市鼓楼区人民法院于2006年×月×日以（2006）鼓刑初字第×号刑事判决书判处有期徒刑×年，刑期自20××年×月×日至20××年×月×日止，于2006年×月×日送我监服刑改造。服刑期间执行刑期变动情况：2008年×月×日被南京市中级人民法院减刑×年，刑期至20××年×月×日。

该犯在近期确有悔改表现，具体事实如下：

该犯在20××年度的改造中，能做到认罪服法，服从管理教育，严格遵守监规，敢于同违纪行为作斗争。如20××年×月×日，罪犯王××与钱××因劳动工具发生口角，继而发展到打斗，张犯及时上前制止，避免了事态的扩大。能积极参加"三课"学习，参加汽车修理职业技术培训，获得初级等级证书。劳动中，该犯踏实肯干，较好地完成了监狱分配的任务。同时还注意节约原材料，年节约用油×公斤。

综上所述，罪犯张××在服刑改造期间能认罪服法，服从管教，遵守监规，认真学习，劳动积极肯干，获得×次监狱表扬，确有悔改表现，符合减刑条件。

为此，根据《中华人民共和国监狱法》第二十九条、《中华人民共和国刑法》第七十八条第一款、《中华人民共和国刑事诉讼法》第二百二十一条第二款的规定，建议对罪犯张××予以减刑×年。特提请裁定。

此致
××市中级人民法院

（公章）

二〇××年×月×日

附：罪犯张××减刑卷宗材料共×卷×册×页

（三）暂予监外执行文书

1. 暂予监外执行文书的概念

暂予监外执行文书，是监狱在为罪犯依法办理暂予监外执行和监外执行过程中所制作的各种文书。暂予监外执行文书主要有罪犯病残鉴定表、罪犯暂予监外执行保证书、罪犯暂予监外执行审批表、罪犯暂予监外执行决定书、罪犯暂予监外执行收监执行决定书、罪犯暂予监外执行不计入执行刑期审批表、罪犯暂予监外执行不计入执行刑期决定书、罪犯暂予监外执行证明书以及对暂予监外执行罪犯提请监督考察函、考察表、监督考察通知书等。

2. 内容和制作方法

这里着重介绍罪犯暂予监外执行审批表、罪犯暂予监外执行决定书。

（1）罪犯暂予监外执行审批表　罪犯暂予监外执行审批表，是监狱向省级监狱管理机关申请对罪犯暂予监外执行时所制作的文书。主要栏目有罪犯的基本情况、主要犯罪事实、具保人的意见、改造表现、病残基本情况、监狱意见和省级监狱管理机关决定等。

（2）罪犯暂予监外执行决定书　罪犯暂予监外执行决定书，是省级监狱管理机关根据监狱的书面意见决定给予确实患有严重疾病或生活不能自理，暂予监外执行不致危害社会的罪犯予以暂予监外执行的执法文书。罪犯暂予监外执行决定书为正本、副本和存根三栏式，包括首部、正文和尾部三部分。

① 首部。首部有文件名称、文书编号、受文单位。

② 正文。正文先写明罪犯基本情况,接着写以下内容:

××年×月×日因××罪经××法院判处有期徒刑×年,于××年×月×日送××监狱执行刑罚,刑期至××年×月×日。现因××,根据《中华人民共和国刑事诉讼法》第二百一十四条和《中华人民共和国监狱法》第二十六条之规定,由××医院作出病残鉴定,××具保,经××省监狱管理局批准,暂予监外执行。

③ 尾部。尾部要写明"此决定",副本要送达人民检察院,写上"特此函达",最后由省级监狱管理机关加盖印章、注明成文时间。

【文例】 8-3

### 罪犯暂予监外执行审批表

| 姓　　名 | 赵×× | 性别 | 男 | 年龄 | ×× | 案由 | 故意伤害 | |
|---|---|---|---|---|---|---|---|---|
| 原判刑期 | ×年 | 起止日期 | 20××年×月×日 20××年×月×日 | | | 剥夺政治权利 | ×年 | |
| 判决日期 | 20××年×月×日 | | | | | | | |
| 前科情况 | 无 | | | | | 入监时间 | 20××年×月×日 | |
| 刑期变动 | 20××年×月×日减刑1年, 20××年×月×日减刑1年3个月 | | | | | 减刑后 刑期止日 | 20××年×月×日 | |
| 捕前职业职务 | 农民 | | | | | | | |
| 家庭住址 | 江苏省××市××镇××村28号 | | | | | | | |
| 主要犯罪事实 | 20××年×月×日13时许,赵××以杜××摘其家门前豇豆为由,用木棒多次打击杜的头部及身体,杜××经送医院抢救无效于次日死亡 | | | | | | | |
| 家庭主要成员姓名 职业政治情况 | 父亲:赵××　××县××镇××村务农 弟弟:赵××　××县××镇××村务农 | | | | | | | |
| 担保人情况 | 姓名 | | 赵×× | 住址 | | 江苏省××县××镇××村××号 | | |
| | 工作单位及职务 | | 农民 | | | 与罪犯的关系 | 父子 | |
| 改造表现 | 赵××自入监以来,能认罪服法,服从管教,遵守监规,能参加学习和力所能及的劳动,表现一般 | | | | | | | |
| 病残鉴定结论 | 1. 先天性心脏病,心脏功能三级 2. 高血压Ⅲ期 | | | | | | | |
| 审核审批 小组意见 | 该犯所患疾病符合《罪犯保外就医疾病伤残范围》第二条、第三条之情形,根据《罪犯保外就医执行办法》第二条之规定,经研究,建议对罪犯赵××给予暂予监外执行一年 组长:张××　　　　　　　　副组长:李×× 成员:王××　刘××　钱××　周××　杨×× 二○××年×月×日 | | | | | | | |
| 监狱意见 | 经研究,建议对罪犯赵××给予暂予监外执行一年。 （公章） 二○××年×月×日 | | | | | | | |
| 省监狱管理局意见 | 同意暂予监外执行一年 （公章） 二○××年×月×日 | | | | | | | |

(四) 罪犯出监文书

1. 罪犯出监文书的概念

罪犯出监文书是监狱在罪犯出监时制作的文书，包括罪犯出监鉴定表、释放证明书等。

罪犯出监文书适用于被依法释放的罪犯，监狱必须对他们进行出监鉴定，将鉴定结论填入罪犯出监鉴定表，并签发释放证明书，对于依法被暂予监外执行的罪犯也要进行出监鉴定，填写罪犯出监鉴定表，但不能签发释放证明书，而只填发罪犯暂予监外执行证明书。

罪犯出监文书是记载和证明罪犯服刑改造情况及现实身份的重要文书，准确地填写罪犯出监鉴定表并签发释放证明书，对于完备罪犯出监的法定审批程序、健全罪犯服刑档案具有非常重要的意义。

2. 内容和制作方法

不同的出监文书，其具体制作有所不同。这里重点介绍出监鉴定表和释放证明书。

(1) 出监鉴定表  罪犯出监鉴定表是罪犯依法出监时，监狱对其服刑改造表现作出鉴定结论而填写的表格式执法文书。此表是寄给罪犯户籍所在地公安机关，用以代替出监人员档案材料的证明文书。罪犯出监鉴定表是一种组合式表格文书，由封面和三页表格组成。罪犯出监鉴定表一式三份，统一报省级监狱管理机关审批后退回两份，一份留监狱狱政管理部门存入罪犯档案，一份转给出监人员户籍所在地公安机关。

封面有文书名称"罪犯出监鉴定表"，正下方有罪犯姓名、填表机关名称并加盖印章、填表时间。

第一页内容有罪犯的姓名、别名、性别、年龄、民族、籍贯、健康状况、家庭住址、逮捕机关及日期、判决机关及日期、原判刑期、剥夺政治权利年限（起止时间）、刑期变动情况、出监原因、原有文化程度、现有文化程度、有何特长及技术等级、主要犯罪事实等栏目。填写时需注意以下问题。第一，从姓名至刑期为罪犯基本情况栏目，凭已有的档案材料转抄即可，但应与判决书、入监登记表等服刑过程中形成的其他司法文书的有关内容相一致。剥夺政治权利年限栏目，填写时要注意，若无此项附加刑，则应在该栏划上斜线，如果有附加剥夺政治权利，应按规定填明起止时间，即执行时间从释放之日算起，剥夺政治权利的效力当然施及于主刑执行期间。如果服刑期间受到减刑，其附加刑随之缩减，填写时以人民法院裁定书的裁定内容为准。刑期变动栏目，应分别注明历次加、减刑或改判的刑期、刑种变动的内容。第二，有何特长及技术等级栏目，其内容既可反映罪犯服刑改造成果，又是出监后社会有关部门对其安置就业的重要依据之一，应如实认真地填写。填写的依据是罪犯出监时的实际技术能力或有关技术部门正式核准的技术特长或等级。如果出监人员入监前就有技术特长或等级，当然应包括进去。第三，主要犯罪事实栏目，包括原判罪行、新犯罪行和余罪，这三方面的罪行均须以人民法院的判决或裁定认定的犯罪事实来填写。

第二页应载明罪犯家庭主要成员的姓名、职业及政治情况，罪犯本人简历和改造表现。填写时应注意：第一，家庭主要成员情况栏目，不能照抄档案材料中的原有内容，应注意到罪犯服刑多年，其家庭成员可能发生变化，应根据变化后的情况据实填写；第二，本人简历栏，除转抄入监登记表中同栏内容外，还应加上罪犯服刑改造期间的经历，要注意时间的连续性，不能出现间断；第三，改造表现栏目是鉴定的重要内容，应根据监狱所掌握的自罪犯入监至出监的全部服刑改造情况，全面、准确、客观地进行鉴定，如果鉴定前情况不甚明了，需进行必要的调查核实。鉴定力求以事实说话，真实地反映出罪犯服刑改造期间的实际状况，不能因罪犯要出监了，就一律填写表现好，尤其对那些恶习未根除或有特殊思想动向的罪犯更应详细、明确地记载相关表现，以便有关机关加强控制和帮教。鉴定主要包括认罪服法、思想改造、遵守监规纪律、劳动态度及技能、"三课"学习情况等方面，要特别突出罪犯受到奖惩的具体事实情况。

第三页是服刑期间奖惩情况及各级监管改造机关意见栏目。填写时应注意：第一，服刑期间奖惩情况栏目，应分别写明每次奖惩的具体情况；第二，监区意见栏，应根据罪犯改造表现作出结论性意见，语言力求简洁精练，遣词务必朴实准确；第三，监狱意见栏，应对罪犯出监作出是否同意的概括性表态，如同意释放、同意暂予监外执行、同意假释等。

2. 释放证明书

释放证明书是监狱发给被释放人员证明其已被依法解除刑罚、恢复人身自由的具有法律证明力的文书。释放证明书是一种填写式文书，其内容并不复杂，制作时只需在固定格式的空项内填写相应的内容即可。此书分正本、副本和存根三部分，其内容基本相同。正本是刑满人员依法获释、恢复人身自由的法律凭证；副本是刑满人员在规定时间内到其释放后居住地的公安机关办理户籍登记手续的凭证；存根是刑释人员获释情况的留查证据。

释放证明书的正本、副本均由文书名称、文书编号、证明内容、制发时间及公章等部分组成。需填写的内容依次有被释放人员姓名、性别、年龄、籍贯、罪名、判决时间、原判法院、刑种、刑期、剥夺政治权利情况、释放理由等项目。其中，刑释人员年龄应写释放时的实足年龄；原判决中如有附加剥夺政治权利的，除填清楚剥夺的年限外，还应在括弧内注明起止时间，若无此项则应划去；释放理由一项则根据情况分别填入"执行期满"、"裁定释放"等。在上述内容记述完毕后，还应注明以下内容：属于裁定释放的应注明××年×月×日经××人民法院裁定；刑满释放人员在服刑期间有被加刑、减刑的情况应予以注明，以免原判刑期与释放日期不相吻合；最后加盖公章和填写制发日期。

在副本的末尾还设有"注意事项"栏目，要求填入办理户籍登记手续的限定时间和公安派出所名称。

存根部分除包括与正、副本的相同内容外，应由批准人、填表人、被释放人等签名，注明时间，还要填入被释人员释放后的住址。

（五）罪犯奖惩文书

1. 概念

罪犯奖惩文书是监狱依照法律规定，通过日常考核，对服刑罪犯给予行政奖励或处罚所制作的文书，主要包括罪犯奖惩审批表和对罪犯使用戒具、关押禁闭审批表。

2. 内容和制作方法

（1）罪犯奖惩审批表  依照我国监狱法的规定，对罪犯的行政奖励包括表扬、记功、物质奖励和准予离监探亲四种，行政处罚有警告和记过、禁闭三种。罪犯奖励审批表与罪犯惩罚审批表写作内容和格式上的要求基本一致，故将两者合并论述。此类表可分为罪犯基本情况、奖惩依据和意见批示三部分。

① 罪犯基本情况。写明罪犯姓名、性别、年龄、民族、文化程度、罪名、刑期等，可从判决书或入监登记表中转抄。填写"刑期起止"时间时应注意，对刑罚执行中尚未减刑或加刑的原判有期徒刑的罪犯，应依据原判决书的记载填写，原判为死刑缓期二年执行或者无期徒刑的，则不存在终止时间，故只填写起始时间；对在刑罚执行中刑期、刑种有变化的，则按迄今为止人民法院最后一次判决书或裁定书所确定的刑期终止时间来填写。"刑种和刑

期变动情况",要求如实填写刑罚执行过程中人民法院的有关判决和裁定内容。所谓"刑种变动",是指无期徒刑变为有期徒刑、死刑缓期二年执行变为无期徒刑或有期徒刑等情形;所谓"刑期变动",是指有期徒刑罪犯在服刑过程中具有被依法加刑或减刑的情形。填写此栏目,要依照时间顺序,先填原判刑种及刑期,再依次填写刑罚执行中各次刑期、刑种的变动情况。如"罪犯王××于××年×月由××人民法院以【20××】×刑×字第×号判决书判为死刑缓期二年执行,20××年由××高级人民法院以【20××】高刑减字第×号裁定减为无期徒刑,20××年由××高级人民法院以【20××】高刑减字第×号裁定减为有期徒刑十五年"。

② 奖惩依据。奖惩依据是罪犯奖惩审批表的一个重点栏目,要求写明罪犯应受到奖励或处罚的依据,主要包括事实依据和法律依据两个方面的内容。填写事实依据部分,首先要掌握罪犯的改造表现符合监狱法第五十七条或五十八条中的哪一种或哪几种情形,然后以此为主旨组织材料,具体写出每项事实的时间、地点、经过和结果。事实依据叙写完毕后,应根据不同的情况援引相关法规条款。在此基础上应明确提出"应予行政奖励"或"应予行政处罚"的意见。

③ 意见批示。在监区意见栏目中,应填写监区会议集体研究的意见,通常表述为"经××年×月×日监区会议研究,建议对罪犯×××给予××(奖励或处罚的种类)"。狱政管理部门意见栏目,应填写狱政管理部门的具体意见;监狱领导批示栏目应填写最后的决定性意见。该表具体格式如【文例】8-4 所示。

【文例】 8-4

**罪犯奖惩审批表**

单位:××监狱　　　　　　　　　　　　　　　　　　罪犯编号:4212×××90

| 姓名 | 张×× | 性别 | 男 | 出生日期 | 19××年×月×日 |
|---|---|---|---|---|---|
| 民族 | 汉 | 文化程度 | 高中 | 罪名 | 盗窃罪、抢劫罪 |
| 刑种 | 有期徒刑 | 刑期 | ×年 | 刑期起止 | 自20××年×月×日<br>至20××年×月×日 |
| 处罚依据 | 20××年×月×日上午,罪犯张××在劳动中与同组罪犯王××发生口角,民警处理后张犯不服,怀恨在心。下午出工后,张犯用水杯砸向王犯致使其头部受伤。张××在服刑期间殴打他人,违反了《中华人民共和国监狱法》第五十八条第四款的规定 ||||||
| 监区意见 | 根据罪犯张××的违纪事实,经监区集体研究,建议给予该犯记过处分<br><br>（签字）张××<br>二〇××年×月×日 ||||||
| 狱政科意见 | 经审核,符合处罚规定,建议给予罪犯张××记过处分<br><br>（签字）赵××<br>二〇××年×月×日 ||||||
| 监狱意见 | 给予罪犯张××记过处分一次<br><br>陈××（签章）<br>二〇××年×月×日 ||||||

(2) 对罪犯使用戒具、关押禁闭文书　申请使用戒具、关押禁闭审批表是监狱对有现实危险或破坏监管秩序的罪犯依法加戴戒具或关押禁闭时使用的执法文书。申请使用戒具、关押禁闭审批表包括加戴戒具和关押禁闭两项内容，若单独适用前者时则划去后者，适用后者时则划去前者。

此表为表格式文书，共有14个栏目。现择其重要栏目分述如下。

① 申请单位栏。该栏位于文书名称的左上方，填写报批的监区名称。

② 罪犯基本情况栏。该栏包括罪犯姓名、性别、年龄、健康情况、罪名、刑期、刑种等，可以依照已有的罪犯档案材料填写。

③ 申请依据栏。该栏是申请使用戒具、关押禁闭审批表的重点栏目，要求叙述对罪犯使用戒具或关押禁闭的事实依据和法律依据。在事实依据部分要依照监狱法及其他监管法规所列举的条件，具体写明应当对某罪犯使用戒具或者关押禁闭的事实，也就是对破坏监管秩序或具有现实危险的罪犯，将其行为的时间、地点、手段、动机、目的、危害、后果等叙写清楚。整个事实部分的叙述要做到主次分明、重点突出。在事实依据叙写完毕之后，要准确援引有关的法律、法规依据。申请对罪犯加戴戒具时，应引用监狱法第四十五条的规定；申请对罪犯关押禁闭时，应引用监狱法第五十八条的规定，所援引的条款必须与罪犯的具体行为相适应。在事实依据和法律依据叙写清楚的基础上，提出对罪犯使用戒具或关押禁闭的监区意见。

④ 申请期限栏。该栏要填写清楚对罪犯关押禁闭或使用戒具的具体天数，并注明起止时间。

⑤ 监区意见和监狱领导批示栏。这两个栏目除分别写清楚是否同意对罪犯加戴戒具或关押禁闭的意见外，还应注明加戴戒具或关押禁闭的期限。

⑥ 罪犯在关禁闭或戴戒具期间表现栏。对罪犯在关禁闭、戴戒具期间的表现要依照规定，分别由禁闭室民警和监区民警及时、认真地填写，内容主要是该罪犯对所犯罪错的认识，包括是否认罪悔过、接受教育，是否写了交代材料，其认识的深刻程度和改过的诚意、决心等。

⑦ 解除戒具或禁闭的情况栏。由负责执行的民警如实填写对该罪犯何年何月何日解除禁闭或戒具并签名。监狱必须严格执行审批的期限，不得拖延。如果罪犯在加戴戒具、关押禁闭期间不认罪错或现实危险仍未消除需继续关押禁闭或加戴戒具时，必须另行履行审批手续。

【文例】　8-5

## 罪犯禁闭审批表

单位：××监狱　　　　　　　　　　　　　　　　　　　　　　　　　编号：×

| 姓名 | 张×× | 性别 | 男 | | 出生日期 | 19××年×月×日 |
|---|---|---|---|---|---|---|
| 罪名 | 盗窃罪、抢劫罪 | 刑种 | 有期徒刑 | 刑期 | ×年 | 健康状况 | 良 |
| 申请依据 | 20××年×月×日上午11点，在五监区一号田劳动时，因罪犯陈××站队不及时，张犯用监督岗旗杆打陈犯，致使陈犯鼻部出血，面部挫伤，后被民警制止。根据《中华人民共和国监狱法》第五十八条的规定，建议给予张犯禁闭处分。 | | | | | |

| | | |
|---|---|---|
| 申请<br>期限 | 申请关押罪犯张××禁闭×天(自20××年×月×日至20××年×月×日) | (签字)李××<br>二○××年×月×日 |
| 监区<br>意见 | 鉴于该犯的违规行为,经监区集体研究,建议对该犯禁闭×天。 | (签字)张××<br>二○××年×月×日 |
| 主管科<br>室意见 | 经审核符合禁闭规定,建议关押禁闭×天。 | (签字)赵××<br>二○××年×月×日 |
| 监狱意见 | 同意关押禁闭×天。 | (签字)陈××<br>二○××年×月×日 |
| 罪犯禁闭期间<br>具期间表现 | 张犯在禁闭期间,经民警教育,对自己的错误有了深刻的认识和反省,表示接受教育和处理,并写出了书面检查和保证书。鉴于其认识错误的态度和禁闭期间的表现,建议解除禁闭。 | |
| 解除<br>禁闭<br>情况 | 对罪犯张××已于20××年×月×日解除禁闭。<br>批准人:陈××　　　　　执行人:王××<br>二○××年×月×日　　　二○××年×月×日 | |

# 第九章　监狱执法实用技能

监狱人民警察执法实用技能，是指监狱人民警察在实施警务活动的过程中经常使用、应当熟练掌握的具体方法和战术技巧。监狱人民警察执法实用技能隶属于警察战术学科，起源于军事战略战术，具体包括教育改造、罪犯日常管理、应急处突、安全防范、狱情侦查、信息技术等各种警务活动的基本执法技术、技巧、能力和素质。熟练掌握和运用监狱执法实用技能是监狱人民警察做好执法工作的前提和保证，是每一名监狱人民警察在直接面对罪犯从事教育、惩戒、管理工作时的必备"武器"，是检验监狱人民警察队伍整体战斗力的重要标准，是评价监狱安全防范能力和执法管理标准化水平的重要指标。这里重点介绍戒具、枪械使用、擒拿格斗、队列指挥和训练、信息化装备使用、突发事件防范与处置、证据搜集和保全共七种技能。

## 一、戒具使用技能

监狱戒具是指监狱为了确保顺利完成刑罚执行任务，保证监所安全，对具有危险行为的罪犯采取强制性防范措施时所使用的警用器械。戒具主要包括手铐、脚镣、警绳等。

（一）使用戒具的法律依据

我国监狱法第四十五条规定："监狱遇有下列情形之一的，可以使用戒具：①罪犯有脱逃行为的；②罪犯有使用暴力行为的；③罪犯正在押解途中的；④罪犯有其他危险行为需要采取防范措施的。前款所列情形消失后，应当停止使用戒具。"对第四款规定的"其他危险行为"，在监狱执法实务中，主要指罪犯可能发生的自伤、自杀、闹监等违反监狱管理规定，严重威胁或危害监管秩序的行为。

（二）戒具的使用

1. 手铐

手铐是最为常用的戒具，在执法过程中，它能迅速有效地控制、约束罪犯的行为，起到安全防范作用。使用中要正确掌握要领，注意对手铐的日常检查与安全存放，根据需要注意调整保险开关的闭合，防止意外。手铐的使用方法主要有以下几种，如图9-1所示。

（1）前铐　令罪犯两脚左右开立。民警位于罪犯右侧，用左脚踩住其脚面。左手抓其右臂牵至右腋下挟紧。然后，左手再从罪犯右臂下抓其左手腕，右手持铐戴在罪犯左手腕上；再用左手抓罪犯右臂，将另一铐环戴上，锁好保险。

（2）单手铐　令罪犯伸出右手，将铐环戴在手腕上，另一铐环铐在座位扶手等固定物上。

（3）联手铐　令罪犯左右并排站立，双手抱头。民警位于罪犯身后，将两铐环分别戴在罪犯相邻的手腕上。

2. 脚镣

脚镣也是一种约束罪犯行动的常用戒具,通常与手铐配套使用。脚镣使用方法主要有两种,如图9-2所示。

图9-1 手铐使用方法　　　　　　　　　图9-2 脚镣使用方法

(1) 坐姿戴镣　将镣环打开(钥匙按顺时针方向转到250°),令罪犯坐下,两脚伸直并拢,两手抱头。民警位于罪犯脚前侧呈跪蹲姿势,将罪犯双脚交叉;将镣环分别戴在其踝关节上扣好。

(2) 俯卧戴镣。先将罪犯制服呈俯卧姿势。由一名民警将罪犯两臂拧至背后控制,另一名民警位于罪犯脚前呈跪蹲姿势,迫使罪犯两脚交叉,将镣环分别戴在罪犯踝关节上方。

3. 警绳

警绳是监狱人民警察在执行任务时常用的约束性手段之一。正确携带警绳是保证警绳迅速使用的前提保证,因此携带警绳必须规范。警绳规范携带方法为:将绳折半挂于食指上,拇指和小指张开,余绳牵至小指上套挂,再斜挂于拇指上成"8"字形,来回重叠缠绕至全绳三分之二处。将绳取下握住,从另一端抽拉挂在食指上的半轮,使两端长于其余半轮,余绳再从挂在食指的半轮一段缠绕。缠绕完毕后,将余绳折一半轮穿入长半轮内,从另一端缠紧。最后将警绳装入绳包内扣好,佩带于左侧腰带上。使用警绳时,将绳取出,抽出两端即可。警绳使用方法分为以下几种,如图9-3所示。

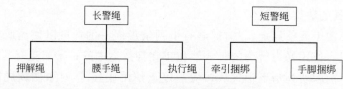

图9-3 警绳使用方法

(1) 长警绳用法　具体分为押解绳、腰手绳和执行绳三种。

① 押解绳。将绳折半,在折半处作一蛇口。民警位于罪犯侧后方,将蛇口放于罪犯颈后,两绳分开由胸前交叉,经腋下在罪犯大臂上缠绕两圈,余绳从内圈穿过成活轮抽紧。再将两绳交叉穿过活轮在背后打一单结,余绳穿过蛇口抽紧打一引轮即可。

② 腰手绳。将绳折半,在折半端作一活轮。令罪犯两脚分开站立,民警位于罪犯右后位置,将活轮套在罪犯右手腕上抽紧打一单结,余绳穿过单结孔,在绳内35厘米处作一活轮由身后绕过套在罪犯右手腕上抽紧打一单结,再将绳由身前绕过在罪犯右手上缠绕两圈打一死结即成。余绳放于罪犯裤兜内,令罪犯双手插入裤兜。

③ 执行绳。将绳折半,在折半端作一蛇口。令罪犯跪立,民警位于罪犯身后,将蛇口放于罪犯颈后,两绳分开由前向后在罪犯两臂上缠绕四至五圈,余绳从末圈内穿过,将罪犯两手拧至背后合在一起,两绳在罪犯手腕上缠绕两圈打一结,余绳穿过蛇口抽紧成一引轮套在罪犯脖子上即成。

(2) 短警绳用法　具体分为牵引捆绑和手脚捆绑两种。

① 牵引捆绑。将警绳一端作一蛇口,在距蛇口三分之一处作一活轮。迫使罪犯俯卧或

跪卧，将其两臂拧至背后，用活轮套在罪犯两手腕上抽紧打一单结；余结长端从罪犯颈前绕过穿入蛇口打一单结即成。

② 手脚捆绑。将警绳作一捕轮，迫使罪犯俯卧，将两手拧至背后，用捕轮套在两腕上抽紧。然后将其双脚向上折叠交叉。用余绳在其两脚踝骨之上缠绕一至两圈，打一死结即成。

（三）戒具使用注意事项

① 使用戒具应以约束、控制罪犯的行动能力，防止其发生危险行为为限，使用时不得利用戒具对罪犯进行体罚、虐待和折磨，如吊铐、铐床板等，注意避免对罪犯身体造成不必要的伤害。

② 现实中，罪犯自行打开或砸坏手铐、脚镣而脱逃的事故曾多次发生，因此罪犯加戴戒具后，民警依然要保持高度警惕，消除麻痹思想，坚持直接管理，经常检查戒具以防止发生意外。

## 二、警械使用技能

警械是指按监狱规定配备的具有震慑、制服和打击违法犯罪行为功能的警棍、枪械、自卫喷雾器等器械类警用品。

（一）使用警械的法律依据

《中华人民共和国人民警察使用警械和武器条例》第七条规定：人民警察遇有下列情形之一，经警告无效的，可以使用警棍、催泪弹、高压水枪、特种防暴枪等驱逐性、制服性警械：①结伙斗殴、殴打他人、寻衅滋事、侮辱妇女或者进行其他流氓活动的；②聚众扰乱车站、码头、民用航空站、运动场等公共场所秩序的；③非法举行集会、游行、示威的；④强行冲越人民警察为履行职责设置的警戒线的；⑤以暴力方法抗拒或者阻碍人民警察依法履行职责的；⑥袭击人民警察的；⑦危害公共安全、社会秩序和公民人身安全的其他行为，需要当场制止的；⑧法律、行政法规规定可以使用警械的其他情形。人民警察依照前款规定使用警械，应当以制止违法犯罪行为为限度；当违法犯罪行为得到制止时，应当立即停止使用。监狱法第四十六条规定：人民警察和人民武装警察部队的执勤人员遇有下列情形之一，非使用武器不能制止的，按照国家有关规定，可以使用武器：①罪犯聚众骚乱、暴乱的；②罪犯脱逃或者拒捕的；③罪犯持有凶器或者其他危险物，正在行凶或者破坏，危及他人生命、财产安全的；④劫夺罪犯的；⑤罪犯抢夺武器的。使用武器的人员。应当按照国家有关规定报告情况。人民警察法第四十九条规定：人民警察违反规定使用武器、警械构成犯罪的，依法追究刑事责任，尚不构成犯罪的，应当依法给予行政处分。

（二）警械的使用

1. 警棍

警棍是监狱人民警察在执行任务时较常用的警械之一，具有便于携带、使用方便、威力大、效果好等特点。目前，我国司法机关配备的警棍主要有伸缩警棍和电警棍两种，其中电警棍使用较为广泛。使用电警棍时，一般右手持握警棍柄部，并将电警棍尾部尼龙绳套于手腕上，以防被罪犯夺去或用力过猛甩出。用握棍手的拇指对准电源开关按下，电警棍即发出声响并冒火花，此时顶端高压触点和棍身前部的金属螺旋线即产生几千伏以上的脉冲电压。

电警棍高压触点和金属螺旋线接触人体皮肤发挥电击威力，足以使罪犯产生剧烈麻痛感和畏惧心理。但要注意的是，电警棍一经触及人体皮肤应立即收回，不可较长时间接触皮肤，否则将影响威力。如需连续电击时，可在人体皮肤上来回接触或用金属螺旋线在皮肤上进行摩擦。若电警棍被罪犯抓握，可连续按压开关，并转拧警棍，迫使罪犯将手松开。

图9-4 电警棍基本持棍姿势

(1) 电警棍基本持棍姿势 有以下几种，如图9-4所示。

① 常备式。两脚前后开立与肩同宽，身体稍向右转，左脚在前，右脚在后，脚尖向内45°，重心落于两脚之间。左臂自然下垂放松，位于身体左前，右手持握警棍，自然下垂置于右腿外侧。头稍向左转，目视前方。

② 格斗式。两脚前后开立略宽于肩，身体稍向右转。左脚在前，脚尖内扣；右脚在后，脚尖外展45°。两腿弯曲，重心稍向右。左手握拳前举与肩同高，肘关节弯曲略大于90°，肘尖下垂。右手持警棍，肘部弯曲，棍柄贴于腹部，棍端指向前上方，胸背自然放松，目视前方。

(2) 电警棍的基本进攻方法 有以下几种，如图9-5所示。

图9-5 电警棍的基本进攻方法

① 上步劈棍。主要攻击罪犯的头、颈、肩、臂等部位。由格斗式姿势开始，右脚向前上步成弓步。同时右手握棍，由腹前向上提至头顶，并迅速向前劈击；左手变掌自然收于右胸前，目视前方。

② 滑步平扫。主要攻击罪犯头、颈、上体等部位。由格斗式开始，左脚向前滑步，左手变掌向左平搂；右手持棍，右臂由曲到伸，同时外旋，使棍体由身体右侧向前平扫，力达警棍前段，目视罪犯。

③ 上步捅棍。主要攻击罪犯的头、喉、胸、腹、背等部位。由格斗式开始，右脚向前上步，身体左转；右手持棍，直线向前捅击，手心向左，虎口压住棍柄，目视前方。

④ 上步崩棍。主要攻击罪犯持凶器的手或裆部。由格斗式开始，右脚向前上步，同时棍臂成一线稍向下沉，然后以棍前端为力点，由下向上猛力崩击，目视前下方。

(3) 电警棍的基本防守方法 有以下几种，如图9-6所示。

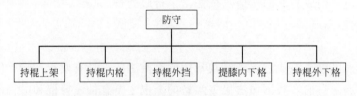

图9-6 电警棍的基本防守方法

① 持棍上架。主要防守罪犯持凶器或用拳对头部的攻击。由格斗式开始，右手持警棍向前上方快速举起，手心向前，使警棍横置于头顶前上方。同时，身体左转，左臂后摆，目

124

视前方。

② 持棍内格。主要防守罪犯持凶器或用拳、腿对上体左侧部位的攻击。由格斗式开始，右手持握警棍向左上方旋腕内格，手心向后，使警棍斜置于头左前方，棍端斜向上，同时身体左转，左拳收回左下颌部，目视警棍。

③ 持棍外挡。主要防守罪犯持凶器或用拳、腿对上体右侧部位的攻击。由格斗式开始，右手持棍向右上方外挡，小臂外旋，手心向右，使警棍斜置于头右侧，棍端指向左上方，肘关节微曲。同时，身体稍向左转，左手收于左下颌部，目视警棍。

④ 提膝内下格。主要防守罪犯用脚或凶器对左腹部和下肢部位的攻击。由格斗式开始，右手持棍向左下方做格挡，手心向左；同时，身体重心后移，左腿屈膝上提，脚尖内扣，使警棍置于身体左下方；棍端斜向下，臂微曲，含胸收腹，目视左下方。

⑤ 持棍外下格。主要防守罪犯用脚或用凶器对右腹部和下肢部位的攻击。由格斗式开始，右手持棍向右下方做格挡，手心向右后，使警棍斜置于身体右下，棍端斜向下。同时，身体稍向左转，右腿屈膝内扣，目视右下方。

2. 自卫喷雾器

自卫喷雾器是新型警械防卫用品之一，采用喷雾技术将雾剂淋射在人体面部、皮肤和服饰上，对人的眼睛、鼻腔、口腔、皮肤和呼吸道等产生强烈的刺激作用，使人迅速出现流泪、流鼻涕、咳嗽、皮肤灼痛、呼吸困难等症状，从而抑制正在实施的暴力、抵抗行为。监狱人民警察使用自卫喷雾器，应当以制服违法犯罪行为为限度，当违法犯罪行为得到制止时，应当立即停止使用，并迅速将罪犯带离现场并帮助其减轻症状，必要时送医院医治。使用时切忌逆风喷射，切勿直接向罪犯眼部喷射。

使用方法：使用时，取出自卫喷雾器，用右手紧握喷雾器罐体，喷射口对准罪犯，喷射距离一般为2～3米，用拇指向下按压喷嘴阀，喷雾剂即喷向罪犯，拇指松开喷雾器后即停止喷射。

3. 枪械

警用枪械主要包括手枪、微型冲锋枪、轻型冲锋枪、狙击步枪等，其中监狱人民警察常用武器为手枪，目前以五四式、六四式、七七式手枪为主。熟悉掌握手枪使用技能，是监狱人民警察的基本技能和应对较高危险性和紧急事件的需要。鉴于枪械具有致人伤亡的杀伤力，要特别注意对枪械的保管和规范使用，监狱要设立枪弹库，做好安全防范工作；要严格枪械的保管、保养、领用、使用、入库等流程和制度。

① 以手枪为例，使用分为据枪、瞄准、击发三个步骤。

据枪。右手虎口对正握把后端，由上向下握住握把，以中指、无名指和小指的第二节握住把的前端并正直向后用力，与手掌的肉厚部分形成合力握紧握把。掌心与握把右侧应有一定的间隙。拇指自然伸直。左手扳机锤向后呈待发状态（六四式、七七式先打开保险）。然后右臂自然伸直，手腕抵住，与肘关节、肩关节形成一体（要动则一起动）。枪面要平，将枪概略指向目标，若未指向目标，应移动脚（膝）或移动整个身体，切忌用手腕和手臂进行修正。

瞄准。右眼通视缺口和准星，使准星尖位于缺口中央并与上沿平齐，指向瞄准区。瞄准时应集中主要精力于准星与缺口的平正关系上，正确的瞄准情况，应是准星与缺口的平正关系看得清楚，目标看得比较模糊。如果射手主要精力集中于准星与目标的关系上，就会忽略与缺口的平正关系，使射弹产生偏差。

击发。击发时,用食指第一节根部均匀正直地向后扣压扳击,余指不能增加任何力量。扣引扳击的力量要均匀正直,与虎口形成一个平行的合力。当瞄准线接近瞄准区时,开始预压扳击,并减缓呼吸;当瞄准线指向瞄准区时,应停止呼吸,并继续对扳击增加压力直至击发。击发瞬间应保持正确一致的瞄准。若瞄准线偏离瞄准区或不能停止呼吸时,不要勉强击发,应停止对扳击的压力(但不能放松扳击),待修正或换气后继续击发。

② 手枪使用的注意要点还有以下几方面。

掌握稳定期,动中求稳。手枪射击中,"动"是绝对的,不动是相对的,要首先把握住这一特点,找出规律,动中求稳。晃动的规律一般是:小动—大动—小动—再大动。刚据枪时,有一个相对稳定期,此时枪的稳定性较好,是完成射击的最好时机。

不要苛求瞄准点。因为手枪不能保证绝对稳定,不能以强力控制晃动瞄在一点上,所以要"瞄区不瞄点",掌握晃动的规律,果断击发。

据枪自然,用力均匀。强力控制枪的晃动,精神紧张,猛扣扳机、眨眼、耸肩等,均会使枪产生角度摆动,影响命中。因此,据枪要自然,用力要均匀,把主要精力集中在准星与缺口的正确关系上,达到自然击发。

把握击发时机。无依托据枪,稳定性较差,射手想使瞄准线停在瞄准点上,必然拉长瞄准时间,造成枪的更大晃动。因此,瞄准线在瞄准点附近轻微晃动时即可击发。

枪面保持平正。瞄准时,如枪面偏左(右),射角减小,枪身轴线指向瞄准点左(右)边,射弹会偏左(右)下,因此枪面应尽力保持平整。

注意阳光对瞄准产生的影响。一般情况下,阳光的照射会使缺口产生虚光,若用虚光瞄准,射弹就会偏向阳光照来的方向。因此,应熟记遮光和不遮光条件下的瞄准情况,并反复加以练习。

## 三、擒拿格斗技能

擒拿格斗技能是以制服罪犯违法犯罪行为为目的,通过对监狱人民警察徒手防卫与格斗技能本身固有的规律、特点及各种情况下实战运用的研究,形成的具有监狱人民警察特色的特殊擒敌技能。实践表明,提高监狱民警的擒拿格斗意识和战术能力,熟练掌握擒拿格斗技能,对制止狱内犯罪、维护监狱安全稳定局面具有重要意义。

(一)实战攻防要领

1. 了解掌握人体要害部位

人体要害部位是指人体遭受打击或挤压时最容易造成昏迷、伤残、死亡的部位。了解这些部位,是在实践中稳、准、快、狠地制服敌人的基础。人体要害部位主要包括:头、喉、胸、肋、腹、腰、裆等部位。

2. 善于用力借力

着力点的面积越小,打击的威力就越大。因此,在格斗中要善于利用脚、肘、膝等部位,减少对手的受力面积。同时,要充分利用惯性原理,顺势借力,借对方的冲力惯性加以作用力,使对方身体失去平衡。

3. 充分利用一切可利用手段

首先要学会抢占有利地形和角度,如制高点、顺风顺光等。其次要迅速有效地利用就近物品作为武器,并且使其最大限度地发挥作用,如果不会有效地加以利用,则有可能起反作用。例如，在使用椅子、凳子等作为武器时，应尽量攻敌下半身，并且要快速出击，迅速收回，否则可能被敌抓住。

4. 应采用灵活战术

当一人对多人时，首先要抢占有利地形，应边移动边反击，不可在一个地方停下来，切忌因为怕背后遭袭而背墙作战，那样反而会限制自身，特别是体力不支时危险性很大。其次，只要形势允许，要对对方要害部位进行打击，使其彻底丧失战斗力。第三，要充分利用身体移动，运动越快，腹背受敌的危险就越小。

（二）主要擒拿技能

见图9-7。

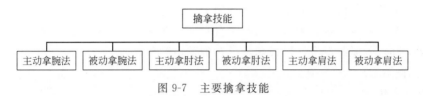

图9-7 主要擒拿技能

1. 主动拿腕法

与罪犯面对时，民警迅速用右手抓住其右手腕，右脚向前上步，左掌与右手合握，并向后上推举其右手，然后上体右转，双手猛推罪犯右手背，小手指猛扣其手腕，向下折腕将罪犯制服。

2. 被动拿腕法

罪犯正面以右手抓民警头发时，民警两手迅速上举抓按罪犯手背扣紧，同时起右脚猛弹其裆部，随即弯腰，头向前顶，两手用力下压折腕，右脚迅速后撤一步，将其拉倒。然后反拧其臂上提，左脚踩其右肩部，将罪犯制服。

3. 主动拿肘法

中距离格斗时，罪犯用右拳攻击民警头部时，民警迅速用左手上架，右手由下向上经其右臂外侧抄拉其前臂，将右肘贴挎住其右大臂，然后两手一致迅速向其右后下用力下扳，利用扳臂挫肘使罪犯身体后仰将其制服。

4. 被动拿肘法

罪犯正面右手反抓民警腰带时，民警迅速以左手抓住罪犯右手，含胸收腹，右手经其右臂下上抄，使右肘弯托住其右肘部，然后朝其左手腕里捅。

5. 主动拿肩法

与罪犯面对，迅速接近其右前侧，用左手抓其右腕，右前臂由下向上挑击其右肘窝，使其肘部折弯，同时迅速向右转体，左手上推其右腕，右手上穿扑压其右肩部，迫使罪犯前俯就擒。

6. 被动拿肩法

罪犯正面右手抓民警腰带时，民警迅速用右手抓住其手腕并用力外翻，左手上托其右肘关节朝下拧压，同时向右后转身，利用翻腕挫肘之力下压其肩部，使其弯腰前俯。随即提左膝头向下猛力跪压罪犯右肩外侧，拧腰扯臂与左膝跪肩配合，使其右肩关节脱臼受伤就范。

（三）主要格斗技能

见图9-8。

1. 拳法连击

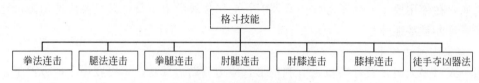

图 9-8　主要格斗技能

包括以下具体方法。

（1）右直拳、左直拳接右摆拳　民警右直拳虚晃罪犯头部，罪犯左手上架防守。民警左直拳击其肋部，罪犯用手下防，民警则出右摆拳击其头部。

（2）左摆拳、右勾拳接左直拳　民警左摆拳击打头部，罪犯下闪防守。民警上勾拳击胸腹，罪犯若下格挡，民警则后撤半步左直拳猛击其头部。

（3）左直拳、左直拳接右鞭拳　民警左直拳虚击头部，罪犯右手拍击防守。民警又一左直拳迅击其头部，若罪犯退步，民警则转身右鞭拳击其头部。

2. 腿法连击

包括以下方法。

（1）左侧踹接右侧弹腿　民警左腿侧踹罪犯肋部，罪犯若退闪阻挡，民警则左腿前落步，起右腿侧弹击其头部。

（2）左弹腿接右前蹬腿　民警左侧弹腿击罪犯裆部，罪犯若下防退闪，民警则左腿落步，右腿前蹬其胸部。

（3）左侧踹接右后蹬腿　民警垫步左侧踹罪犯胸部，罪犯若后撤步仰身躲闪，民警则左腿落地，脚尖内扣，转身发右后蹬腿攻击其裆部。

（4）左弹腿、侧弹腿接勾踢　民警左弹腿击罪犯左小腿，罪犯退闪后，民警再侧弹腿击其头部，罪犯若再用后臂阻挡，民警则左腿落地，用右勾踢击其左腿外侧。

3. 拳腿连击

包括以下方法。

（1）直拳接侧弹腿　民警左直拳虚晃罪犯面部，左侧弹腿踢其裆部；或用右直拳虚晃其面，右侧腿击其肋部。

（2）摆拳接勾踢　民警用左摆拳击罪犯头部，再以右勾踢击其左脚外侧。

（3）鞭拳、侧踹接直拳　民警左鞭拳击罪犯头面部，罪犯若退闪，民警垫步左侧踹击其肋部，罪犯若闪身接退，民警则左腿快速前落，用右直拳击其头部。

4. 肘腿连击

包括以下方法。

（1）弹腿接挑肘　民警左弹腿踢罪犯裆部，罪犯下防时，民警左腿前落，用左肘由下向上击其下颌。

（2）挑肘接勾腿　民警右脚勾踢罪犯左脚，罪犯若左提膝躲闪，民警则进步并用右臂格挡其击我腹之左拳，同时用左上挑肘击其下颌。如击中，还可接右勾踢击其左腿。

5. 肘膝连击

包括以下方法。

（1）侧顶膝接横肘　民警左侧顶膝攻击罪犯裆部，罪犯推膝防守时，使左脚前落，用右横肘击其下颌。

（2）正顶膝接横肘　民警右正顶膝攻击罪犯裆部，罪犯收腹接膝防守时，使右腿前落，上左步以左横肘击其头部。

（3）正顶膝接砸肘　民警左正顶膝攻击罪犯裆部，击罪犯后左沉肘砸击其颈部、后腰。

6．膝摔连击

包括以下方法。

（1）顶膝夹颈绊腿摔　民警左勾拳攻击罪犯腹部，罪犯若左手阻击，民警以左顶膝击其胸部，罪犯若退闪，民警用右手夹住其颈，右腿缠住其左腿，向左猛转体，左手抓住其右臂后拉，右腿上挑，将罪犯摔倒。如用右手夹其颈时，罪犯用左腿跳脱，则民警向右转体，用左顶膝击其裆部。

（2）顶膝接抱摔　民警上步右顶膝击罪犯腹部，罪犯若退闪，民警上左步用左直拳击其面，罪犯上体后仰时，民警右腿上步，双手抱住其腰，右腿从外侧勾住其双腿，猛顶胸部，将罪犯摔倒。

7．徒手夺凶器法

主要包括徒手夺匕首和徒手夺棍两种。

（1）徒手夺匕首的方法　主要有以下几种。

① 闪抓推剌。罪犯用右手反持刀刺向我民警腹部时，民警向左侧闪身，左手侧抓其右手外侧，右手迅速扣抓其手背，前腿用力屈折手腕，使罪犯刀尖朝向自己腹部。

② 翻卷踢头。罪犯右手反持刀刺向我民警腹部时，民警上左步，双小臂成十字在腹前交叉，下压其小臂，右手迅速抓住其右手腕，拇指顶住其手背上翻，双手向上卷其手腕，同时起右脚踢头部。

③ 闪身顶膝。罪犯用右手持刀由下而上刺向民警头部时，民警向左侧闪身上步，同时，左手向外拍击其肘，起右膝顶其胸腹。

④ 闪蹬拉腕。罪犯右手正握刀向民警反刺时，民警迅速上步，用左手推住其右肘，随之起右脚击其右膝关节右侧。左转上步，左手由罪犯头后穿过，抓住其右手腕后拉，右手外扳其下颚。

（2）徒手夺棍的方法　主要有以下几种。

① 进身夺棍。罪犯双手持棍由侧面向民警腹部扫击时，民警左脚迅速上前一步接近罪犯，同时左手抓棍，右掌直击其头部。罪犯若退步架防，民警则立即用右手顺抓其棍，左弹腿击其裆部，待其缩身退闪时，双手猛力后下夺下其棍。

② 闪拉鞭拳。罪犯双手持棍戳向民警腹部时，民警则向左侧上步闪开，右手抓棍端，左手用拳背横砸其耳。

③ 防中扫击头。罪犯用双手持棍由右向左横扫民警上身时，民警俯身下闪，躲过其棍。当罪犯棍扫过后，民警用上步以右直拳击其下颚。

④ 防下扫击头。罪犯双手持棍由右向左横扫民警小腿时，民警则提膝闪过。罪犯棍扫过后，民警用上步以右摆拳击其下颚。

# 四、队列指挥和训练技能

　　队列指挥和训练技能是监狱人民警察对罪犯进行队列训练、加强规范管理的基本手段，是监狱人民警察的执法基本功之一。熟练掌握队列指挥和训练技能，提高队列指挥和训练的标准和质量，是监狱人民警察提高执法素质，增强执法能力，提升执法效能的必然要求。

（一）队列指挥技能

1. 队列术语

熟练掌握队列术语是了解队列，掌握指挥技能的前提。常用队列术语包括：列、路、间隔、距离、横队、纵队、伍、基准、两翼、步幅、步速等。

2. 指挥位置

指挥位置应便于指挥和观察整个队列；停止间，指挥员一般位于队列前方中央；行进间，纵队时在左侧中央前，横队、并列纵队在左侧前或左侧，必要时在右侧前或右侧；变换指挥位置时，通常用跑步，五步以内用齐步。

3. 指挥员报告

带队操练前后，如需请示报告，应跑步至上级领导前5～7步处，成立正姿势，行举手礼；礼毕后，向上级报告；报告完毕待上级领导指示后，答"是"再敬礼；跑回队列前原位置，下达稍息口令或依照上级领导指示发出口令。

报告辞要简明、扼要。通常包括：称呼、单位、正在进行的内容或其他活动，请指示，报告人职务、姓名等。

报告辞例："报告××同志，××（单位）操练队列集合完毕，（××）活动是否开始，请指示。报告人××（职务）××（姓名）。"

口令要力求准确、清晰、响亮；要有较强的节奏感，预令、动令和间隙有明显的节奏；重音要突出，把重点字的音量加大；要根据口令的长短，准确把握发音部位；行进间口令通常是长口令右脚起右脚落，短口令左脚起右脚落。

（二）队列训练技能

1. 单个徒手队列动作

单个徒手队列动作包括立正、稍息、跨立、停止间转法、行进和立定、步法变换、行进间转法、坐下、蹲下、起立等内容。

（1）立正、稍息、跨立　立正是队列的基础，训练步骤一般为两步：手型定位练习和持久练习。稍息是队列站立时间较长采用的一种动作，训练步骤一般也是两步：个人体会出脚动作；立正稍息动作的反复练习。跨立主要用于器械体操、执勤和台上站立，可与立正互换练习。

（2）停止间转法　停止间转法是停止间变换方向的方法，分为向左转、向右转、向后转、半面向左右转。训练步骤一般分为分解动作练习和连贯动作练习。

（3）行进与立定　行进基本步法分为齐步、正步、跑步和辅助步法踏步。

齐步是队列行进的常用步法，一般用于队列整齐行进。训练步骤一般分为三步：摆臂、立定、连贯动作。

正步是一种礼节性步法，主要用于分列式和其他礼节性场合。正步的训练包括摆臂、踢腿、臂腿结合等，其中踢腿、摆臂较为复杂，是训练的重点。

跑步和立定的训练可以按照摆臂练习、第一步跃出练习、立定练习和连贯动作练习四步进行。

踏步主要用于调整步法和整齐队伍，可参照齐步或跑步的训练方法训练。

（4）步法转换　步法转换是由一种步法换成另一种步法，以适应不同队列任务的行进。内容包括齐步、正步互换，齐步、跑步互换，齐步、跑步与踏步的互换等。一般通过分解、连贯动作进行训练。

(5) 坐下、蹲下、起立　坐下、蹲下、起立的训练分为两个步骤，即坐下、起立和蹲下、起立的分解、连贯训练。

2. 班徒手队列动作

班徒手队列动作包括集合、解散、整齐、报数、行进与停止、队列变换、方向变换等内容。班徒手队列训练时，指挥员的位置分以下几种。

(1) 行进的指挥位置　横队行进时，指挥位置在班横队的左前侧，必要时可在右前侧，并随队形适当变换指挥方向。

(2) 横、纵队互换的指挥位置　停止间变纵队时，指挥员跑步到班的横队右侧，距离排头5~7步，面向队列下达向右转的口令；纵队变横队时，指挥员跑步到纵队左侧中央5~7步处，面向队列下达向左转的口令。行进间横、纵队互换时，指挥员跑步到队列一侧便于指挥的位置，在行进间下达向左（右）转—走的口令，进行队列变换，并随队形变换指挥方向。

# 五、信息化装备使用技能

信息化是当今世界科学技术发展的产物，是推动经济社会发展和人类文明进步的强大动力。在新的历史条件下，大力推进监狱信息化建设，加快现代信息技术在监狱工作中的应用，稳步提升监狱安全防范一体化水平，全面提高监狱人民警察信息化实战和运用能力，不仅是一项实现科技强警、科技兴监的战略性伟大工程，更是促进监狱依法、规范、公正、文明执法的重要保障。下面将分别对智能跟踪定位系统、报警系统、视频监控系统、门禁系统、监听对讲系统、应急辅助决策系统共6个监狱信息化重点安防系统的功能及应用进行介绍（见图9-9）。

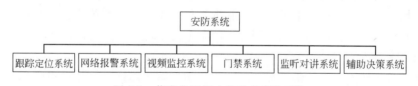

图9-9　信息化运用中的重点安防系统

（一）跟踪定位系统

跟踪定位系统是实现对监狱范围内带有GPS或WIFI区域定位装置的移动物体、车辆、人员进行定位跟踪及相关联动控制管理的系统，能够全面、实时、不间断地掌握辖区内罪犯的准确位置、行为轨迹和体征习惯，可以准确、有效地对罪犯进行识别、分类管理、跟踪定位，消除人为错误和不必要的混乱，有的放矢地对罪犯实施矫正。跟踪定位系统具体应用主要包括以下几个方面。

1. 现场罪犯安全管理

通过给特定人员佩戴信息标签，实现在系统中对人员能进入的区域进行授权，非授权罪犯进入区域就会引发系统报警。例如，可以给参观者或访客佩戴信息标签，对他们进行区域授权，一旦进入未授权区域，系统就会报警。系统也可以对进出的罪犯进行自动统计数量，如果在某一区域的人员数量超过授权人员数量，或者某一区域的人员少于某一数量，系统即可自动报警。

2. 出入口管理

利用低频激发器的主从关系,一个低频信号激发器和一个射频接收器将被利用。当一个授权人员接近门口 2~3 米距离时,门将自动打开。利用低频激发器的主从关系,可以将多个激发器连接起来,各个激发器的磁场范围可以调整以保证能够正确判断进出行为。

3. 罪犯定位管理

在单人常速(正常行走速度小于 5 米/秒)、多人常速(正常行走速度小于 5 米/秒)和单人快速(快速行走速度大于 5 米/秒)定位时显示单人 ID、位置、状态并区分楼层,定位精度误差不大于 5 米,常速定位准确率达到 100%,快速定位 95% 以上。

4. 防尾随功能

通过技术设置使到达入口或出口的罪犯数量处在一个授权数量范围之内,防止多余人员尾随进入。

5. 专门人员或物品的实时位置监控和管理

当信息标签附在专门人员或物品上时,信息标签的位置信息实际上等同于专门人员或物品的位置信息。当专门人员或物品移动时,系统可实时了解其移动状况。如果未授权人员连同该物品接近出口时,系统会自动报警。

6. 满足系统网络化发布及兼容性要求

报警信息实时发布到网络上,数字安防系统可接收到警情,并与省级监狱管理机关或监狱应急指挥中心联动。所有巡逻、监房等统计信息可发布到网络上,在省级监狱管理机关或监狱打开数字安防系统可查看上述相关信息。实现多系统双向通信模式,动态监控场所作业,全面管理业务内容,形成点面联动的综合防控系统。

(二) 网络报警系统

网络报警系统采用智能信号转换电路,将分布在不同特定监狱(监区、分监区)编码组成的智能报警按钮的报警信息通过网络及时传至监控中心和省级监狱管理机关指定的有权限的客户端。相关人员可以通过电子地图、数据库显示发生警情的单位、地址和方位,及时做出准确的判断和决定。目前,以周界报警和数字电网系统应用最为广泛。

1. 围墙周界报警系统

在监狱安防具体应用中,围墙周界防范主要通过电子围墙,红外报警以及语音报警系统等技术防范手段,实行统一集成、统一管理和报警联动,密切监视监狱周界动态,从而有效防止罪犯越狱脱逃等突发事件的发生。围墙周界报警系统具体应用主要包括以下几个方面。

(1) 电子围墙  在围墙内部植入感应电缆,一旦入侵者攀爬或破坏围墙,感应电缆受到震动或短路后,将感知到的各种形式的物理量的变化转换为符合报警控制器处理要求的电信号的变化,从而触发报警系统。

(2) 红外报警系统  根据红外线的基本理论和特点研制而成的报警系统。红外报警系统根据工作原理的不同,可分为主动红外报警系统和被动红外报警系统两种。因被动红外报警系统适用于室内,因此,目前监狱常用的是主动红外报警系统。主动红外报警系统是指当发射机与接收机之间的红外辐射光束被完全遮断或按给定的百分比被部分遮断时能产生报警状态的探测装置,能够迅速、动态地防范罪犯翻墙脱逃等事件的发生。

(3) 语音报警系统  由有线广播系统和有线对讲系统两部分组成,是在监狱围墙周界红外报警系统的基础上,增加自动语音提示报警功能,通过利用多媒体技术和语音合成技术加以实现。实际应用中,一般将安装视频监控设备的围墙划分为若干个防区,并安装高音喇叭,既可以用于监控自动报警,也可作为监狱民警喊话使用。一旦罪犯闯入警戒区域,首先引发红外报警，监狱监控室显示屏立即跳出该区域监控画面，同时，监控室通过语音报警系统进行喊话，提示其已闯入某警戒区域，命令其迅速离开。围墙警戒哨或监狱巡查人员迅即赶至报警区域进行现场处置。

2. 数字电网报警系统

数字电网报警系统又称高压电网，是监狱确保监管安全稳定的重要周界安全防范设施。数字电网报警系统通过向监管场所周界围墙高压电网供电，对企图越墙脱逃的罪犯及时发挥威慑、阻挡、打击及报警等功能，是监狱防止罪犯越狱潜逃的最后一道安全防范屏障。数字电网报警系统主要由系统主机、电网和报警控制器、高压发生器、围墙电网和数据采集部分组成。电网正常工作时，220V交流电源通过智能控制开关接入电压升压变压器，使电压升至3~10kV送入围墙电网，系统便进入防范、打击守候状态，此时升压变压器初级电流很小，次级输出稳定的高压。当响应区段有触网警情发生时，高压电网的电压与电流等电量将发生变化，通过高压数据采集系统将探测信号送到电网控制器和系统主机。系统主机对探测信号经过比较与处理后，一方面向报警分机送出报警信号，发出声、光报警指示；另一方面通过智能控制开关使整个电网处于持续打击工作状态，同时通过信号输出向外围设备提供控制信号，记录和打印报警区段、时间、电网上的电压和电流等数据，并与视频监控系统进行联动，进行必要的录音、录像等。声、光报警指示将持续不断，必须人工解除。同样，当相应区段发生断网等警情时，也会发出报警信号并进行相应的处理。

(三) 视频监控系统

视频监控系统是监狱安防体系中的重要组成部分，它由视频矩阵、视频服务器、摄像机及硬盘录像机等构成，监控民警可直接观看被监控场所的一切情况；可以把被监控场所的图像、声音同时传送到监控中心，使被监控场所的情况一目了然，且具备图像、声音记录存储功能。监控系统还能与报警系统、监控中心等其他安全技术防范体系联动运行，使防范能力加大，进一步确保监管场所安全。视频监控系统具体应用主要包括以下几个方面。

1. 重点部位监控

这包括以下几方面。一是对监狱围墙周界的监控。围墙周界是监狱监控的重点，通过视频监控系统，可以有效保证周界的安全，防止罪犯脱逃行为的发生，并且可以防止入侵者的进入。二是对监狱大门、会见室的监控。监狱大门可以设定刷卡联动抓拍照片和刷卡联动录像等功能，为每一条门禁的进出记录留下实时的视频资料；监狱会见室在安装视频监控系统的同时，还应安装红外报警装置和视频系统联动，并与监狱监控中心联网；三是对结合部位的监控。监狱内部结合部位，如食堂、礼堂、操场等重点结合部位情况复杂，是监管事故易发部位。通过监控系统，可以有效地对这些重点部位进行实时监控及录像，在出现非正常情况时，及时向监狱管理部门发出报警信号，以便及时有效地作出处理。

2. 重点人员监控

对于一些具有高度危险性的罪犯，或者因存在重大嫌疑需进行调查的罪犯，监狱民警可以对其活动进行实时和完全监控，以防意外事件的发生，保障其本人以及监狱中其他人员的安全。在关押高度危险罪犯的禁闭室，民警可通过禁闭室内安装的摄像头，对其进行实时音、视录像，罪犯在禁闭室内的所有活动都可记录在内，还可以通过远程控制中心对禁闭室进行监控，实现实时录像。

3. 重点环节监控

为保证监狱内部的安全和稳定，负责罪犯管理的监狱民警和负责监狱外围安全警戒的武警官兵担负着重大的任务,他们的安全,是保证监狱整体安全稳定的重中之重。通过监控报警系统,在监狱民警和武警官兵工作区设立控制室,可以在民警和武警人员较少的情况下,有效地对监狱内的情况进行全面掌握,以便及时作出反应,为监狱的整体安全与稳定打好基础。

4. 重点时段监控

监狱管理中某些时段是监管安全事故发生的"多发时段",我们把这些时段称为重点时段,如夜间、警力紧张的时段、罪犯聚集的时段,元旦、春节、五一、国庆、中秋等重大节日。这些重点时段警力相对较少、罪犯的思家恋亲情绪浓厚,更需要严密防控,确保监管安全。因此,通过监控可以有效填补防控的薄弱点,发现问题及时处置,在重点时段能始终保持监管秩序的持续稳定。

(四)门禁系统

门禁系统又称出入管理控制系统,是一种管理人员进出的智能化管理系统,它集微机自动识别技术和现代安全管理措施为一体,涉及电子、机械、光学、计算机技术、通信技术、生物技术等诸多新技术。门禁系统近几年发展很快,被广泛用于监狱的管理控制系统中。系统组成包括门禁控制器、读卡器、电控锁、卡片、出门开关、门磁和电源等组件。

监狱作为一个高安全要求的特殊区域,门的控制和管理至关重要。与普通智能化建筑中的门禁系统不同的是,进出监狱的人员主要是监狱民警、车辆、罪犯及其家属和外协人员、其他工作人员等,人员种类相对稳定,安全性要求相对较高。按照防范区域的不同,监狱门禁系统主要包括以下几种。

1. 监狱大门门禁系统

该系统使用刷卡加密码的双重识别,提高安全性,同时兼顾监狱民警的考勤。监狱给所有监狱民警和工作人员发放门禁卡,一人一卡,不得转借。门禁系统限定能在该区域进、出的人员必须按照"进门—出门—进门—出门"的循环方式进出,否则该持卡人会被锁定在该区域内或外。门卫民警可以实时查看进出人员的信息和照片,通过辨认,确保安全。

2. 车辆和外来人员出入门禁系统

该系统用于对所有进出监狱的车辆和外来人员进行授权,如外来车辆驾驶员需在车辆和人员进出系统中登记备案,每次进出需要在职能科室领取授权卡,由监狱民警负责带领进出,系统将保留出入的信息,方便日后查询。

3. 监舍门禁系统

该系统使用刷卡单一识别,监狱在每个监区的进入口安装门禁控制系统,通过信号线和内网相连到监狱门禁系统服务器上,监狱民警持卡刷卡之后,比对服务器上的警务信息,比对成功后方可通过。

4. 单机控制门禁系统

用于监狱的医院、教学楼、禁闭室等位置出入的门禁系统。该门禁系统的控制器为单机运行,一台控制器控制一扇门,使用刷卡单一识别,卡片信息经过授权存储在控制器里,通过刷卡开门。

(五)监听对讲系统

监听对讲系统是将无线监听技术与对讲报警技术融合,及时掌握罪犯在各种场合的声响动态,从而有效地、秘密地获取被监控者活动证据,以便及时、有效地采取措施,确保监管安全。按照监听对讲系统使用的具体位置不同,可分为总线对讲监听监控系统、会见监听系统和亲情电话系统。系统采用单片机（微处理）构成的编译码器组成音频矩阵网络，形成四个层次三级管理的模式，如监舍—值班室—监区分控中心—总控中心，实现统一指挥，分片分点的管理。通过对讲、监听、广播、监控、报警功能，提高工作效率，节省警力。

监狱的监听对讲系统主要在罪犯会见、拨打亲情电话时使用，也用来对重点人员、监舍的监听，或通过隐蔽监听以搜集狱情或侦破案件。具体应用主要包括以下几个方面。

1. 会见监听

罪犯会见家属时使用的监听系统，按照罪犯的处遇级别分为普见监听系统和宽见监听系统，主要功能有：中心控制台允许在某一线路或多路同时会见对讲的情况下，各路分别实行一对一或一对二的对讲，要求对讲声音清晰，各路间无串音干扰。普见时罪犯及其家属使用电话通话，宽见时系统通过埋设在桌面下的话筒进行监听和录音。

2. 亲情电话管理

亲情电话管理系统是对罪犯亲情电话管理和拨打监听、录音的系统，该系统不但包含了一般电话录音所需的全部功能，而且还融合了狱政管理的功能。整个系统采用集中方式，在中心机房部署了一套亲情电话录音服务器，各个监区监控系统利用监狱内部的局域网连接成一个整体，形成一个能监控监狱亲情电话的全网，这样民警既可以在每个监区监听，也可以在监狱内网的任何地方对亲情电话进行全程监听。省级监狱管理机关也可以通过内网广域网调用任何一名罪犯的电话监听记录。在罪犯拨打亲情电话号码时，对电话号码进行验证，只有系统认可的电话才可以外拨，同时在监控端显示出罪犯信息、监听民警信息以及通话亲人信息。

3. 监舍监听

监狱民警想要监听或者观察罪犯行动时，可直接在系统主机上选中对应号的监仓分机进行监听，以搜集证据和掌握狱情。

4. 录音复听

在某一路或多路进行会见对讲的同时，可以实行一路或多路的同步录音。录音经数字化后，自动存入电脑硬盘，并将录音记录中的资料及时传入局域网或广域网，供授权人员进行远程备份、检索、播放、复听，及时对通话内容进行甄别排查。

（六）应急处置辅助决策系统

在监狱应急处置信息化应用中，应急处置辅助决策系统是指在应对各类突发事件时，在预警与防范的基础上，以处置突发事件为中心，以信息处理技术为基础，构建决策主体研究相关信息库、分析模型库等，为科学、有效、快速处理突发事件提供全方位、多层次的决策支持系统，可称得上是监狱应急防范处置体系有效运行的"智囊团"。应急处置辅助决策系统能够将多种信息技术融为一体，形成多系统集成决策平台，利用这些信息技术，可以有效建立司法部监狱管理局与省级监狱管理机关以及各监狱之间的信息交互通道，共享各类信息资源，为正确决策及时提供各项分析信息，科学高效处置监狱各类突发事件。建立应急处置辅助决策系统，有利于建立狱内突发事件的远程快速高效的处警机制；为领导提供预案决策支持；规范处警、处突程序，为监狱安全提供保障。应急处置辅助决策系统的主要内容包括以下几个方面。

1. 地理信息

地理信息是应急处置综合管理平台的一项基础内容，它是一种成熟的空间数据处理技术和方法，尤其是在处置灾害事故和各类突发事件方面有着较为广泛的应用。一旦发生罪犯脱逃等突发事件，应急元系统将自动结合地理信息系统进行设卡，并形成交通封锁，并同步反馈卡点周边环境情况，同时，依据群众举报等途径获得的线索，及时调整警力部署，并实时动态地将警力分布情况反映在地图上。在配置有公安交通摄像头的卡点，通过与公安的信息系统对接，调取现场监控画面，反映在各级应急指挥中的指挥终端。在省级监狱管理局和监狱的应急指挥中心，可对卡点的位置和包围圈范围设置进行调整，从而高效调度配置车辆和人员。

2. 预案管理

图 9-10 应急辅助决策系统运行流程图

监狱系统的各类应急预案是针对狱内突发事件制订的、及时有效的处置计划方案，是政府应急管理大系统中的司法行政系统突发事件预案的重要组成部分。针对狱内易发的罪犯脱逃、劫持人质、狱内行凶、罪犯暴狱、聚众冲击监狱、公共卫生、重大安全生产、自然灾害八种突发性事件及其他突发事件，监狱管理机关指定总体应急预案、专项应急预案和部门应急预案。各监狱在监狱管理机关的统一指导下，按照分类管理、分级负责的原则，按照《国家突发公共事件总体应急预案》、《国务院有关部门和单位指定和修订突发事件应急预案框架指南》和司法部《司法行政系统突发事件应急预案》的要求，依据单位实际制订具体预案。

3. 处置流程

突发事件发生后，监狱在及时判明突发事件的类型和性质的基础上，依据突发事件类型，启动相应突发事件应急预案，按照应急预案规定的处置原则和部署措施，快速有效地展开处置。事件处置结束后，监狱要及时组织人员清理、保护现场；认真开展事件调查，查找原因，分清责任，做好善后处理，并对事件处置过程进行全面总结，积累经验，发现问题，完善预案（见图9-10）。

4. 通联信息

省级监狱管理机关在编制应急预案时，应将省政府应急管理办公室、部监狱管理局应急指挥中心、省司法厅、各监狱的通联方式分类分组进行编排。依托应急处置综合平台中的信息发送功能、警务短信群发平台和多路传真系统，快速进行文档、语音和图像资料的传输。

5. 法规查询

在监狱突发事件应急处置过程中，必然涉及相关法律（《宪法》、《刑法》、《刑事诉讼法》、《突发事件应对法》、《安全生产法》、《监狱法》、《传染病防治法》等）、行政法规、规章制度和规范性文件等，法律法规的查询功能为监狱突发事件处置提供了现场决策依据。

6. 信息汇总

在应急处置工作结束后，利用应急处置辅助决策系统的记忆功能，就突发事件处置过程中的起因、接处警、响应过程、预案运行、警力调配、后果、责任追究、经验教训等进行资料数据汇总，形成调查报告报指挥部，进而达到有效预防和科学处置的目的。

7. 专家库

建立狱内突发事件应急专家信息收集、分类、建档制度，形成各类应急专家资源信息网络，同时，利用与地方政府、司法部监狱管理局、武警部队、公安以及其他地方职能部门建立的快速网络链接，针对不同类型的狱内突发事件设立专家组，建立相应数据库，基本形成覆盖刑侦、防暴、消防、法医、疾控、医疗等专业的专家队伍体系。

# 六、突发事件防范与处置技能

狱内突发事件是指由自然因素或人为因素引发的灾害事故或罪犯在监狱内故意制造和实施的严重破坏监管秩序，危及人身、财产安全的突发性事件。当前，随着押犯构成的日趋复杂，狱情形势严峻，监狱内发生自杀、脱逃、行凶、袭警等突发事件的风险依然较高，提高监狱人民警察科学防范和有效处置突发事件的实战技能，对于切实履行监狱工作职能、提升监狱安防系数、维护社会和谐稳定具有极其重要的意义。本节主要参考全国监狱劳教人民警察"执法大培训、岗位大练兵"活动领导小组办公室编印的《监狱劳教人民警察防范与处置监所突发事件实践训练参考读本》，重点介绍由罪犯故意制造和实施的六类突发性事件的防范和处置的程序及要点。

（一）狱内突发事件处置的一般原则

通过实践和总结，狱内突发事件处置的基本原则可概括为以下四个方面。

1. 快速反应原则

快速反应原则是应对狱内突发事件的第一准则。监狱一旦出现自杀、行凶等危及生命、重大财产安全的突发事件，应当立即按照处突程序启动应急预案，快速作出反应，尽快控制局面，力求减少损失，并且要立即报告上级机关并通报相关支援部门，如医院、消防、公安等部门，以便尽快取得外部协助和支持，有效推动下一步处置工作的开展。

2. 随机应变原则

狱内突发事件的应急预案虽然是既定而成的，但是，现实情况瞬息万千，变化多端，很多因素是在预案既定范围之外出现的。因此，这就要求监狱人民警察在面对具体、多变的突发情况时，保持冷静头脑，善于随机应变，以突发事件应急处置的基本精神为导向，按照现场情况具体问题具体分析，根据犯罪分子心理活动和抵抗程度的变化，及时调整处置方案，果断采取相应对策，获得最佳处置效果，及时、有效地维护监狱安全稳定。

3. 法益保护原则

法益保护原则即行政法比例原则在监狱执法活动中的具体化，是指监狱人民警察在处置狱内突发事件等执法活动中，应着眼于法益的平等性，权衡比例，一方面要采取一切必要的措施和手段打击不法行为，遏止突发事件，另一方面应兼顾执法相对人即罪犯的合法权益，将执法行为的不利影响尽可能限制在最低限度和范围之内，特别是把对生命健康权的损害控制到合理、适当的限度。

4. 联动高效原则

狱内突发事件往往情况复杂、涉及面广，所以，在处置突发事件时，当班民警要根据现场情况所需，及时报警求援，同时利用现场一切可用资源或可行手段进行现场干预，稳定事态，等待援兵。例如，在罪犯劫持人质、跳楼等事件中，可以由罪犯比较信任的民警、其他罪犯、罪犯亲属等协助喊话、规劝。监狱应急指挥中心接警后，要迅速启动应急预案，迅速调动各职能部门、人员，充分发挥各方面协同作战的能力，内外结合，联动配合，力求应急处突机制效用达到最大化，及时、高效地完成好处突任务。同时，监狱应加强日常处突演练，整合优化资源配置，确保监狱应急处突机制和民警应急处置能力得到常态化、科学化提升。

（二）常见狱内突发事件的防范与处置

1. 脱逃

罪犯脱逃是指罪犯以暴力或隐蔽的方式，逃离监狱或监狱人民警察直接控制范围的行为。

（1）罪犯脱逃防范要点　主要包括以下几个方面。

① 加强警戒设施管理。监所围墙内侧5米、外侧10米设置警戒隔离带，并在围墙内、外侧安装隔离网，在大门安装指纹门禁、人像识别和智能门禁系统，对照明、监控、安检、报警等监所内设施进行合理布局。同时，加强对警戒设施的日常检查和维护，确保警戒设施的有效运转。

② 加强劳动现场管理。严格落实联号夹控、工间巡查点名制度，坚决消除死角死面，畅通现场监控视线；合理布置罪犯监督岗，对其要加强监督考核，发现问题，立即撤换。

③ 加强联号管理。科学编排联号，强化小组管理，落实好出收工、出收操队伍的安全防范措施，队伍前后左右要布置监督岗监控，两名带班民警所处位置应在队伍一前一后，将所有罪犯控制在视线范围内。

④ 加强门卫管理。监狱大门要安装联动装置，提高防范功能，进出监区要实行验证、押证、换证制度；对外来人员和车辆要认真检查，并有民警全程陪同。

⑤ 加强罪犯就诊管理。严格控制罪犯外出就诊，对确需外出就诊的，安排专车，配足警力，加戴戒具，加强监控。原则上每名病犯必须配备两名以上民警押解。

⑥ 加强狱情研判。监狱民警要加强与罪犯的积极沟通，结合日常谈话教育，及时掌握罪犯的思想状况，加强思想疏导，针对不同人员采取不同方法因人施教，及时化解不安定因素。同时，严格落实罪犯出入监搜身制度，对罪犯物品要进行严格检查，严防危险品和违禁品流入监内。

（2）处置流程　见图9-11。

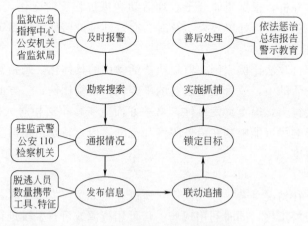

图9-11　罪犯脱逃处置流程图

① 及时报警。发现罪犯脱逃，现场民警要立即向监狱应急指挥中心报警。监狱应急指挥中心立即启动预案，报告监狱领导，通知各单位立即清点罪犯人数，判明脱逃人数并加强警戒，同时，迅速向省局报告。

② 勘察搜索。监狱立即对案发现场进行勘查，分析罪犯可能逃匿的方向与地点，并派出搜索小分队前往搜查，迅速形成第一包围圈。

③ 通报情况。监狱应立即向驻监武警部队和所在地公安机关 110 指挥中心、检察机关、社区（基层组织）通报脱逃罪犯的基本情况、可能的去向、可能携带的凶器、伪装用品等情况和又犯罪预判情况等。

④ 发布信息。省级监狱管理机关要立即向全省监狱通报情况，发布协同配合围捕脱逃罪犯的指令。通过手机群发、电视插播、悬赏广告、报纸刊登等形式扩大知悉人群范围。

⑤ 联动追捕。监狱要会同所在地公安机关、驻监武警部队，迅速到达各自设卡点，实施堵截守候，对过往车辆和人员进行严格检查。

⑥ 锁定目标。与公安机关共同分析案情，确定围追堵截的重点和范围。必要时协调公安机关技侦、刑侦部门，依法利用科技手段锁定目标具体位置。

⑦ 实施抓捕。组织警力设置包围圈，实施拉网式搜索。发现脱逃罪犯后立即捕获。对负隅顽抗者展开政策攻心，在攻心无效的情况下视情况组织突袭或强攻。

⑧ 善后处理。要保护好现场，制作现场勘查笔录并通知检察机关到场。罪犯被抓获后，立即组织审讯，整理相关材料，制作总结报告。监狱要以此为典型案例对全体罪犯开展警示教育。

2. 罪犯行凶

罪犯行凶是指罪犯由于个人需求未能得到满足或与其他罪犯发生利害冲突等原因，暴力侵害其他罪犯的行为。

（1）罪犯行凶防范要点　主要包括以下几个方面。

① 及时调处矛盾。民警要耐心细致、及时有效地调处罪犯之间在学习、劳动、生活中产生的矛盾和纠纷；对反映的问题要充分重视、积极解决，教育引导罪犯提高自我防范意识，对他犯的无理纠缠、恐吓威胁、谩骂殴打或预谋行凶等行为要及时报告。

② 加强现场管理。加强三大现场管理，确保民警直接管控到位，严格工间点名和交接班制度，确保罪犯 24 小时不脱管。

③ 严格劳动工具管理。对可能成为罪犯行凶或被利用作为行凶工具的物品，要严格管理，严密防范；对罪犯工具箱要经常检查，杜绝罪犯制作、藏匿、携带凶器。

④ 严格特岗犯选用。认真做好特岗犯的"选、用、管、教"工作，做到先审批后使用；加强培训教育和日常考核，对不符合条件的及时予以撤换。

（2）处置流程　见图 9-12。

① 控制事态。及时将现场无关人员疏散到安全地带，保护好现场，同时立即报警求援，随即与增援警力一起对行凶罪犯进行包围、控制。

② 规劝警告。对行凶者进行有针对性的规劝，疏导攻心，瓦解意志，迫使其放弃继续行凶的意图。若规劝无效，则对行凶人发出警告，以武力震慑迫其束手就擒。

③ 伺机制伏。如受害人已死亡，可依法使用警械、武器立即制服凶手；若受害人生命正遭威胁，则应采取迂回进攻等手段予以制服，解救受害人。

④ 救治伤员。对受伤人员实施现场急救后，立即送往医院救治，最大限度地保证受伤人员的生命安全。

⑤ 善后处理。事态平息后，对行凶现场进行勘查，提取证据；对全体罪犯进行教育引导，严肃监规纪律，消除不良影响，稳定监管秩序。

3. 自杀

罪犯自杀是指罪犯丧失继续生活的信心，采取各种手段结束自己生命的行为。罪犯自杀，不仅影响监管安全稳定，而且也容易成为社会关注的焦点，尤其是有些罪犯亲属以此为由严重干扰监狱正常执法工作，给监狱执法形象带来恶劣影响。

（1）罪犯自杀防范要点　主要包括以下几个方面。

① 及时掌握狱情。民警在日常管理中要采取直接观察或听取其他罪犯汇报等方法，及时掌握罪犯反常现象，如出现绝望、内疚、忧伤、沮丧等情绪，及准备工具、无故哭泣、食欲不振、书写遗书等行为，对可疑人员逐一排查，力求狱情掌握准确无误。

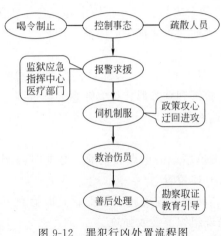

图9-12　罪犯行凶处置流程图

② 做好谈话教育和心理干预工作。对有明显自杀倾向的罪犯，民警要认真做好个别教育工作，查明原因，及时开展心理咨询和心理疏导，结合亲属规劝、社会志愿者帮教等方式，缓解其心理压力；进一步活跃监区改造氛围，丰富罪犯文娱生活，调节不良情绪，缓解心理和精神压力。

③ 严格落实罪犯联号夹控措施。严格落实"两夹一"、"三联号"等制度，加强零星作业人员管理，严禁有自杀倾向的罪犯单独从事岗位劳动或单独行动。

④ 加强清监搜身工作。经常开展定期不定期的清监活动，做好对重点部位和罪犯可利用物品的管理，定期清理洗漱间、厕所、储藏室、更衣室、楼梯间等区域，严禁违禁、危险品流入监内。加强绳索、刀刃具及汽油等危险物品的管理，严格领用制度；加强对制高点、可供攀爬部位等重点区域的管控。

⑤ 加强夜间管理。严格落实双值班制度，采用巡逻和监控相结合的方式，加强夜间时段对重点部位和人员的检查。

（2）处置流程　见图9-13。

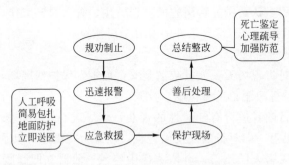

图9-13　罪犯自杀处置流程图

① 规劝制止。发现罪犯企图自杀，民警应在第一时间作出反应，耐心劝说，规劝其放弃自杀念头。同时，将其他罪犯带离现场，防止少数罪犯借机哄闹滋事。

② 迅速报警。在劝说制止的同时，民警应立即向监狱应急指挥中心报警，监狱应急指挥中心应立即报告监狱领导，通知相关部门赶赴现场增援。

③ 及时抢救。如罪犯已实施自杀行为，应该根据其不同自杀方式采取相应措施予以抢救。对自缢的，应迅速将其从高处放下，小心解开绳套，采用人工呼吸等救护措施；对用锐

器割腕、颈的,应劝说其放下锐器,若劝说未果,应寻机夺下,对受伤的还要进行简易包扎;对企图跳楼的,要劝其放弃自杀念头,并做好地面防护和救治准备;对吞食异物自杀的,要立即送往医院救治。

④ 保护现场。如罪犯自杀既遂,已显示死亡特征的,要立即通知医疗部门进行鉴定,对自杀现场采取保护措施,设置隔离带,通知并等候检察机关或相关职能部门进行现场勘查。

⑤ 善后处理。对自杀未遂的罪犯,在积极救治的同时,要查明原因,进行有针对性的心理疏导,并予以相应处理;对自杀死亡的罪犯,要按照规定由检察机关对死亡原因作出鉴定,并通知罪犯亲属,争取得到配合,妥善处理善后事宜,必要时要争取地方党政部门的支持,避免因此而引发其他事端。

⑥ 总结整改。要对整个事件进行深入调查分析,详细记录发现过程、处置方法、解决情况、有关部门的结论等情况,认真排查、整改监管制度执行方面存在的问题,落实防范措施,防止类似事件再次发生。对其他罪犯尤其是与自杀罪犯较为亲近的人员进行必要的心理干预,防止其因负面心理而导致反应过度。

4. 袭警

罪犯袭警是指罪犯由于不满监狱民警的严格管理或者个人需求未得到满足等原因,以暴力手段攻击民警以宣泄不满和怨恨的行为。

(1) 罪犯袭警防范要点　主要包括以下几个方面。

① 化解矛盾危机。在日常管理教育过程中及时化解和疏导犯罪人员的对立抵触心理和抗改情绪,建立民警与罪犯之间的矛盾排查化解机制。

② 公正文明执法。民警既要坚持严格公正执法,又要做到宽严有度,切实保护罪犯合法权益,及时妥善处理罪犯诉求。

③ 加强民警自我防范。坚持以实战为导向,在民警中广泛开展岗位练兵等活动,切实增强民警自我保护技能;按规定配带齐值班民警防暴防护装备,在民警值班室、公共区域的安装防护、报警装置,提升安全防范系数;提升民警自我安全防范意识,特别是在与罪犯近距离接触中,要保持高度警惕,注意发现罪犯异常情况。

(2) 处置流程　见图9-14。

① 立即制止。发生罪犯袭警时,当班民警应当保持镇静,果敢应对,立即大声喝止罪犯放下凶器,停止攻击行为;同时,通过报警设备装置或以呼喊等方式报警。

② 迅速报告。其他民警接报或发现警情后,应当在第一时间向监狱应急指挥中心报告,简要说明事情性质、事发地点,并请求增援。同时,立即赶赴现场疏散其他罪犯,防止事态扩大和增加伤亡。

③ 伺机制伏。当班民警和增援民警应当根据现场环境、位置和力量对比等因素,寻找机会制服袭警人员。如不能立即制止而形成僵持局面,应与其周旋,待应急处突队或防暴队达到后强行制服。

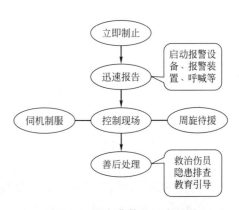

图9-14　罪犯袭警处置流程图

④ 善后处理。及时救治事件中的受伤人员，最大限度地降低伤亡损失。加强隐患排查整改，做好其他罪犯的教育引导工作，消除由此产生的情绪波动，进一步稳定监管秩序。

5. 群体斗殴

罪犯群体斗殴主要是指罪犯之间多人相互进行打斗，破坏监所管理秩序的行为。监狱内群体斗殴参与人数多，破坏性强，影响恶劣。

（1）罪犯群体斗殴防范要点　主要包括以下几个方面。

① 分类分区管理。将涉黑涉恶团伙、同案、有血亲姻亲关系以及民族、宗教、地域关系复杂的罪犯分开关押；细化学习、生活、生产三大现场管理，强化民警区域管控，杜绝人员无序流动，严防拉帮结伙。

② 及时调处矛盾。及时调查并公正处理罪犯之间的矛盾，对积怨一时难以化解，可能引发斗殴等恶性事故的罪犯要及时予以分开关押。

③ 重点人员监控。有效利用耳目、信息员以及监控技防手段，对煽动性强、有拉帮结伙倾向的可疑人员实施有效管控。

④ 加强工具管理。严格落实劳动工具定置管理和链式化管理、计算机辅助管理等措施，全面实行生活用具全塑化，切实加强出入安检搜身工作，严防违禁品（作案凶器）流入监内。

⑤ 整顿监内秩序。经常性地开展专题教育整顿活动，严厉打击破坏监管秩序的行为，积极营造文明健康、和谐有序的教育改造氛围。

（2）处置流程　见图9-15。

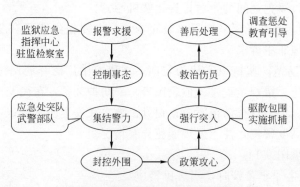

图9-15　罪犯群体斗殴处置流程图

① 报警求援。现场民警第一时间向监狱应急指挥中心报警，简要说明群体斗殴的地点、人数和当前事态，等待增援。

② 控制事态。现场民警立即喊话劝阻，责令肇事者停止打斗，及时将未参与斗殴的人员安全带离现场，避免事态扩大。

③ 集结警力。监狱应急指挥中心接到报告后，迅速调集应急处突队和驻监武警部队，防范布控。

④ 封控外围。封锁监狱大门、斗殴现场，占据有利位置，将群体斗殴人员包围；加强内外巡逻警戒，严防罪犯乘乱脱逃。

⑤ 政策攻心。对群体斗殴人员进行法律政策规劝、疏导攻心，分化、瓦解斗殴团伙。

⑥ 强行突入。在警告无效的情况下，以战术队形强行突击，将斗殴人员驱散包围，迅速抓捕反抗者。

⑦ 救治伤员。医护人员进入现场对受伤人员实施现场救护,并将伤势较重者送往医院救治。

⑧ 善后处理。依法进行侦查、调查、取证,惩处参与斗殴的人员;开展教育整顿活动,消除不良影响,稳定监管秩序。

6. 暴狱

罪犯暴狱是指多名罪犯以脱逃为目的,暴力冲击监狱的行为。罪犯暴狱参与人数多,涉及面较广,影响极为恶劣,严重威胁监管场所的安全稳定。

(1) 罪犯暴狱防范要点　主要包括以下几个方面。

① 防止拉帮结派。采取分开关押和安插耳目、信息员等方法,防止涉黑涉恶团伙、同案、有血亲姻亲关系以及民族、宗教、地域关系较近的罪犯纠结成团伙。

② 摸排重点人员。定期摸排,将需要重点控制的黑社会性质组织的首要分子和犯罪团伙的主犯等高危罪犯集中管控。

③ 密切掌握狱情。利用耳目、信息员以及监控技侦手段,深入收集分析狱情,及时化解矛盾,依法、公正、及时处理罪犯提出的合理要求。

④ 严控违禁危险品。强化对罪犯会见物品、邮汇包裹、入监物品检查和外来人员进监检查,杜绝违禁、危险物品流入监内;加强各类生产、生活所需的重要物资管理,严格领用和回收管理程序,严格落实安检搜身制度。

⑤ 严格监规纪律。开展经常性教育整顿活动,及时打击破坏监管秩序的行为,创造良好的监管改造环境。

⑥ 保障罪犯基本生活。保证经费投入和物资供应,满足罪犯衣、食、医等基本的物质生活需要。根据押犯数量合理扩建监舍,保证每名罪犯拥有不少于3平方米的居住空间,身患传染病和被禁闭、狱内又犯罪的罪犯必须单独居住。

(2) 处置流程　见图9-16。

① 迅速报警。现场民警立即向监狱应急指挥中心报警,并喝令暴狱人员停止犯罪行为;现场开展教育,缓解暴狱罪犯情绪;疏散撤离其他罪犯。

② 封锁现场。接警后,监狱应急指挥中心迅速启动预案,封锁现场、大门以及会见室等要害部位,占据有利地形,形成包围阵势,严密防控警戒。加强监狱内外巡逻,防止事态扩大。

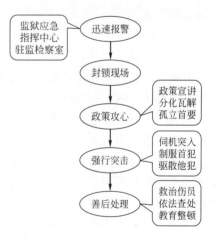

图9-16　罪犯暴狱处置流程图

③ 政策攻心。在武力压制的基础上,会同驻监检察官对参与暴狱的罪犯进行喊话,宣讲法律政策,展开心理攻势,分化暴狱罪犯,瓦解其反抗意识,孤立首要分子,迫其放弃反抗。

④ 强行突击。选择有利时机、地形,强行突入现场,抓捕首犯。对已脱逃人员按相关预案实施抓捕。

⑤ 救治伤员。医护人员进入现场对受伤人员实施现场救护,并将伤势较重者送往医院救治。

⑥ 善后处理。对事件进行分析,对现场进行勘查、取证,依法惩处犯罪;总结经验教

训,彻查潜在的诱发因素或激化矛盾的不稳定因素,消除隐患;对全体罪犯进行必要的教育,加强正面引导,消除负面影响,进一步稳定监管秩序。

# 七、证据搜集和保全技能

在监狱的执法活动中,调查取证工作是侦办狱内案件和查处罪犯违规违纪行为的法定程序和必要手段,是监狱人民警察通过各种公开或秘密途径搜寻、发现、获取相关狱内情报与罪犯信息的一种警务活动。监狱中经常用到的证据可分为两大类,一类是涉及狱内刑事案件的诉讼证据,另一类是用于查处罪犯违反监狱管理规定行为的一般性证据,如个体日常积极或消极的言行或表现事实等。证据的具体种类包括书证、物证、证人证言、视听资料、鉴定结论、犯罪嫌疑人的供述和辩解、勘察、检验笔录等。提高监狱人民警察的证据搜集和保全的意识和能力,不仅有利于预防与打击狱内违法乱纪和犯罪行为,及时查找出监狱执法工作中的隐患与盲点,更是准确、客观、快捷地预测与研判狱情走势,及时、有效地维护监管安全稳定的基础。下面重点介绍讯问、现场勘查、运用视听资料等几种常用证据搜集和保全技能。

(一)讯问

讯问是一种最常用的证据搜集方式,也是监狱侦办狱内案件、查处罪犯违规违纪行为的一道重要程序。

1. 讯问技巧

为了获得最佳效果,讯问要采取适当的技巧。讯问技巧是指监狱人民警察为实现一定的讯问目标,在法律允许的范围内,根据具体的讯问条件,运用有关科学原理和实践经验所制定的有效讯问方式。在讯问工作中,询问人员必须掌握多种战术和技巧,并根据不同案件、不同情况、不同对象,加以灵活运用,以便取得最佳讯问效果,达到讯问目的。目前常用的讯问技巧可概括为以下四种。

(1)迂回渐进法 是指不急于立即触及问题的核心和实质,而是由远及近、由浅入深、由表及里、由外围到中心,迂回周旋,逐步缩小包围圈,最后迫使罪犯彻底交代事实。此技巧极具迷惑性,能够对罪犯的自我防御心理产生麻痹的作用,使罪犯在回答讯问人员提出的诸多问题的过程中逐步陷入被动,如作虚伪供述,则会前后自相矛盾,难以自圆其说。

使用迂回渐进战术时,讯问人员事先一定要深入细致地研究相关材料,周密设计问题;讯问中不能暴露讯问意图,应有意识地绕过罪犯敏感的要害问题,提出一些本质上与要害问题有关,但表面似乎并无关联的具体问题,以转移讯问对象的注意力,使其放松警觉,如实作答;对罪犯如实回答的具体问题,应一一问清,环环相扣,在时机成熟确有把握的情况下,再正面追讯与犯罪有关的核心和实质问题,迫使罪犯在进退两难中做出实质性交代。

(2)将计就计法 是指利用罪犯在讯问中的计谋和谎言,通过巧妙设计后予以反击使其中计。

许多罪犯由于改造经历较多,受讯经验丰富,对监狱人民警察的讯问往往有一套"自创"的应对方法,因此,在讯问中他们常常会千方百计地施展出各种反讯问手段,诱使讯问人员上当受骗。如在讯问时,声称无罪、没有违反监管规定,故而鸣冤叫屈;或避重就轻,以交代少量罪行来隐瞒大量罪行;或把故意说成过失,把罪重说成罪轻;或虽承认违法违纪事实,但却嫁祸于人。面对罪犯的反讯问伎俩,讯问人员应从狱情或案情的需要出发,不动声色，不立即给予批驳、揭露或制止，而是顺水推舟，将计就计，给对方造成一种我方已中其计的错觉，任其充分表演，促其彻底暴露，待对方露出马脚无回旋余地之时，再发起反攻，予以彻底揭穿，迫使其如实交代。实践证明，"识计"是使用该战术的关键所在，监狱人民警察要善于识破罪犯的阴谋诡计，正确判断其真实意图，才能取得顺计施谋、战而胜之的效果。

（3）矛盾法　是指利用罪犯的供述与客观事实、他犯供述之间的矛盾，予以揭露，戳穿其谎言和狡辩，促使其如实供述。

有些罪犯为掩盖不法行为，推卸责任，逃避惩罚，往往会故意歪曲事实，虚构情节，编造假口供，因此其供词间必然会出现各种矛盾。常见的矛盾主要有供词自身前后的矛盾，供词与客观事实的矛盾，各犯供词之间的矛盾等。在讯问过程中，监狱人民警察必须善于发现矛盾，准确分析和对待矛盾，并能正确地运用矛盾。对于罪犯供述中出现的矛盾，讯问人员不要一经发现就立即给予揭露，而应让对方把谎话说完，讲得越明确越具体越好。然后，让其对已经暴露出来的矛盾逐一作答，使其作茧自缚，最后在适当的时候给予有力的揭露，使其如实交代自己的行为。

（4）重点突破法　是指利用罪犯在讯问中的疏忽或漏洞，突然发动进攻，给其造成措手不及、难于应付的被动局面，从而被迫认罪。

为了应付讯问，大多数罪犯在讯问前都不同程度地做了准备。但由于其考虑问题必然是站在主观角度，在某些情节或事实上难免会失去客观性，因此必定会出现一些漏洞。对此，监狱人民警察在讯问时，必须认真揣测罪犯防御的心理特点及手法，注意寻找并准确判断漏洞所在，给罪犯心理造成极大的震慑，致使其惊恐慌乱，一时难以编造假话和施展对策，进而获得全面突破。运用该战术时，讯问人员的发问必须确有把握，有理有据，这样才能真正达到突破罪犯心理防线的目的，使讯问取得实质进展。

2. 讯问笔录

讯问笔录是监狱人民警察依法讯问罪犯时，对讯问情况和罪犯的供述、辩解等所做的现场文字记录，即对讯问的书面记载。它是一种具有法律效力的书面文件，是证据保全的主要形式之一。监狱人民警察在证实狱内重新犯罪，查明犯罪事实，或对有漏罪的罪犯进行侦查时，需要做讯问笔录；对罪犯严重违反监狱管理规定的行为，必要时也需要做讯问笔录。

（1）讯问笔录制作的形式要求　监狱的讯问笔录的结构主要由首部、主体、尾部组成。

① 首部。在司法实践中，讯问笔录的开头通常采取填充式，首部一般包括：标题，由制作机关名称、案由和文种组成，并要写明是第几次讯问；讯问的时间起止；讯问人、记录人的姓名；被讯问人的姓名；表明讯问人身份、说明讯问事由等。在制作讯问笔录开头时，要注意把需填充的各项填齐，特别是在填写讯问时间时要注意时间要精确到分，并且起止时间要合理、完整。

② 主体。主体包括两个方面。首先，讯问要查明罪犯的基本情况，包括姓名、性别、别名、曾用名、民族、文化程度、籍贯、出生年月日、罪名、刑期起止等内容。在最后一次综合讯问笔录中也应写明上述情况。其次是违规或犯罪事实。应当首先讯问罪犯是否有不法行为，让他陈述发生的时间、地点、原因（动机、目的）、手段和后果，以及与之有关的人和事，等等，这是笔录的重点内容，要做到记录详实、清楚明了。

③ 尾部。笔录经被讯问人核对无误后，应当在笔录末尾让被讯问人写明"以上笔录我看过（或向我宣读过），和我说的相符"。被讯问人应在笔录上逐页签名（盖章）或捺指印。

拒绝签名（盖章）或捺指印的，应当在笔录上说明。讯问人员、记录人员必须在讯问笔录上签名。

最后，如果记载有遗漏或者差错，罪犯可以提出补充或者改正，罪犯承认笔录没有错误后，应当签名或者盖章，讯问人员也应当在笔录上签名。罪犯请求自行书写供述的，应当准许。必要的时候，讯问人员也可以要求罪犯亲笔写供词。

（2）在制作讯问笔录时应注意的问题　第一，讯问前要熟悉案件的有关情况。首先要精心准备讯问提纲。实际工作中，如果事先制作周密、有针对性的讯问提纲，往往在讯问中会起到事半功倍的效果。第二，在制作讯问提纲时，要特别注意以下几点：罪犯的自然情况；已查证事实；现已掌握的相关证据及本次讯问时可以出示的证据；整个讯问过程中采取的谋略和策略；查明案情的突破口在哪里。讯问题纲的主要内容，实质也是制作整个讯问笔录中的内容，一定要制作周密，具有针对性。第三，根据案件情况，要按照具体案件做好笔录的记录侧重点。例如伤害事件，要重点记录：时间、地点；致伤部位；凶器名称、尺寸、特征、来源；预谋过程；伤害的情节和经过；动机及因果关系；有无同伙；现场民警的现场处置情况等（特别是狱内犯罪案件，要对此项详细记录）。第四，问记要配合，书写要规范，这是制作讯问笔录的基础书面要求。

（二）现场勘查

现场勘查，是指对罪犯在关押期间发生违反监管规定行为或再次犯罪行为的地点以及实施行为时留下的痕迹、物证的勘查，是获取证据的重要手段之一。现场勘查主要包括实地勘查和调查访问两个方面。

1. 实地勘查

应根据案件的具体情况，划定勘查范围（包括发生罪犯违规或犯罪事件的地点和遗留有怀疑与事件有关的痕迹、物品的一切处所）和确定勘查顺序。勘查可以沿着罪犯进出现场的路线进行，也可以由中心向外围或者由外围向中心进行，有时还可以分片分段进行，或者沿着地形、地物界线进行。

实地勘查一般采取静态勘查和动态勘查两种方式。静态勘查和动态勘查不是对整个现场进行勘查的两个截然分开的阶段，而是勘查每个或每一组痕迹、物品时互相联系的先后两个步骤。

（1）静态勘查　静态勘查是观察现场上由于罪犯不法行为所引起的一切变化情况，观察各种物体和痕迹所处的位置、状态及其相互关系，但不得触及任何物体、痕迹或改变其位置。

（2）动态勘查　动态勘查是在不破坏痕迹的原则下，对怀疑与事件有关的痕迹或物品逐个进行勘验和检查，必要时可以翻转移动物品，也可以放在不同的光照角度下进行观察，或者采用各种技术方法进一步发现痕迹和细微物证，以研究各个痕迹形成的原因和各种物证的状态，以及它们与罪犯行为的关系。在动态勘查过程中，对有证据价值的痕迹、物品必须进行比例照相，并把痕迹、物品在周围环境中的位置拍摄下来。

2. 调查访问

在实地勘查的同时，还必须指派人员对目击者、报案人和现场其他人员进行调查访问，了解事件发生、发现的时间、经过及其他有关情况。

狱内事件及案件的现场访问与社会不同，可作为证人的，除监狱民警之外，还有罪犯，因此，必须严格按照法定程序，根据不同的对象，采用不同的方法。查访中不仅要向被访罪犯了解全部情况，而且要查清被访罪犯了解情况的来源，及其日常表现，听觉、视觉是否正常，与当事罪犯的关系，等等，以便对被访问者的陈述作出正确的评断。调查访问还需注意以下几个方面。

① 现场如果有民警知道情况的，应首先向民警做调查访问，再深入罪犯群体作详细调查。

② 对罪犯提供证词，询问要详尽，具体，如在什么时间、地点，还有什么人等。

③ 对提供证词的罪犯还应该通过其他罪犯了解与被证实罪犯之间有无利害关系。

④ 发现任何证词有怀疑时要作必要的侦查实验。

⑤ 涉及与事件无关的其他重要情况也应该详细记载，并查清证实，予以整肃监规，警示罪犯。

⑥ 现场访问应制作访问笔录。访问人和被访问人应在笔录上签名。

3. 狱内现场勘查

狱内现场勘查时应该注意的其他事项有以下几个方面。

① 现场有人受伤但是并未死亡，必须及时治疗、抢救。

② 在现场勘验时，应划出警戒区，不准其他无关人员进入现场。

③ 封锁现场后，在勘查中的一切细节应严格保密，发动罪犯提供线索时只能告知大概情况。

④ 有尸体的现场，必须请法医参加勘验，发现指纹、足迹等要及时提取，并迅速初步比对。

⑤ 罪犯已明确时，应该先对其采取强制措施后，再勘查现场，预防其他意外事故的发生。

4. 勘查资料的保全

勘查结束后，勘查人员一般要就地召开临场会议，由参加勘查人员汇报勘查所见和访问所了解的情况，对事件或案件性质、涉及人数、时间、实施工具和手段、犯罪动机等问题进行讨论、研究和作出初步的判断，并决定应当采取的措施，研究对现场的善后处理意见。对需要继续保存的现场，可以在一定时间实施警戒，予以保留；对提取的物品，应按照规定和要求上交主管部门或鉴定部门；对现场痕迹、物证应妥善包装、加封运送；现场勘查应制作勘查记录，记录包括笔录、现场图、现场照片、录像等。

（三）运用视听资料

视听资料是采用现代信息化手段，将可以重现狱内违法事件或犯罪案件原始声响、形象的录音录像资料和储存与电子计算机的有关资料及其他科技设备提供的信息，用来作为证明狱情和案情的真实情况的证据。包括：录音资料；录像资料；电子计算机储存资料；运用专门技术设备得到的信息资料等。随着监狱安防信息化的快速发展，大量视听资料证据在证明狱内罪犯违规违纪行为和再犯罪事实过程中被调取和采用。

随着罪犯反改造、反侦查能力的提高，获取有效证据和现场信息难，无法及时掌握罪犯违法违纪的有力证据，是狱情和案情久查不清、久侦难破的重要原因。因此，充分发挥安防信息设备的作用，提高狱情、案情分析工作的科技含量，能够有效弥补传统狱侦和监管手段的不足，及时预防突发事件的发生，提高破案率，维护监狱的安全稳定。例如，我省大部分监狱均已安装网络监控和监听对讲系统，当监内发生罪犯打架斗殴等突发事件时，可通过对现场监控录像和录音的调取和截屏，及时获取现场信息，经图像分析和识别后，确定主要人员,为后续调查处理工作的开展提供有力证据。

利用信息化手段搜集证据是一项专业性强、科技含量很高的业务工作,因此要不断提高监狱人民警察对信息装备的操作熟练度和灵敏度,加强业务培训,进一步强化监狱人民警察以"防、控、疏、戒"为主的证据搜集意识和技能水平,同时,不断拓展和延伸基层技防建设,构建全时空、全覆盖、多层面、多手段的科技防控网络,扎实推进设备更加先进、体系更加完善、管理更加科学、应用更加有效的技防建设工程和图像侦破技术,全面提升技防工作整体水平,全力保持监狱持续安全稳定。

(四)证据搜集和保全的其他方式

1. 询问

询问证人、被害人,是指监狱人民警察用口头方式向证人、被害人调查了解案件情况的调查取证活动。询问被害人要及时,询问应当有两名以上监狱民警在场,多个证人要分开询问。

2. 搜查

搜查是指监狱人民警察依法对狱内又犯罪的罪犯或可能藏匿违禁品、危险品的罪犯的身体、物品、监舍或其他有关地方进行搜索和检查的执法活动。搜查需按法定程序进行:第一,搜查应由两名以上监狱人民警察进行;第二,搜查时,应当有见证人在场;第三,搜查女犯的身体,应当由女民警进行;第四,搜查人员不得提取和扣押与目标无关的物品;第五,搜查的情况要制成笔录。

3. 扣押

扣押是监狱人民警察将与狱内案件有关的物品、文书依法强制收取、扣留和对罪犯持有的危险品、违禁品、违规信件等物品进行强制没收和扣留的执法活动。在现场勘验或搜查中发现的物证、书证需要扣押的,由现场指挥人员决定;扣押物品、文书时,应当有物品持有人、见证人在场,并开列清单。

4. 辨认

辨认是指根据需要由监狱人民警察组织罪犯本人、受害人及有关人员对尸体、赃物、作案工具、违禁物品等进行的辨认与认定。公开辨认的经过与结果应制作正式笔录,并可作为证据使用。

5. 侦查实验

侦查实验采取演示模拟方法,研究证实在某种条件下某种事实能否发生。或某一行为能发生何种结果的侦查活动。侦查实验对于查明罪犯的供述和辩解、证人证言等证据是否真实,具有十分重要的意义。

# 附　录

## 附录一　中华人民共和国监狱法

(1994年12月29日第八届全国人民代表大会常务委员会第十一次会议通过,1994年12月29日中华人民共和国主席令第35号公布,自1994年12月29日起施行)

### 第一章　总　则

**第一条**　为了正确执行刑罚,惩罚和改造罪犯,预防和减少犯罪,根据宪法,制定本法。

**第二条**　监狱是国家的刑罚执行机关。

依照刑法和刑事诉讼法的规定,被判处死刑缓期二年执行、无期徒刑、有期徒刑的罪犯,在监狱内执行刑罚。

**第三条**　监狱对罪犯实行惩罚和改造相结合、教育和劳动相结合的原则,将罪犯改造成为守法公民。

**第四条**　监狱对罪犯应当依法监管,根据改造罪犯的需要,组织罪犯从事生产劳动,对罪犯进行思想教育、文化教育、技术教育。

**第五条**　监狱的人民警察依法管理监狱、执行刑罚、对罪犯进行教育改造等活动,受法律保护。

**第六条**　人民检察院对监狱执行刑罚的活动是否合法,依法实行监督。

**第七条**　罪犯的人格不受侮辱,其人身安全、合法财产和辩护、申诉、控告、检举以及其他未被依法剥夺或者限制的权利不受侵犯。

罪犯必须严格遵守法律、法规和监规纪律,服从管理,接受教育,参加劳动。

**第八条**　国家保障监狱改造罪犯所需经费。监狱的人民警察经费、罪犯改造经费、罪犯生活费、狱政设施经费及其他专项经费,列入国家预算。

国家提供罪犯劳动必需的生产设施和生产经费。

**第九条**　监狱依法使用的土地、矿产资源和其他自然资源以及监狱的财产,受法律保护,任何组织或者个人不得侵占、破坏。

**第十条**　国务院司法行政部门主管全国的监狱工作。

### 第二章　监　狱

**第十一条**　监狱的设置、撤销、迁移,由国务院司法行政部门批准。

**第十二条**　监狱设监狱长一人、副监狱长若干人,并根据实际需要设置必要的工作机构和配备其他监狱管理人员。

监狱的管理人员是人民警察。

**第十三条** 监狱的人民警察应当严格遵守宪法和法律，忠于职守，秉公执法，严守纪律，清正廉洁。

**第十四条** 监狱的人民警察不得有下列行为：

（一）索要、收受、侵占罪犯及其亲属的财物；

（二）私放罪犯或者玩忽职守造成罪犯脱逃；

（三）刑讯逼供或者体罚、虐待罪犯；

（四）侮辱罪犯的人格；

（五）殴打或者纵容他人殴打罪犯；

（六）为谋取私利，利用罪犯提供劳务；

（七）违反规定，私自为罪犯传递信件或者物品；

（八）非法将监管罪犯的职权交予他人行使；

（九）其他违法行为。

监狱的人民警察有前款所列行为，构成犯罪的，依法追究刑事责任；尚未构成犯罪的，应当予以行政处分。

## 第三章 刑罚的执行

### 第一节 收 监

**第十五条** 人民法院对被判处死刑缓期二年执行、无期徒刑、有期徒刑的罪犯，应当将执行通知书、判决书送达羁押该罪犯的公安机关，公安机关应当自收到执行通知书、判决书之日起一个月内将该罪犯送交监狱执行刑罚。

罪犯在被交付执行刑罚前，剩余刑期在一年以下的，由看守所代为执行。

**第十六条** 罪犯被交付执行刑罚时，交付执行的人民法院应当将人民检察院的起诉书副本、人民法院的判决书、执行通知书、结案登记表同时送达监狱。监狱没有收到上述文件的，不得收监；上述文件不齐全或者记载有误的，作出生效判决的人民法院应当及时补充齐全或者作出更正；对其中可能导致错误收监的，不予收监。

**第十七条** 监狱应当对交付执行刑罚的罪犯进行身体检查。经检查，被判处无期徒刑、有期徒刑的罪犯有下列情形之一的，可以暂不收监：

（一）有严重疾病需要保外就医的；

（二）怀孕或者正在哺乳自己婴儿的妇女。

对前款所列暂不收监的罪犯，应当由交付执行的人民法院决定暂予监外执行。对其中暂予监外执行有社会危险性的，应当收监。暂予监外执行的罪犯，由居住地公安机关执行刑罚。前款所列暂不收监的情形消失后，原判刑期尚未执行完毕的罪犯，由公安机关送交监狱收监。

**第十八条** 罪犯收监，应当严格检查其人身和所携带的物品。非生活必需品，由监狱代为保管或者征得罪犯同意退回其家属，违禁品予以没收。

女犯由女性人民警察检查。

**第十九条** 罪犯不得携带子女在监内服刑。

**第二十条** 罪犯收监后，监狱应当通知罪犯家属。通知书应当自收监之日起五日内发出。

### 第二节　对罪犯提出的申诉、控告、检举的处理

**第二十一条**　罪犯对生效的判决不服的,可以提出申诉。

对于罪犯的申诉,人民检察院或者人民法院应当及时处理。

**第二十二条**　对罪犯提出的控告、检举材料,监狱应当及时处理或者转送公安机关或者人民检察院处理,公安机关或者人民检察院应当将处理结果通知监狱。

**第二十三条**　罪犯的申诉、控告、检举材料,监狱应当及时转递,不得扣压。

**第二十四条**　监狱在执行刑罚过程中,根据罪犯的申诉,认为判决可能有错误的,应当提请人民检察院或者人民法院处理,人民检察院或者人民法院应当自收到监狱提请处理意见书之日起六个月内将处理结果通知监狱。

### 第三节　监外执行

**第二十五条**　对于被判处无期徒刑、有期徒刑在监内服刑的罪犯,符合刑事诉讼法规定的监外执行条件的,可以暂予监外执行。

**第二十六条**　暂予监外执行,由监狱提出书面意见,报省、自治区、直辖市监狱管理机关批准。批准机关应当将批准的暂予监外执行决定通知公安机关和原判人民法院,并抄送人民检察院。

人民检察院认为对罪犯适用暂予监外执行不当的,应当自接到通知之日起一个月内将书面意见送交批准暂予监外执行的机关,批准暂予监外执行的机关接到人民检察院的书面意见后,应当立即对该决定进行重新核查。

**第二十七条**　暂予监外执行的罪犯,由居住地公安机关执行。原关押监狱应当及时将罪犯在监内改造情况通报负责执行的公安机关。

**第二十八条**　暂予监外执行的情形消失后,刑期未满的,负责执行的公安机关应当及时通知监狱收监;刑期届满的,由原关押监狱办理释放手续。罪犯在暂予监外执行期间死亡的,公安机关应当及时通知原关押监狱。

### 第四节　减刑、假释

**第二十九条**　被判处无期徒刑、有期徒刑的罪犯,在服刑期间确有悔改或者立功表现的,根据监狱考核的结果,可以减刑。有下列重大立功表现之一的,应当减刑:

(一) 阻止他人重大犯罪活动的;

(二) 检举监狱内外重大犯罪活动,经查证属实的;

(三) 有发明创造或者重大技术革新的;

(四) 在日常生产、生活中舍己救人的;

(五) 在抗御自然灾害或者排除重大事故中,有突出表现的;

(六) 对国家和社会有其他重大贡献的。

**第三十条**　减刑建议由监狱向人民法院提出,人民法院应当自收到减刑建议书之日起一个月内予以审核裁定;案情复杂或者情况特殊的,可以延长一个月。减刑裁定的副本应当抄送人民检察院。

**第三十一条**　被判处死刑缓期二年执行的罪犯,在死刑缓期执行期间,符合法律规定的减为无期徒刑、有期徒刑条件的,二年期满时,所在监狱应当及时提出减刑建议,报经省、自治区、直辖市监狱管理机关审核后,提请高级人民法院裁定。

**第三十二条**　被判处无期徒刑、有期徒刑的罪犯,符合法律规定的假释条件的,由监狱根据考核结果向人民法院提出假释建议,人民法院应当自收到假释建议书之日起一个月内予

以审核裁定；案情复杂或者情况特殊的，可以延长一个月。假释裁定的副本应当抄送人民检察院。

**第三十三条** 人民法院裁定假释的，监狱应当按期假释并发给假释证明书。

被假释的罪犯由公安机关予以监督。被假释的罪犯，在假释期间有违反法律、行政法规和国务院公安部门有关假释的监督管理规定的行为，尚未构成新的犯罪的，公安机关可以向人民法院提出撤销假释的建议，人民法院应当自收到撤销假释建议书之日起一个月内予以审核裁定。人民法院裁定撤销假释的，由公安机关将罪犯送交监狱收监。

**第三十四条** 对不符合法律规定的减刑、假释条件的罪犯，不得以任何理由将其减刑、假释。

人民检察院认为人民法院减刑、假释的裁定不当，应当依照刑事诉讼法规定的期间提出抗诉，对于人民检察院抗诉的案件，人民法院应当重新审理。

### 第五节 释放和安置

**第三十五条** 罪犯服刑期满，监狱应当按期释放并发给释放证明书。

**第三十六条** 罪犯释放后，公安机关凭释放证明书办理户籍登记。

**第三十七条** 对刑满释放人员，当地人民政府帮助其安置生活。

刑满释放人员丧失劳动能力又无法定赡养人、扶养人和基本生活来源的，由当地人民政府予以救济。

**第三十八条** 刑满释放人员依法享有与其他公民平等的权利。

## 第四章 狱政管理

### 第一节 分押分管

**第三十九条** 监狱对成年男犯、女犯和未成年犯实行分开关押和管理，对未成年犯和女犯的改造，应当照顾其生理、心理特点。

监狱根据罪犯的犯罪类型、刑罚种类、刑期、改造表现等情况，对罪犯实行分别关押，采取不同方式管理。

**第四十条** 女犯由女性人民警察直接管理。

### 第二节 警戒

**第四十一条** 监狱的武装警戒由人民武装警察部队负责，具体办法由国务院、中央军事委员会规定。

**第四十二条** 监狱发现在押罪犯脱逃，应当即时将其抓获，不能即时抓获的，应当立即通知公安机关，由公安机关负责追捕，监狱密切配合。

**第四十三条** 监狱根据监管需要，设立警戒设施。监狱周围设警戒隔离带，未经准许，任何人不得进入。

**第四十四条** 监区、作业区周围的机关、团体、企业事业单位和基层组织，应当协助监狱做好安全警戒工作。

### 第三节 戒具和武器的使用

**第四十五条** 监狱遇有下列情形之一的，可以使用戒具：

（一）罪犯有脱逃行为的；

（二）罪犯有使用暴力行为的；

（三）罪犯正在押解途中的；

（四）罪犯有其他危险行为需要采取防范措施的。

前款所列情形消失后，应当停止使用戒具。

**第四十六条** 人民警察和人民武装警察部队的执勤人员遇有下列情形之一，非使用武器不能制止的，按照国家有关规定，可以使用武器：

（一）罪犯聚众骚乱、暴乱的；
（二）罪犯脱逃或者拒捕的；
（三）罪犯持有凶器或者其他危险物，正在行凶或者破坏，危及他人生命、财产安全的；
（四）劫夺罪犯的；
（五）罪犯抢夺武器的。

使用武器的人员，应当按照国家有关规定报告情况。

### 第四节 通信、会见

**第四十七条** 罪犯在服刑期间可以与他人通信，但是来往信件应当经过监狱检查。监狱发现有碍罪犯改造内容的信件，可以扣留。罪犯写给监狱的上级机关和司法机关的信件，不受检查。

**第四十八条** 罪犯在监狱服刑期间，按照规定，可以会见亲属、监护人。

**第四十九条** 罪犯收受物品和钱款，应当经监狱批准、检查。

### 第五节 生活、卫生

**第五十条** 罪犯的生活标准按实物量计算，由国家规定。

**第五十一条** 罪犯的被服由监狱统一配发。

**第五十二条** 对少数民族罪犯的特殊生活习惯，应当予以照顾。

**第五十三条** 罪犯居住的监舍应当坚固、通风、透光、清洁、保暖。

**第五十四条** 监狱应当设立医疗机构和生活、卫生设施，建立罪犯生活、卫生制度。罪犯的医疗保健列入监狱所在地区的卫生、防疫计划。

**第五十五条** 罪犯在服刑期间死亡的，监狱应当立即通知罪犯家属和人民检察院、人民法院。罪犯因病死亡的，由监狱作出医疗鉴定。人民检察院对监狱的医疗鉴定有疑义的，可以重新对死亡原因作出鉴定。罪犯家属有疑义的，可以向人民检察院提出。罪犯非正常死亡的，人民检察院应当立即检验，对死亡原因作出鉴定。

### 第六节 奖 惩

**第五十六条** 监狱应当建立罪犯的日常考核制度，考核的结果作为对罪犯奖励和处罚的依据。

**第五十七条** 罪犯有下列情形之一的，监狱可以给予表扬、物质奖励或者记功：

（一）遵守监规纪律，努力学习，积极劳动，有认罪服法表现的；
（二）阻止违法犯罪活动的；
（三）超额完成生产任务的；
（四）节约原材料或者爱护公物，有成绩的；
（五）进行技术革新或者传授生产技术，有一定成效的；
（六）在防止或者消除灾害事故中作出一定贡献的；
（七）对国家和社会有其他贡献的。

被判处有期徒刑的罪犯有前款所列情形之一，执行原判刑期二分之一以上，在服刑期间一贯表现好，离开监狱不致再危害社会的，监狱可以根据情况准其离监探亲。

**第五十八条** 罪犯有下列破坏监管秩序情形之一的,监狱可以给予警告、记过或者禁闭:

(一) 聚众哄闹监狱,扰乱正常秩序的;
(二) 辱骂或者殴打人民警察的;
(三) 欺压其他罪犯的;
(四) 偷窃、赌博、打架斗殴、寻衅滋事的;
(五) 有劳动能力拒不参加劳动或者消极怠工,经教育不改的;
(六) 以自伤、自残手段逃避劳动的;
(七) 在生产劳动中故意违反操作规程,或者有意损坏生产工具的;
(八) 有违反监规纪律的其他行为的。

依照前款规定对罪犯实行禁闭的期限为七天至十五天。

罪犯在服刑期间有第一款所列行为,构成犯罪的,依法追究刑事责任。

### 第七节 对罪犯服刑期间犯罪的处理

**第五十九条** 罪犯在服刑期间故意犯罪的,依法从重处罚。

**第六十条** 对罪犯在监狱内犯罪的案件,由监狱进行侦查。侦查终结后,写出起诉意见书或者免予起诉意见书,连同案卷材料、证据一并移送人民检察院。

## 第五章 对罪犯的教育改造

**第六十一条** 教育改造罪犯,实行因人施教、分类教育、以理服人的原则,采取集体教育与个别教育相结合、狱内教育与社会教育相结合的方法。

**第六十二条** 监狱应当对罪犯进行法制、道德、形势、政策、前途等内容的思想教育。

**第六十三条** 监狱应当根据不同情况,对罪犯进行扫盲教育、初等教育和初级中等教育,经考试合格的,由教育部门发给相应的学业证书。

**第六十四条** 监狱应当根据监狱生产和罪犯释放后就业的需要,对罪犯进行职业技术教育,经考核合格的,由劳动部门发给相应的技术等级证书。

**第六十五条** 监狱鼓励罪犯自学,经考试合格的,由有关部门发给相应的证书。

**第六十六条** 罪犯的文化和职业技术教育,应当列入所在地区教育规划。监狱应当设立教室、图书阅览室等必要的教育设施。

**第六十七条** 监狱应当组织罪犯开展适当的体育活动和文化娱乐活动。

**第六十八条** 国家机关、社会团体、部队、企业事业单位和社会各界人士以及罪犯的亲属,应当协助监狱做好对罪犯的教育改造工作。

**第六十九条** 有劳动能力的罪犯,必须参加劳动。

**第七十条** 监狱根据罪犯的个人情况,合理组织劳动,使其矫正恶习,养成劳动习惯,学会生产技能,并为释放后就业创造条件。

**第七十一条** 监狱对罪犯的劳动时间,参照国家有关劳动工时的规定执行;在季节性生产等特殊情况下,可以调整劳动时间。

罪犯有在法定节日和休息日休息的权利。

**第七十二条** 监狱对参加劳动的罪犯,应当按照有关规定给予报酬并执行国家有关劳动保护的规定。

**第七十三条** 罪犯在劳动中致伤、致残或者死亡的,由监狱参照国家劳动保险的有关规定处理。

### 第六章 对未成年犯的教育改造

**第七十四条** 对未成年犯应当在未成年犯管教所执行刑罚。

**第七十五条** 对未成年犯执行刑罚应当以教育改造为主。未成年犯的劳动,应当符合未成年人的特点,以学习文化和生产技能为主。

监狱应当配合国家、社会、学校等教育机构,为未成年犯接受义务教育提供必要的条件。

**第七十六条** 未成年犯年满十八周岁时,剩余刑期不超过二年的,仍可以留在未成年犯管教所执行剩余刑期。

**第七十七条** 对未成年犯的管理和教育改造,本章未作规定的,适用本法的有关规定。

### 第七章 附 则

**第七十八条** 本法自公布之日起施行。

# 附录二 中华人民共和国人民警察法

(1995年2月28日第八届全国人民代表大会常务委员会第十二次会议通过,1995年2月28日中华人民共和国主席令第40号公布,自1995年2月28日起施行)

### 第一章 总 则

**第一条** 为了维护国家安全和社会治安秩序,保护公民的合法权益,加强人民警察的队伍建设,从严治警,提高人民警察的素质,保障人民警察依法行使职权,保障改革开放和社会主义现代化建设的顺利进行,根据宪法,制定本法。

**第二条** 人民警察的任务是维护国家安全,维护社会治安秩序,保护公民的人身安全、人身自由和合法财产,保护公共财产,预防、制止和惩治违法犯罪活动。

人民警察包括公安机关、国家安全机关、监狱、劳动教养管理机关的人民警察和人民法院、人民检察院的司法警察。

**第三条** 人民警察必须依靠人民的支持,保持同人民的密切联系,倾听人民的意见和建议,接受人民的监督,维护人民的利益,全心全意为人民服务。

**第四条** 人民警察必须以宪法和法律为活动准则,忠于职守,清正廉洁,纪律严明,服从命令,严格执法。

**第五条** 人民警察依法执行职务,受法律保护。

### 第二章 职 权

**第六条** 公安机关的人民警察按照职责分工,依法履行下列职责:
(一)预防、制止和侦查违法犯罪活动;
(二)维护社会治安秩序,制止危害社会治安秩序的行为;
(三)维护交通安全和交通秩序,处理交通事故;
(四)组织、实施消防工作,实行消防监督;

（五）管理枪支弹药、管制刀具和易燃易爆、剧毒、放射性等危险物品；

（六）对法律、法规规定的特种行业进行管理；

（七）警卫国家规定的特定人员，守卫重要的场所和设施；

（八）管理集会、游行、示威活动；

（九）管理户政、国籍、入境出境事务和外国人在中国境内居留、旅行的有关事务；

（十）维护国（边）境地区的治安秩序；

（十一）对被判处管制、拘役、剥夺政治权利的罪犯和监外执行的罪犯执行刑罚，对被宣告缓刑、假释的罪犯实行监督、考察；

（十二）监督管理计算机信息系统的安全保护工作；

（十三）指导和监督国家机关、社会团体、企业事业组织和重点建设工程的治安保卫工作，指导治安保卫委员会等群众性组织的治安防范工作；

（十四）法律、法规规定的其他职责。

第七条 公安机关的人民警察对违反治安管理或者其他公安行政管理法律、法规的个人或者组织，依法可以实施行政强制措施、行政处罚。

第八条 公安机关的人民警察对严重危害社会治安秩序或者威胁公共安全的人员，可以强行带离现场、依法予以拘留或者采取法律规定的其他措施。

第九条 为维护社会治安秩序，公安机关的人民警察对有违法犯罪嫌疑的人员，经出示相应证件，可以当场盘问、检查；经盘问、检查，有下列情形之一的，可以将其带至公安机关，经该公安机关批准，对其继续盘问：

（一）被指控有犯罪行为的；

（二）有现场作案嫌疑的；

（三）有作案嫌疑身份不明的；

（四）携带的物品有可能是赃物的。

对被盘问人的留置时间自带至公安机关之时起不超过二十四小时，在特殊情况下，经县级以上公安机关批准，可以延长至四十八小时，并应当留有盘问记录。对于批准继续盘问的，应当立即通知其家属或者其所在单位。对于不批准继续盘问的，应当立即释放被盘问人。经继续盘问，公安机关认为对被盘问人需要依法采取拘留或者其他强制措施的，应当在前款规定的期间作出决定；在前款规定的期间不能作出上述决定的，应当立即释放被盘问人。

第十条 遇有拒捕、暴乱、越狱、抢夺枪支或者其他暴力行为的紧急情况，公安机关的人民警察依照国家有关规定可以使用武器。

第十一条 为制止严重违法犯罪活动的需要，公安机关的人民警察依照国家有关规定可以使用警械。

第十二条 为侦查犯罪活动的需要，公安机关的人民警察可以依法执行拘留、搜查、逮捕或者其他强制措施。

第十三条 公安机关的人民警察因履行职责的紧急需要，经出示相应证件，可以优先乘坐公共交通工具，遇交通阻碍时，优先通行。

公安机关因侦查犯罪的需要，必要时，按照国家有关规定，可以优先使用机关、团体、企业事业组织和个人的交通工具、通信工具、场地和建筑物，用后应当及时归还，并支付适当费用；造成损失的，应当赔偿。

第十四条　公安机关的人民警察对严重危害公共安全或者他人人身安全的精神病人，可以采取保护性约束措施。需要送往指定的单位、场所加以监护的，应当报请县级以上人民政府公安机关批准，并及时通知其监护人。

第十五条　县级以上人民政府公安机关，为预防和制止严重危害社会治安秩序的行为，可以在一定的区域和时间，限制人员、车辆的通行或者停留，必要时可以实行交通管制。

公安机关的人民警察依照前款规定，可以采取相应的交通管制措施。

第十六条　公安机关因侦查犯罪的需要，根据国家有关规定，经过严格的批准手续，可以采取技术侦察措施。

第十七条　县级以上人民政府公安机关，经上级公安机关和同级人民政府批准，对严重危害社会治安秩序的突发事件，可以根据情况实行现场管制。

公安机关的人民警察依照前款规定，可以采取必要手段强行驱散，并对拒不服从的人员强行带离现场或者立即予以拘留。

第十八条　国家安全机关、监狱、劳动教养管理机关的人民警察和人民法院、人民检察院的司法警察，分别依照有关法律、行政法规的规定履行职权。

第十九条　人民警察在非工作时间，遇有其职责范围内的紧急情况，应当履行职责。

## 第三章　义务和纪律

第二十条　人民警察必须做到：
（一）秉公执法，办事公道；
（二）模范遵守社会公德；
（三）礼貌待人，文明执勤；
（四）尊重人民群众的风俗习惯。

第二十一条　人民警察遇到公民人身、财产安全受到侵犯或者处于其他危难情形，应当立即救助；对公民提出解决纠纷的要求，应当给予帮助；对公民的报警案件，应当及时查处。

人民警察应当积极参加抢险救灾和社会公益工作。

第二十二条　人民警察不得有下列行为：
（一）散布有损国家声誉的言论，参加非法组织，参加旨在反对国家的集会、游行、示威等活动，参加罢工；
（二）泄露国家秘密、警务工作秘密；
（三）弄虚作假，隐瞒案情，包庇、纵容违法犯罪活动；
（四）刑讯逼供或者体罚、虐待人犯；
（五）非法剥夺、限制他人人身自由，非法搜查他人的身体、物品、住所或者场所；
（六）敲诈勒索或者索取、收受贿赂；
（七）殴打他人或者唆使他人打人；
（八）违法实施处罚或者收取费用；
（九）接受当事人及其代理人的请客送礼；
（十）从事盈利性的经营活动或者受雇于任何个人或者组织；
（十一）玩忽职守，不履行法定义务；
（十二）其他违法乱纪的行为。

第二十三条 人民警察必须按照规定着装，佩戴人民警察标志或者持有人民警察证件，保持警容严整，举止端庄。

## 第四章 组织管理

第二十四条 国家根据人民警察的工作性质、任务和特点，规定组织机构设置和职务序列。

第二十五条 人民警察依法实行警衔制度。

第二十六条 担任人民警察应当具备下列条件：

（一）年满十八岁的公民；

（二）拥护中华人民共和国宪法；

（三）有良好的政治、业务素质和良好的品行；

（四）身体健康；

（五）具有高中毕业以上文化程度；

（六）自愿从事人民警察工作。

有下列情形之一的，不得担任人民警察：

（一）曾因犯罪受过刑事处罚的；

（二）曾被开除公职的。

第二十七条 录用人民警察，必须按照国家规定，公开考试，严格考核，择优选用。

第二十八条 担任人民警察领导职务的人员，应当具备下列条件：

（一）具有法律专业知识；

（二）具有政法工作经验和一定的组织管理、指挥能力；

（三）具有大学专科以上学历；

（四）经人民警察院校培训，考试合格。

第二十九条 国家发展人民警察教育事业，对人民警察有计划地进行政治思想、法制、警察业务等教育培训。

第三十条 国家根据人民警察的工作性质、任务和特点，分别规定不同岗位的服务年限和不同职务的最高任职年龄。

第三十一条 人民警察个人或者集体在工作中表现突出，有显著成绩和特殊贡献的，给予奖励。奖励分为：嘉奖、三等功、二等功、一等功、授予荣誉称号。

对受奖励的人民警察，按照国家有关规定，可以提前晋升警衔，并给予一定的物质奖励。

## 第五章 警务保障

第三十二条 人民警察必须执行上级的决定和命令。

人民警察认为决定和命令有错误的，可以按照规定提出意见，但不得中止或者改变决定和命令的执行；提出的意见不被采纳时，必须服从决定和命令；执行决定和命令的后果由作出决定和命令的上级负责。

第三十三条 人民警察对超越法律、法规规定的人民警察职责范围的指令，有权拒绝执行，并同时向上级机关报告。

第三十四条 人民警察依法执行职务，公民和组织应当给予支持和协助。公民和组织协助人民警察依法执行职务的行为受法律保护。对协助人民警察执行职务有显著成绩的，给予表彰和奖励。

公民和组织因协助人民警察执行职务，造成人身伤亡或者财产损失的，应当按照国家有关规定给予抚恤或者补偿。

第三十五条 拒绝或者阻碍人民警察依法执行职务，有下列行为之一的，给予治安管理处罚：

（一）公然侮辱正在执行职务的人民警察的；

（二）阻碍人民警察调查取证的；

（三）拒绝或者阻碍人民警察执行追捕、搜查、救险等任务进入有关住所、场所的；

（四）对执行救人、救险、追捕、警卫等紧急任务的警车故意设置障碍的；

（五）有拒绝或者阻碍人民警察执行职务的其他行为的。

以暴力、威胁方法实施前款规定的行为，构成犯罪的，依法追究刑事责任。

第三十六条 人民警察的警用标志、制式服装和警械，由国务院公安部门统一监制，会同其他有关国家机关管理，其他个人和组织不得非法制造、贩卖。

人民警察的警用标志、制式服装、警械、证件为人民警察专用，其他个人和组织不得持有和使用。

违反前两款规定的，没收非法制造、贩卖、持有、使用的人民警察警用标志、制式服装、警械、证件，由公安机关处十五日以下拘留或者警告，可以并处违法所得五倍以下的罚款；构成犯罪的，依法追究刑事责任。

第三十七条 国家保障人民警察的经费。人民警察的经费，按照事权划分的原则，分别列入中央和地方的财政预算。

第三十八条 人民警察工作所必需的通讯、训练设施和交通、消防以及派出所、监管场所等基础设施建设，各级人民政府应当列入基本建设规划和城乡建设总体规划。

第三十九条 国家加强人民警察装备的现代化建设，努力推广、应用先进的科技成果。

第四十条 人民警察实行国家公务员的工资制度，并享受国家规定的警衔津贴和其他津贴、补贴以及保险福利待遇。

第四十一条 人民警察因公致残的，与因公致残的现役军人享受国家同样的抚恤和优待。

人民警察因公牺牲或者病故的，其家属与因公牺牲或者病故的现役军人家属享受国家同样的抚恤和优待。

## 第六章　执法监督

第四十二条 人民警察执行职务，依法接受人民检察院和行政监察机关的监督。

第四十三条 人民警察的上级机关对下级机关的执法活动进行监督，发现其作出的处理或者决定有错误的，应当予以撤销或者变更。

第四十四条 人民警察执行职务，必须自觉地接受社会和公民的监督。人民警察机关作出的与公众利益直接有关的规定，应当向公众公布。

第四十五条 人民警察在办理治安案件过程中，遇有下列情形之一的，应当回避，当事人或者其法定代理人也有权要求他们回避：

是本案的当事人或者是当事人的近亲属的；

本人或者其近亲属与本案有利害关系的；

与本案当事人有其他关系，可能影响案件公正处理的。

前款规定的回避，由有关的公安机关决定。

人民警察在办理刑事案件过程中的回避，适用刑事诉讼法的规定。

**第四十六条** 公民或者组织对人民警察的违法、违纪行为，有权向人民警察机关或者人民检察院、行政监察机关检举、控告。受理检举、控告的机关应当及时查处，并将查处结果告知检举人、控告人。

对依法检举、控告的公民或者组织，任何人不得压制和打击报复。

**第四十七条** 公安机关建立督察制度，对公安机关的人民警察执行法律、法规、遵守纪律的情况进行监督。

## 第七章 法律责任

**第四十八条** 人民警察有本法第二十二条所列行为之一的，应当给予行政处分；构成犯罪的，依法追究刑事责任。

行政处分分为：警告、记过、记大过、降级、撤职、开除。对受行政处分的人民警察，按照国家有关规定，可以降低警衔、取消警衔。

对违反纪律的人民警察，必要时可以对其采取停止执行职务、禁闭的措施。

**第四十九条** 人民警察违反规定使用武器、警械，构成犯罪的，依法追究刑事责任；尚不构成犯罪的，应当依法给予行政处分。

**第五十条** 人民警察在执行职务中，侵犯公民或者组织的合法权益造成损害的，应当依照《中华人民共和国国家赔偿法》和其他有关法律、法规的规定给予赔偿。

## 第八章 附　则

**第五十一条** 中国人民武装警察部队执行国家赋予的安全保卫任务。

**第五十二条** 本法自公布之日起施行。1957年6月25日公布的《中华人民共和国人民警察条例》同时废止。

# 附录三　中华人民共和国刑法（节选）

为了惩罚犯罪，保护人民，根据宪法，结合我国同犯罪作斗争的具体经验及实际情况，制定本法。

**第二条** 中华人民共和国刑法的任务，是用刑罚同一切犯罪行为作斗争，以保卫国家安全，保卫人民民主专政的政权和社会主义制度，保护国有财产和劳动群众集体所有的财产，保护公民私人所有的财产，保护公民的人身权利、民主权利和其他权利，维护社会秩序、经济秩序，保障社会主义建设事业的顺利进行。

对任何人犯罪，在适用法律上一律平等。不允许任何人有超越法律的特权。

**第四十五条** 有期徒刑的期限，除本法第五十条、第六十九条规定外，为六个月以上十五年以下。

**第四十六条** 被判处有期徒刑、无期徒刑的犯罪分子，在监狱或者其他执行场所执行；凡有劳动能力的，都应当参加劳动，接受教育和改造。

第四十七条　有期徒刑的刑期，从判决执行之日起计算；判决执行以前先行羁押的，羁押一日折抵刑期一日。

第五十条　判处死刑缓期执行的，在死刑缓期执行期间，如果没有故意犯罪，二年期满以后，减为无期徒刑；如果确有重大立功表现，二年期满以后，减为二十五年有期徒刑；如果故意犯罪，查证属实的，由最高人民法院核准，执行死刑。

对被判处死刑缓期执行的累犯以及因故意杀人、强奸、抢劫、绑架、放火、爆炸、投放危险物质或者有组织的暴力性犯罪被判处死刑缓期执行的犯罪分子，人民法院根据犯罪情节等情况可以同时决定对其限制减刑。

第五十一条　死刑缓期执行的期间，从判决确定之日起计算。死刑缓期执行减为有期徒刑的刑期，从死刑缓期执行期满之日起计算。

第五十七条　对于被判处死刑、无期徒刑的犯罪分子，应当剥夺政治权利终身。

在死刑缓期执行减为有期徒刑或者无期徒刑减为有期徒刑的时候，应当把附加剥夺政治权利的期限改为三年以上十年以下。

第五十八条　附加剥夺政治权利的刑期，从徒刑、拘役执行完毕之日或者从假释之日起计算；剥夺政治权利的效力当然施用于主刑执行期间。

第六十九条　判决宣告以前一人犯数罪的，除判处死刑和无期徒刑的以外，应当在总和刑期以下、数刑中最高刑期以上，酌情决定执行的刑期，但是管制最高不能超过三年，拘役最高不能超过一年，有期徒刑总和刑期不满三十五年的，最高不能超过二十年，总和刑期在三十五年以上的，最高不能超过二十五年。

数罪中有判处附加刑的，附加刑仍须执行，其中附加刑种类相同的，合并执行，种类不同的，分别执行。

第七十一条　判决宣告以后，刑罚执行完毕以前，被判刑的犯罪分子又犯罪的，应当对新犯的罪作出判决，把前罪没有执行的刑罚和后罪所判处的刑罚，依照本法第六十九条的规定，决定执行的刑罚。

第七十八条　被判处管制、拘役、有期徒刑、无期徒刑的犯罪分子，在执行期间，如果认真遵守监规，接受教育改造，确有悔改表现的，或者有立功表现的，可以减刑；有下列重大立功表现之一的，应当减刑：

（一）阻止他人重大犯罪活动的；
（二）检举监狱内外重大犯罪活动，经查证属实的；
（三）有发明创造或者重大技术革新的；
（四）在日常生产、生活中舍己救人的；
（五）在抗御自然灾害或者排除重大事故中，有突出表现的；
（六）对国家和社会有其他重大贡献的。

减刑以后实际执行的刑期不能少于下列期限：
（一）判处管制、拘役、有期徒刑的，不能少于原判刑期的二分之一；
（二）判处无期徒刑的，不能少于十三年；
（三）人民法院依照本法第五十条第二款规定限制减刑的死刑缓期执行的犯罪分子，缓期执行期满后依法减为无期徒刑的，不能少于二十五年，缓期执行期满后依法减为二十五年有期徒刑的，不能少于二十年。

第七十九条　对于犯罪分子的减刑，由执行机关向中级以上人民法院提出减刑建议书。

人民法院应当组成合议庭进行审理，对确有悔改或者立功事实的，裁定予以减刑。非经法定程序不得减刑。

**第八十条** 无期徒刑减为有期徒刑的刑期，从裁定减刑之日起计算。

**第八十一条** 被判处有期徒刑的犯罪分子，执行原判刑期二分之一以上，被判处无期徒刑的犯罪分子，实际执行十三年以上，如果认真遵守监规，接受教育改造，确有悔改表现，没有再犯罪的危险的，可以假释。如果有特殊情况，经最高人民法院核准，可以不受上述执行刑期的限制。

对累犯以及因故意杀人、强奸、抢劫、绑架、放火、爆炸、投放危险物质或者有组织的暴力性犯罪被判处十年以上有期徒刑、无期徒刑的犯罪分子，不得假释。

对犯罪分子决定假释时，应当考虑其假释后对所居住社区的影响。

**第八十二条** 对于犯罪分子的假释，依照本法第七十九条规定的程序进行。非经法定程序不得假释。

**第八十三条** 有期徒刑的假释考验期限，为没有执行完毕的刑期；无期徒刑的假释考验期限为十年。

假释考验期限，从假释之日起计算。

**第九十三条** 本法所称国家工作人员，是指国家机关中从事公务的人员。

国有公司、企业、事业单位、人民团体中从事公务的人员和国家机关、国有公司、企业、事业单位委派到非国有公司、企业、事业单位、社会团体从事公务的人员，以及其他依照法律从事公务的人员，以国家工作人员论。

**第九十四条** 本法所称司法工作人员，是指有侦查、检察、审判、监管职责的工作人员。

**第九十六条** 本法所称违反国家规定，是指违反全国人民代表大会及其常务委员会制定的法律和决定，国务院制定的行政法规、规定的行政措施、发布的决定和命令。

**第二百四十七条** 司法工作人员对犯罪嫌疑人、被告人实行刑讯逼供或者使用暴力逼取证人证言的，处三年以下有期徒刑或者拘役。致人伤残、死亡的，依照本法第二百三十四条、第二百三十二条的规定定罪从重处罚。

**第二百四十八条** 监狱、拘留所、看守所等监管机构的监管人员对被监管人进行殴打或者体罚虐待，情节严重的，处三年以下有期徒刑或者拘役；情节特别严重的，处三年以上十年以下有期徒刑。致人伤残、死亡的，依照本法第二百三十四条、第二百三十二条的规定定罪从重处罚。

监管人员指使被监管人殴打或者体罚虐待其他被监管人的，依照前款的规定处罚。

**第三百一十五条** 依法被关押的罪犯，有下列破坏监管秩序行为之一，情节严重的，处三年以下有期徒刑：

（一）殴打监管人员的；

（二）组织其他被监管人破坏监管秩序的；

（三）聚众闹事，扰乱正常监管秩序的；

（四）殴打、体罚或者指使他人殴打、体罚其他被监管人的。

**第三百一十六条** 依法被关押的罪犯、被告人、犯罪嫌疑人脱逃的，处五年以下有期徒刑或者拘役。

劫夺押解途中的罪犯、被告人、犯罪嫌疑人的，处三年以上七年以下有期徒刑；情节严重的，处七年以上有期徒刑。

第三百一十七条　组织越狱的首要分子和积极参加的，处五年以上有期徒刑；其他参加的，处五年以下有期徒刑或者拘役。

暴动越狱或者聚众持械劫狱的首要分子和积极参加的，处十年以上有期徒刑或者无期徒刑；情节特别严重的，处死刑；其他参加的，处三年以上十年以下有期徒刑。

第四百条　司法工作人员私放在押的犯罪嫌疑人、被告人或者罪犯的，处五年以下有期徒刑或者拘役；情节严重的，处五年以上十年以下有期徒刑；情节特别严重的，处十年以上有期徒刑。

司法工作人员由于严重不负责任，致使在押的犯罪嫌疑人、被告人或者罪犯脱逃，造成严重后果的，处三年以下有期徒刑或者拘役；造成特别严重后果的，处三年以上十年以下有期徒刑。

第四百零一条　司法工作人员徇私舞弊，对不符合减刑、假释、暂予监外执行条件的罪犯，予以减刑、假释或者暂予监外执行的，处三年以下有期徒刑或者拘役；情节严重的，处三年以上七年以下有期徒刑。

# 附录四　中华人民共和国刑法修正案（八）

（2011年2月25日第十一届全国人民代表大会常务委员会第十九次会议通过）

一、在刑法第十七条后增加一条，作为第十七条之一："已满七十五周岁的人故意犯罪的，可以从轻或者减轻处罚；过失犯罪的，应当从轻或者减轻处罚。"

二、在刑法第三十八条中增加一款作为第二款："判处管制，可以根据犯罪情况，同时禁止犯罪分子在执行期间从事特定活动，进入特定区域、场所，接触特定的人。"

原第二款作为第三款，修改为："对判处管制的犯罪分子，依法实行社区矫正。"

增加一款作为第四款："违反第二款规定的禁止令的，由公安机关依照《中华人民共和国治安管理处罚法》的规定处罚。"

三、在刑法第四十九条中增加一款作为第二款："审判的时候已满七十五周岁的人，不适用死刑，但以特别残忍手段致人死亡的除外。"

四、将刑法第五十条修改为："判处死刑缓期执行的，在死刑缓期执行期间，如果没有故意犯罪，二年期满以后，减为无期徒刑；如果确有重大立功表现，二年期满以后，减为二十五年有期徒刑；如果故意犯罪，查证属实的，由最高人民法院核准，执行死刑。"

"对被判处死刑缓期执行的累犯以及因故意杀人、强奸、抢劫、绑架、放火、爆炸、投放危险物质或者有组织的暴力性犯罪被判处死刑缓期执行的犯罪分子，人民法院根据犯罪情节等情况可以同时决定对其限制减刑。"

五、将刑法第六十三条第一款修改为："犯罪分子具有本法规定的减轻处罚情节的，应当在法定刑以下判处刑罚；本法规定有数个量刑幅度的，应当在法定量刑幅度的下一个量刑幅度内判处刑罚。"

六、将刑法第六十五条第一款修改为："被判处有期徒刑以上刑罚的犯罪分子，刑罚执行完毕或者赦免以后，在五年以内再犯应当判处有期徒刑以上刑罚之罪的，是累犯，应当从重处罚，但是过失犯罪和不满十八周岁的人犯罪的除外。"

七、将刑法第六十六条修改为："危害国家安全犯罪、恐怖活动犯罪、黑社会性质的组织犯罪的犯罪分子,在刑罚执行完毕或者赦免以后,在任何时候再犯上述任一类罪的,都以累犯论处。"

八、在刑法第六十七条中增加一款作为第三款:"犯罪嫌疑人虽不具有前两款规定的自首情节,但是如实供述自己罪行的,可以从轻处罚;因其如实供述自己罪行,避免特别严重后果发生的,可以减轻处罚。"

九、删去刑法第六十八条第二款。

十、将刑法第六十九条修改为:"判决宣告以前一人犯数罪的,除判处死刑和无期徒刑的以外,应当在总和刑期以下、数刑中最高刑期以上,酌情决定执行的刑期,但是管制最高不能超过三年,拘役最高不能超过一年,有期徒刑总和刑期不满三十五年的,最高不能超过二十年,总和刑期在三十五年以上的,最高不能超过二十五年。"

"数罪中有判处附加刑的,附加刑仍须执行,其中附加刑种类相同的,合并执行,种类不同的,分别执行。"

十一、将刑法第七十二条修改为:"对于被判处拘役、三年以下有期徒刑的犯罪分子,同时符合下列条件的,可以宣告缓刑,对其中不满十八周岁的人、怀孕的妇女和已满七十五周岁的人,应当宣告缓刑:

(一)犯罪情节较轻;

(二)有悔罪表现;

(三)没有再犯罪的危险;

(四)宣告缓刑对所居住社区没有重大不良影响。"

"宣告缓刑,可以根据犯罪情况,同时禁止犯罪分子在缓刑考验期限内从事特定活动,进入特定区域、场所,接触特定的人。"

"被宣告缓刑的犯罪分子,如果被判处附加刑,附加刑仍须执行。"

十二、将刑法第七十四条修改为:"对于累犯和犯罪集团的首要分子,不适用缓刑。"

十三、将刑法第七十六条修改为:"对宣告缓刑的犯罪分子,在缓刑考验期限内,依法实行社区矫正,如果没有本法第七十七条规定的情形,缓刑考验期满,原判的刑罚就不再执行,并公开予以宣告。"

十四、将刑法第七十七条第二款修改为:"被宣告缓刑的犯罪分子,在缓刑考验期限内,违反法律、行政法规或者国务院有关部门关于缓刑的监督管理规定,或者违反人民法院判决中的禁止令,情节严重的,应当撤销缓刑,执行原判刑罚。"

十五、将刑法第七十八条第二款修改为:"减刑以后实际执行的刑期不能少于下列期限:

(一)判处管制、拘役、有期徒刑的,不能少于原判刑期的二分之一;

(二)判处无期徒刑的,不能少于十三年;

(三)人民法院依照本法第五十条第二款规定限制减刑的死刑缓期执行的犯罪分子,缓期执行期满后依法减为无期徒刑的,不能少于二十五年,缓期执行期满后依法减为二十五年有期徒刑的,不能少于二十年。"

十六、将刑法第八十一条修改为:"被判处有期徒刑的犯罪分子,执行原判刑期二分之一以上,被判处无期徒刑的犯罪分子,实际执行十三年以上,如果认真遵守监规,接受教育改造,确有悔改表现,没有再犯罪的危险的,可以假释。如果有特殊情况,经最高人民法院核准,可以不受上述执行刑期的限制。

"对累犯以及因故意杀人、强奸、抢劫、绑架、放火、爆炸、投放危险物质或者有组织的暴力性犯罪被判处十年以上有期徒刑、无期徒刑的犯罪分子，不得假释。"

"对犯罪分子决定假释时，应当考虑其假释后对所居住社区的影响。"

十七、将刑法第八十五条修改为："对假释的犯罪分子，在假释考验期限内，依法实行社区矫正，如果没有本法第八十六条规定的情形，假释考验期满，就认为原判刑罚已经执行完毕，并公开予以宣告。"

十八、将刑法第八十六条第三款修改为："被假释的犯罪分子，在假释考验期限内，有违反法律、行政法规或者国务院有关部门关于假释的监督管理规定的行为，尚未构成新的犯罪的，应当依照法定程序撤销假释，收监执行未执行完毕的刑罚。"

十九、在刑法第一百条中增加一款作为第二款："犯罪的时候不满十八周岁被判处五年有期徒刑以下刑罚的人，免除前款规定的报告义务。"

二十、将刑法第一百零七条修改为："境内外机构、组织或者个人资助实施本章第一百零二条、第一百零三条、第一百零四条、第一百零五条规定之罪的，对直接责任人员，处五年以下有期徒刑、拘役、管制或者剥夺政治权利；情节严重的，处五年以上有期徒刑。"

二十一、将刑法第一百零九条修改为："国家机关工作人员在履行公务期间，擅离岗位，叛逃境外或者在境外叛逃的，处五年以下有期徒刑、拘役、管制或者剥夺政治权利；情节严重的，处五年以上十年以下有期徒刑。"

"掌握国家秘密的国家工作人员叛逃境外或者在境外叛逃的，依照前款的规定从重处罚。"

二十二、在刑法第一百三十三条后增加一条，作为第一百三十三条之一："在道路上驾驶机动车追逐竞驶，情节恶劣的，或者在道路上醉酒驾驶机动车的，处拘役，并处罚金。"

"有前款行为，同时构成其他犯罪的，依照处罚较重的规定定罪处罚。"

二十三、将刑法第一百四十一条第一款修改为："生产、销售假药的，处三年以下有期徒刑或者拘役，并处罚金；对人体健康造成严重危害或者有其他严重情节的，处三年以上十年以下有期徒刑，并处罚金；致人死亡或者有其他特别严重情节的，处十年以上有期徒刑、无期徒刑或者死刑，并处罚金或者没收财产。"

二十四、将刑法第一百四十三条修改为："生产、销售不符合食品安全标准的食品，足以造成严重食物中毒事故或者其他严重食源性疾病的，处三年以下有期徒刑或者拘役，并处罚金；对人体健康造成严重危害或者有其他严重情节的，处三年以上七年以下有期徒刑，并处罚金；后果特别严重的，处七年以上有期徒刑或者无期徒刑，并处罚金或者没收财产。"

二十五、将刑法第一百四十四条修改为："在生产、销售的食品中掺入有毒、有害的非食品原料的，或者销售明知掺有有毒、有害的非食品原料的食品的，处五年以下有期徒刑，并处罚金；对人体健康造成严重危害或者有其他严重情节的，处五年以上十年以下有期徒刑，并处罚金；致人死亡或者有其他特别严重情节的，依照本法第一百四十一条的规定处罚。"

二十六、将刑法第一百五十一条修改为："走私武器、弹药、核材料或者伪造的货币的，处七年以上有期徒刑，并处罚金或者没收财产；情节特别严重的，处无期徒刑或者死刑，并处没收财产；情节较轻的，处三年以上七年以下有期徒刑，并处罚金。"

"走私国家禁止出口的文物、黄金、白银和其他贵重金属或者国家禁止进出口的珍贵动物及其制品的，处五年以上十年以下有期徒刑，并处罚金；情节特别严重的，处十年以上有期徒刑或者无期徒刑，并处没收财产；情节较轻的，处五年以下有期徒刑，并处罚金。"

"走私珍稀植物及其制品等国家禁止进出口的其他货物、物品的，处五年以下有期徒刑或者拘役，并处或者单处罚金；情节严重的，处五年以上有期徒刑，并处罚金。"

"单位犯本条规定之罪的，对单位判处罚金，并对其直接负责的主管人员和其他直接责任人员，依照本条各款的规定处罚。"

二十七、将刑法第一百五十三条第一款修改为："走私本法第一百五十一条、第一百五十二条、第三百四十七条规定以外的货物、物品的，根据情节轻重，分别依照下列规定处罚：

（一）走私货物、物品偷逃应缴税额较大或者一年内曾因走私被给予二次行政处罚后又走私的，处三年以下有期徒刑或者拘役，并处偷逃应缴税额一倍以上五倍以下罚金。

（二）走私货物、物品偷逃应缴税额巨大或者有其他严重情节的，处三年以上十年以下有期徒刑，并处偷逃应缴税额一倍以上五倍以下罚金。

（三）走私货物、物品偷逃应缴税额特别巨大或者有其他特别严重情节的，处十年以上有期徒刑或者无期徒刑，并处偷逃应缴税额一倍以上五倍以下罚金或者没收财产。"

二十八、将刑法第一百五十七条第一款修改为："武装掩护走私的，依照本法第一百五十一条第一款的规定从重处罚。"

二十九、将刑法第一百六十四条修改为："为谋取不正当利益，给予公司、企业或者其他单位的工作人员以财物，数额较大的，处三年以下有期徒刑或者拘役；数额巨大的，处三年以上十年以下有期徒刑，并处罚金。"

"为谋取不正当商业利益，给予外国公职人员或者国际公共组织官员以财物的，依照前款的规定处罚。"

"单位犯前两款罪的，对单位判处罚金，并对其直接负责的主管人员和其他直接责任人员，依照第一款的规定处罚。"

"行贿人在被追诉前主动交代行贿行为的，可以减轻处罚或者免除处罚。"

三十、将刑法第一百九十九条修改为："犯本节第一百九十二条规定之罪，数额特别巨大并且给国家和人民利益造成特别重大损失的，处无期徒刑或者死刑，并处没收财产。"

三十一、将刑法第二百条修改为："单位犯本节第一百九十二条、第一百九十四条、第一百九十五条规定之罪的，对单位判处罚金，并对其直接负责的主管人员和其他直接责任人员，处五年以下有期徒刑或者拘役，可以并处罚金；数额巨大或者有其他严重情节的，处五年以上十年以下有期徒刑，并处罚金；数额特别巨大或者有其他特别严重情节的，处十年以上有期徒刑或者无期徒刑，并处罚金。"

三十二、删去刑法第二百零五条第二款。

三十三、在刑法第二百零五条后增加一条，作为第二百零五条之一："虚开本法第二百零五条规定以外的其他发票，情节严重的，处二年以下有期徒刑、拘役或者管制，并处罚金；情节特别严重的，处二年以上七年以下有期徒刑，并处罚金。"

"单位犯前款罪的，对单位判处罚金，并对其直接负责的主管人员和其他直接责任人员，依照前款的规定处罚。"

三十四、删去刑法第二百零六条第二款。

三十五、在刑法第二百一十条后增加一条，作为第二百一十条之一："明知是伪造的发票而持有，数量较大的，处二年以下有期徒刑、拘役或者管制，并处罚金；数量巨大的，处二年以上七年以下有期徒刑，并处罚金。"

"单位犯前款罪的，对单位判处罚金，并对其直接负责的主管人员和其他直接责任人员，依照前款的规定处罚。"

三十六、将刑法第二百二十六条修改为："以暴力、威胁手段，实施下列行为之一，情节严重的，处三年以下有期徒刑或者拘役，并处或者单处罚金；情节特别严重的，处三年以上七年以下有期徒刑，并处罚金：

（一）强买强卖商品的；

（二）强迫他人提供或者接受服务的；

（三）强迫他人参与或者退出投标、拍卖的；

（四）强迫他人转让或者收购公司、企业的股份、债券或者其他资产的；

（五）强迫他人参与或者退出特定的经营活动的。"

三十七、在刑法第二百三十四条后增加一条，作为第二百三十四条之一："组织他人出卖人体器官的，处五年以下有期徒刑，并处罚金；情节严重的，处五年以上有期徒刑，并处罚金或者没收财产。"

"未经本人同意摘取其器官，或者摘取不满十八周岁的人的器官，或者强迫、欺骗他人捐献器官的，依照本法第二百三十四条、第二百三十二条的规定定罪处罚。"

"违背本人生前意愿摘取其尸体器官，或者本人生前未表示同意，违反国家规定，违背其近亲属意愿摘取其尸体器官的，依照本法第三百零二条的规定定罪处罚。"

三十八、将刑法第二百四十四条修改为："以暴力、威胁或者限制人身自由的方法强迫他人劳动的，处三年以下有期徒刑或者拘役，并处罚金；情节严重的，处三年以上十年以下有期徒刑，并处罚金。"

"明知他人实施前款行为，为其招募、运送人员或者有其他协助强迫他人劳动行为的，依照前款的规定处罚。"

"单位犯前两款罪的，对单位判处罚金，并对其直接负责的主管人员和其他直接责任人员，依照第一款的规定处罚。"

三十九、将刑法第二百六十四条修改为："盗窃公私财物，数额较大的，或者多次盗窃、入户盗窃、携带凶器盗窃、扒窃的，处三年以下有期徒刑、拘役或者管制，并处或者单处罚金；数额巨大或者有其他严重情节的，处三年以上十年以下有期徒刑，并处罚金；数额特别巨大或者有其他特别严重情节的，处十年以上有期徒刑或者无期徒刑，并处罚金或者没收财产。"

四十、将刑法第二百七十四条修改为："敲诈勒索公私财物，数额较大或者多次敲诈勒索的，处三年以下有期徒刑、拘役或者管制，并处或者单处罚金；数额巨大或者有其他严重情节的，处三年以上十年以下有期徒刑，并处罚金；数额特别巨大或者有其他特别严重情节的，处十年以上有期徒刑，并处罚金。"

四十一、在刑法第二百七十六条后增加一条，作为第二百七十六条之一："以转移财产、逃匿等方法逃避支付劳动者的劳动报酬或者有能力支付而不支付劳动者的劳动报酬，数额较大，经政府有关部门责令支付仍不支付的，处三年以下有期徒刑或者拘役，并处或者单处罚金；造成严重后果的，处三年以上七年以下有期徒刑，并处罚金。"

"单位犯前款罪的，对单位判处罚金，并对其直接负责的主管人员和其他直接责任人员，依照前款的规定处罚。"

"有前两款行为，尚未造成严重后果，在提起公诉前支付劳动者的劳动报酬，并依法承担相应赔偿责任的，可以减轻或者免除处罚。"

四十二、将刑法第二百九十三条修改为："有下列寻衅滋事行为之一，破坏社会秩序的，处五年以下有期徒刑、拘役或者管制：

（一）随意殴打他人，情节恶劣的；

（二）追逐、拦截、辱骂、恐吓他人，情节恶劣的；

（三）强拿硬要或者任意损毁、占用公私财物，情节严重的；

（四）在公共场所起哄闹事，造成公共场所秩序严重混乱的。"

"纠集他人多次实施前款行为，严重破坏社会秩序的，处五年以上十年以下有期徒刑，可以并处罚金。"

四十三、将刑法第二百九十四条修改为："组织、领导黑社会性质的组织的，处七年以上有期徒刑，并处没收财产；积极参加的，处三年以上七年以下有期徒刑，可以并处罚金或者没收财产；其他参加的，处三年以下有期徒刑、拘役、管制或者剥夺政治权利，可以并处罚金。"

"境外的黑社会组织的人员到中华人民共和国境内发展组织成员的，处三年以上十年以下有期徒刑。"

"国家机关工作人员包庇黑社会性质的组织，或者纵容黑社会性质的组织进行违法犯罪活动的，处五年以下有期徒刑；情节严重的，处五年以上有期徒刑。"

"犯前三款罪又有其他犯罪行为的，依照数罪并罚的规定处罚。"

"黑社会性质的组织应当同时具备以下特征：

（一）形成较稳定的犯罪组织，人数较多，有明确的组织者、领导者，骨干成员基本固定；

（二）有组织地通过违法犯罪活动或者其他手段获取经济利益，具有一定的经济实力，以支持该组织的活动；

（三）以暴力、威胁或者其他手段，有组织地多次进行违法犯罪活动，为非作恶，欺压、残害群众；

（四）通过实施违法犯罪活动，或者利用国家工作人员的包庇或者纵容，称霸一方，在一定区域或者行业内，形成非法控制或者重大影响，严重破坏经济、社会生活秩序。"

四十四、将刑法第二百九十五条修改为："传授犯罪方法的，处五年以下有期徒刑、拘役或者管制；情节严重的，处五年以上十年以下有期徒刑；情节特别严重的，处十年以上有期徒刑或者无期徒刑。"

四十五、将刑法第三百二十八条第一款修改为："盗掘具有历史、艺术、科学价值的古文化遗址、古墓葬的，处三年以上十年以下有期徒刑，并处罚金；情节较轻的，处三年以下有期徒刑、拘役或者管制，并处罚金；有下列情形之一的，处十年以上有期徒刑或者无期徒刑，并处罚金或者没收财产：

（一）盗掘确定为全国重点文物保护单位和省级文物保护单位的古文化遗址、古墓葬的；

（二）盗掘古文化遗址、古墓葬集团的首要分子；

（三）多次盗掘古文化遗址、古墓葬的；

（四）盗掘古文化遗址、古墓葬，并盗窃珍贵文物或者造成珍贵文物严重破坏的。"

四十六、将刑法第三百三十八条修改为："违反国家规定，排放、倾倒或者处置有放射性的废物、含传染病病原体的废物、有毒物质或者其他有害物质，严重污染环境的，处三年以下有期徒刑或者拘役，并处或者单处罚金；后果特别严重的，处三年以上七年以下有期徒刑，并处罚金。"

四十七、将刑法第三百四十三条第一款修改为："违反矿产资源法的规定，未取得采矿许可证擅自采矿，擅自进入国家规划矿区、对国民经济具有重要价值的矿区和他人矿区范围采矿，或者擅自开采国家规定实行保护性开采的特定矿种，情节严重的，处三年以下有期徒刑、拘役或者管制，并处或者单处罚金；情节特别严重的，处三年以上七年以下有期徒刑，并处罚金。"

四十八、将刑法第三百五十八条第三款修改为："为组织卖淫的人招募、运送人员或者有其他协助组织他人卖淫行为的，处五年以下有期徒刑，并处罚金；情节严重的，处五年以上十年以下有期徒刑，并处罚金。"

四十九、在刑法第四百零八条后增加一条，作为第四百零八条之一："负有食品安全监督管理职责的国家机关工作人员，滥用职权或者玩忽职守，导致发生重大食品安全事故或者造成其他严重后果的，处五年以下有期徒刑或者拘役；造成特别严重后果的，处五年以上十年以下有期徒刑。"

"徇私舞弊犯前款罪的，从重处罚。"

五十、本修正案自 2011 年 5 月 1 日起施行。

# 附录五　中华人民共和国刑事诉讼法（节选）

**第二百零八条**　判决和裁定在发生法律效力后执行。
下列判决和裁定是发生法律效力的判决和裁定：
（一）已过法定期限没有上诉、抗诉的判决和裁定；
（二）终审的判决和裁定；
（三）最高人民法院核准的死刑的判决和高级人民法院核准的死刑缓期二年执行的判决。

**第二百一十条**　最高人民法院判处和核准的死刑立即执行的判决，应当由最高人民法院院长签发执行死刑的命令。

被判处死刑缓期二年执行的罪犯，在死刑缓期执行期间，如果没有故意犯罪，死刑缓期执行期满，应当予以减刑，由执行机关提出书面意见，报请高级人民法院裁定；如果故意犯罪，查证属实，应当执行死刑，由高级人民法院报请最高人民法院核准。

**第二百一十三条**　罪犯被交付执行刑罚的时候，应当由交付执行的人民法院将有关的法律文书送达监狱或者其他执行机关。

对于被判处死刑缓期二年执行、无期徒刑、有期徒刑的罪犯，由公安机关依法将该罪犯送交监狱执行刑罚。对于被判处有期徒刑的罪犯，在被交付执行刑罚前，剩余刑期在一年以下的，由看守所代为执行。对于被判处拘役的罪犯，由公安机关执行。

对未成年犯应当在未成年犯管教所执行刑罚。

执行机关应当将罪犯及时收押，并且通知罪犯家属。

判处有期徒刑、拘役的罪犯，执行期满，应当由执行机关发给释放证明书。

**第二百一十四条**　对于被判处有期徒刑或者拘役的罪犯，有下列情形之一的，可以暂予监外执行：

（一）有严重疾病需要保外就医的；

(二)怀孕或者正在哺乳自己婴儿的妇女。

对于适用保外就医可能有社会危险性的罪犯,或者自伤自残的罪犯,不得保外就医。

对于罪犯确有严重疾病,必须保外就医的,由省级人民政府指定的医院开具证明文件,依照法律规定的程序审批。发现被保外就医的罪犯不符合保外就医条件的,或者严重违反有关保外就医的规定的,应当及时收监。

对于被判处有期徒刑、拘役,生活不能自理,适用暂予监外执行不致危害社会的罪犯,可以暂予监外执行。

对于暂予监外执行的罪犯,由居住地公安机关执行,执行机关应当对其严格管理监督,基层组织或者罪犯的原所在单位协助进行监督。

第二百一十五条 批准暂予监外执行的机关应当将批准的决定抄送人民检察院。人民检察院认为暂予监外执行不当的,应当自接到通知之日起一个月以内将书面意见送交批准暂予监外执行的机关,批准暂予监外执行的机关接到人民检察院的书面意见后,应当立即对该决定进行重新核查。

第二百一十六条 暂予监外执行的情形消失后,罪犯刑期未满的,应当及时收监。

罪犯在暂予监外执行期间死亡的,应当及时通知监狱。

第二百二十一条 罪犯在服刑期间又犯罪的,或者发现了判决的时候所没有发现的罪行,由执行机关移送人民检察院处理。

被判处管制、拘役、有期徒刑或者无期徒刑的罪犯,在执行期间确有悔改或者立功表现,应当依法予以减刑、假释的时候,由执行机关提出建议书,报请人民法院审核裁定。

第二百二十二条 人民检察院认为人民法院减刑、假释的裁定不当,应当在收到裁定书副本后二十日以内,向人民法院提出书面纠正意见。人民法院应当在收到纠正意见后一个月以内重新组成合议庭进行审理,作出最终裁定。

第二百二十三条 监狱和其他执行机关在刑罚执行中,如果认为判决有错误或者罪犯提出申诉,应当转请人民检察院或者原判人民法院处理。

第二百二十四条 人民检察院对执行机关执行刑罚的活动是否合法实行监督。如果发现有违法的情况,应当通知执行机关纠正。

第二百二十五条 军队保卫部门对军队内部发生的刑事案件行使侦查权。

对罪犯在监狱内犯罪的案件由监狱进行侦查。

军队保卫部门、监狱办理刑事案件,适用本法的有关规定。

# 附录六 监狱服刑人员行为规范

(《监狱服刑人员行为规范》已经 2004 年 3 月 2 日司法部部务会议审议通过,现予发布,自 2004 年 5 月 1 日起施行。1990 年 11 月 6 日司法部第 12 号令《罪犯改造行为规范》同时废止)

## 第一章 基本规范

第一条 拥护宪法,遵守法律法规规章和监规纪律。

第二条 服从管理,接受教育,参加劳动,认罪悔罪。

第三条 爱祖国,爱人民,爱集体,爱学习,爱劳动。

**第四条** 明礼诚信，互助友善，勤俭自强。

**第五条** 依法行使权利，采用正当方式和程序维护个人合法权益。

**第六条** 服刑期间严格遵守下列纪律：

（一）不超越警戒线和规定区域、脱离监管擅自行动；

（二）不私藏现金、刃具等违禁品；

（三）不私自与外界人员接触，索取、借用、交换、传递钱物；

（四）不在会见时私传信件、现金等物品；

（五）不擅自使用绝缘、攀缘、挖掘物品；

（六）不偷窃、赌博；

（七）不打架斗殴、自伤自残；

（八）不拉帮结伙、欺压他人；

（九）不传播犯罪手段、怂恿他人犯罪；

（十）不习练、传播有害气功、邪教。

## 第二章 生活规范

**第七条** 按时起床，有秩序洗漱、如厕，衣被等个人物品摆放整齐。

**第八条** 按要求穿着囚服，佩戴统一标识。

**第九条** 按时清扫室内外卫生，保持环境整洁。

**第十条** 保持个人卫生，按时洗澡、理发、剃须、剪指甲，衣服、被褥定期换洗。

**第十一条** 按规定时间、地点就餐，爱惜粮食，不乱倒剩余饭菜。

**第十二条** 集体行进时，听从警官指挥，保持队形整齐。

**第十三条** 不饮酒，不违反规定吸烟。

**第十四条** 患病时向警官报告，看病时遵守纪律，配合治疗。不私藏药品。

**第十五条** 需要进入警官办公室时，在门外报告，经允许后进入。

**第十六条** 在野外劳动现场需要向警官反映情况时，在三米以外报告。

**第十七条** 遇到问题，主动向警官汇报。与警官交谈时，如实陈述、回答问题。

**第十八条** 在指定铺位就寝，就寝时保持安静，不影响他人休息。

## 第三章 学习规范

**第十九条** 接受法制、道德、形势、政策等思想教育，认清犯罪危害，矫治恶习。

**第二十条** 接受心理健康教育，配合心理测试，养成健康心理。

**第二十一条** 尊重教师，遵守学习纪律，爱护教学设施、设备。

**第二十二条** 接受文化教育，上课认真听讲，按时完成作业，争取良好成绩。

**第二十三条** 接受技术教育，掌握实用技能，争当劳动能手，增强就业能力。

**第二十四条** 阅读健康有益书刊，按规定收听、收看广播电视。

**第二十五条** 参加文娱活动，增强体质，陶冶情操。

## 第四章 劳动规范

**第二十六条** 积极参加劳动。因故不参加劳动，须经警官批准。

**第二十七条** 遵守劳动纪律，坚守岗位，服从生产管理和技术指导。

第二十八条　严格遵守操作规程和安全生产规定，不违章作业。
第二十九条　爱护设备、工具。厉行节约，减少损耗，杜绝浪费。
第三十条　保持劳动现场卫生整洁，遵守定置管理规定，工具、材料、产品摆放整齐。
第三十一条　不将劳动工具和危险品、违禁品带进监舍。
第三十二条　完成劳动任务，保证劳动质量，珍惜劳动成果。

### 第五章　文明礼貌规范

第三十三条　爱护公共环境。不随地吐痰，不乱扔杂物，不损坏花草树木。
第三十四条　言谈举止文明。不讲脏话、粗话。
第三十五条　礼貌称谓他人。对人民警察称"警官"，对其他人员采用相应礼貌称谓。
第三十六条　服刑人员之间互称姓名，不起（叫）绰号。
第三十七条　来宾、警官进入监舍时，除患病和按规定就寝外，起立致意。
第三十八条　与来宾、警官相遇时，文明礼让。

# 附录七　执法人员行为守则

（联合国大会一九七九年十二月十七日第34/169号决议通过）

第一条　执法人员无论何时均应执行法律赋予他们的任务，本着其专业所要求的高度责任感，为社会群体服务，保护人人不受非法行为的伤害。
第二条　执法人员在执行任务时，应尊重并保护人的尊严，并且维护每个人的人权。
第三条　执法人员只有在绝对必要时才能使用武力，而且不得超出执行职务所必需的范围。
第四条　执法人员拥有的资料如系机密性质，应保守机密，但执行任务或司法上绝对需要此项资料时不在此限。
第五条　执法人员不得施加、唆使或容许任何酷刑行为或其他残忍、不人道或有辱人格的待遇或处罚，也不得以上级命令或非常情况，例如战争状态或战争威胁、对国家安全的威胁、国内政局不稳定或任何其他紧急状态，作为施行酷刑或其他残忍、不人道或有辱人格的待遇或处罚的理由。
第六条　执法人员应保证充分保护被拘留者的健康，特别是必要时应立即采取行动确保这些人获得医疗照顾。
第七条　执法人员不得有贪污行为，并应竭力抵制和反对一切贪污行为。
第八条　执法人员应尊重法律和本守则，并应尽力防止和竭力抵制触犯法律和本守则的任何行为。
如执法人员有理由认为触犯本守则行为已经发生或行将发生，应向上级机关报告，并在必要时向授予审查或补救权力的其他有关机构提出报告。

# 附录八　囚犯待遇基本原则

（联合国大会一九九〇年十二月十四日第45/111号决议通过并宣布）

1. 对于所有囚犯，均应尊重其作为人而固有的尊严和价值。

2. 不得以种族、肤色、性别、语言、宗教、政治或其他见解、民族本源或社会出身、财产、出生或其他状况为由而实行任何歧视。

3. 然而在当地条件需要时，宜尊重囚犯所属群体的宗教信仰和文化信条。

4. 监狱履行其关押囚犯和保护社会防止犯罪的责任时，应符合国家的其他社会目标及其促进社会全体成员幸福和发展的基本责任。

5. 除了监禁显然所需的那些限制外，所有囚犯应保有《世界人权宣言》和《经济、社会、文化权利国际盟约》、《公民权利和政治权利国际盟约》及其《任择议定书》所规定的人权和基本自由，以及联合国其他公约所规定的其他权利。

6. 所有囚犯均应有权利参加使人格得到充分发展的文化活动和教育。

7. 应努力废除或限制使用单独监禁作为惩罚的手段，并鼓励为此而作出的努力。

8. 应创造条件，使囚犯得以从事有意义的有酬工作，促进其重新加入本国的劳力市场，并使他们得以贴补其本人或其家庭的经济收入。

9. 囚犯应能获得其本国所提供的保健服务，不得因其法律地位而加以歧视。

10. 应在社区和社会机构的参与和帮助下，并在适当顾及受害者利益的前提下，创造有利的条件，使刑满释放人员得以尽可能在最好的可能条件下重返社会。

11. 应公正无私地应用上述各项原则。

## 附录九　囚犯待遇最低限度标准规则

(1955年在第一届联合国防止犯罪和罪犯待遇大会通过)

### 序　言

1. 订立下列规则并非在于详细阐明一套监所的典型制度，它的目的仅在于以当代思潮的一般公意和今天各种最恰当制度的基本构成部分为基础，说明什么是人们普遍同意的囚犯待遇和监狱管理的优良原则和惯例。

2. 鉴于世界各国的法律、社会、经济和地理情况差异极大，并非全部规则都能够到处适用，也不是什么时候都适用，这是显而易见的。但是，这些规则应足以激发不断努力，以克服执行过程中产生的实际困难，理解到全部规则是联合国认为适当的最低条件。

3. 另一方面，各规则包含一个领域，这个领域的思想正在不断发展之中。因此，各规则的目的并不在于排除试验和实践，只要这些实验和实践与各项原则相符，并能对从全部规则原文而得的目标有所促进。中央监狱管理处若依照这种精神而授权变通各项规则，总是合理的。

4. (1) 规则第一部分规定监所的一般管理，适用于各类囚犯，无论刑事犯或民事犯，未经审讯或已经判罪，包括法官下令采取"保安措施"或改造措施的囚犯。

(2) 第二部分所载的规则只适用于各节所规定的特殊种类。但是，对服刑囚犯适用的a节各项规则，应同样适用于b、c和d各节规定的各类囚犯，但以不与关于这几类囚犯的规则发生矛盾，并对其有利者为限。

5. (1) 这些规则的目的不在管制专为青少年设立的监所——例如青少年犯教善所或感化院——的管理，但是，一般而言，第一部分同样适用于这种监所。

(2) 青少年囚犯这一类别最少应当包括属少年法庭管辖的所有青少年。一般而言，对这些青少年不应判处监禁。

### 第一部分　一般适用的规则

#### 基本原则

6. (1) 下列规则应予公正执行。不应基于种族、肤色、性别、语言、宗教、政见或其他主张、国籍或社会出身、财产、出生或其他身份而加以歧视。

(2) 另一方面，必须尊重囚犯所属群体的宗教信仰和道德标准。

#### 登　记

7. (1) 凡是监禁犯人的场所都要置备一本装订成册的登记簿，编好页数，并登记所收每一囚犯的下列资料：

(a) 关于他的身份的资料；

(b) 他被监禁的原因和主管机关；

(c) 收监和出狱的日期和时刻。

(2) 非有效的收监令，而且收监令的详细内容已先列入登记簿，各监所不能收受犯人。

#### 按类隔离

8. 不同种类的囚犯应按照性别、年龄、犯罪记录、被拘留的法定原因和必需施以的待遇，分别送入不同的狱所或监所的不同部分。因此，

(a) 尽量将男犯和女犯拘禁于不同监所；同时兼收男犯和女犯的监所，应将分配给女犯的房舍彻底隔离；

(b) 将未经审讯的囚犯同已经判罪的囚犯隔离；

(c) 因欠债被监禁的囚犯和其他民事囚犯应同因犯刑事罪而被监禁的囚犯隔离；

(d) 青少年囚犯应同成年囚犯隔离。

#### 住　宿

9. (1) 如囚犯在个别独居房或寝室住宿，晚上应单独占用一个独居房或寝室。除了由于特别原因，例如临时过于拥挤，中央监狱行政方面不得不对本规则破例处理外，不宜让两个囚犯占用一个独居房或寝室。

(2) 如设有宿舍，应小心分配囚犯，使在这种环境下能够互相保持融洽。晚上应按照监所的性质，按时监督。

10. 所有供囚犯占用的房舍，尤其是所有住宿用的房舍，必须符合卫生规定，同时应妥为注意气候情况，尤其立方空气容量、最低限度的地板面积、灯光、暖气和通风等项。

11. 在囚犯必须居住或工作的所有地方：

(a) 窗户的大小应以能让囚犯靠天然光线阅读和工作为准，在构造上，无论有没有通风设备，应能让新鲜空气进入；

(b) 应有充分灯光，使囚犯能够阅读和工作，不致损害眼睛。

12. 卫生设备应当充足，使能随时满足每一囚犯大小便的需要，并应维持清洁和体面。

13. 应当供给充分的浴盆和淋浴设备，使每一囚犯能够依规定在适合气候的室温之下沐浴或淋浴，其次数依季节和区域的情况，视一般卫生的需要而定，但是，在温和气候之下，最少每星期一次。

14. 监所中囚犯经常使用的各部分应当予以适当维修，经常认真保持清洁干净。

## 个人卫生

15. 囚犯必须保持身体清洁,为此目的,应当提供为维持健康和清洁所需的用水和梳洗用具。

16. 为使囚犯可以保持整洁外观,维持自尊,必须提供妥为修饰须发的用具,使男犯可以经常刮胡子。

## 衣服和被褥

17. （1）囚犯如不准穿着自己的衣服,应发给适合气候和足以维持良好健康的全套衣服。发给的衣服不应有辱人格或有失体面。

    （2）所有衣服应当保持清洁整齐。内衣应常常更换或洗濯,以维持卫生。

    （3）在特殊情况下,经准许将囚犯移至监所之外时,应当准许穿着自己的衣服或其他不惹人注目的衣服。

18. 如准囚犯穿着自己的衣服,应于他们入狱时作出安排,确保衣服洁净和适合穿着。

19. 应当按照当地或国家的标准,供给每一囚犯一张床,分别附有充足的被褥,发给时应是清洁的,并应保持整齐,且常常更换,以确保清洁。

## 饮　食

20. （1）管理处应当于惯常时刻,供给每一囚犯足以维持健康和体力的有营养价值的饮食,饮食应属滋养丰富、烹调可口和及时供应的。

    （2）每一囚犯口渴时应有饮水可喝。

## 体操和运动

21. （1）凡是未受雇从事户外工作的囚犯,如气候许可,每天最少应有一小时在室外做适当体操。

    （2）青少年囚犯和其他在年龄和体力方面适宜的囚犯,在做体操的时候应获得体育和文娱训练。应为此目的提供场地、设施和设备。

## 医　疗

22. （1）每一监所最少应有一位合格医官,他应有若干精神病学知识。医务室应与社区或国家的一般卫生行政部门建立密切关系。其中应有精神病部门,以便诊断精神失常状况,适当时并予以治疗。

    （2）需要专科治疗的患病囚犯,应当移往专门院所或平民医院。如监所有医院的设备,其设备、陈设、药品供应都应当符合患病囚犯的医药照顾和治疗的需要,并应当有曾受适当训练的工作人员。

    （3）每一囚犯应能获得一位合格牙科人员的诊治。

23. （1）女犯监所应特别提供各种必需的产前和产后照顾和治疗。可能时应作出安排,使婴儿在监所外的医院出生。如果婴儿在监狱出生,此点不应列入出生证内。

    （2）如乳婴获准随母亲留在监所内,应当设置雇有合格工作人员的育婴所,除由母亲照顾的时间外,婴儿应放在育婴所。

24. 医务人员应于囚犯入狱后,尽快会晤并予以检查,以后于必要时,亦应会晤和检查,目的特别在于发现有没有肉体的或精神的疾病,并采取一切必要的措施;将疑有传染病状的囚犯隔离;注意有没有可以阻碍培训的身体或精神缺陷,并断定每一囚犯从事体力劳动的能力。

25. （1）医官应当负责照顾囚犯身体和精神的健康,应当每天诊看所有患病的囚犯、自称染病的囚犯和请他特别照顾的任何囚犯。

(2) 医官如认为继续予以监禁或监禁的任何条件已经或将会危害某一囚犯的身体或精神健康时，应当向主任提出报告。

26. (1) 医官应经常视察下列各项，并向主任提出意见：

(a) 饮食的分量、素质、烹调和供给；

(b) 监所和囚犯的卫生和清洁；

(c) 监所的卫生、暖气、灯光和通风；

(d) 囚犯的衣服和被褥是否适当和清洁；

(e) 如无专业人员主持体育和运动活动时，这些活动是否遵守规则。

(2) 主任应当审查医官按照第 25 (2) 和 26 条规则提出的报告和意见，如果他赞同所提的建议，应当立刻采取步骤，予以执行；如果所提建议不在他权力范围之内或他并不赞同，应当立刻向上级提出他自己的报告和医官的建议。

## 纪律和惩处

27. 纪律和秩序应当坚决维持，但是，不应实施超过安全看守和有秩序的集体生活所需的限制。

28. (1) 囚犯在监所服务时，不得以任何惩戒职位雇用。

(2) 但本项规则并不妨碍以自治为基础的各项制度的正当推行，在这些制度之下，囚犯按应受待遇的目的，分成若干小组，在监督之下，令其担任社会教育或运动等专门活动或职责。

29. 下列各项应经常依法律或依主管行政机关的规章决定：

(a) 违反纪律的行为；

(b) 应受惩罚的种类和期限；

(c) 有权执行惩罚的机关。

30. (1) 依这种法律或规章，不得惩罚囚犯，且一罪不得二罚。

(2) 除非已将被控的罪行通知囚犯，且已给予适当的辩护机会，不得惩罚囚犯。主管机关应彻底查明案情。

(3) 必要和可行时，囚犯应准通过口译提出辩护。

31. 体罚、暗室禁闭和一切残忍、不人道、有辱人格的惩罚应一律完全禁止，不得作为对违犯行为的惩罚。

32. (1) 除非医官曾经检查囚犯身体并且书面证明他体格可以接受禁闭或减少规定饮食，不得处以此种惩罚。

(2) 同样规定亦适用于其他可能有害于囚犯身心健康的惩罚。此种惩罚在任何情况下，都不得抵触或违背第 31 条规则。

(3) 医官应每日访问正在接受这种惩罚的囚犯，如认为根据身心健康的理由，必须终止或变更惩罚，则应通知典狱主任。

## 戒　具

33. 戒具如手镣、铁链、脚铐、拘束衣等，永远不得作为惩罚用具。此外，铁链或脚铐亦不得用作戒具。除非下列情况，不得使用其他戒具：

(a) 移送囚犯时防其逃亡，但囚犯在司法或行政当局出庭时，应予除去。

(b) 根据医官指示有医学上理由。

(c) 如果其他管制办法无效、经主任下达命令，以避免囚犯伤害自己、伤及他人或损坏财产；遇此情况，主任应立即咨询医官并报告上级行政官员。

34. 中央监狱管理处应该决定使用戒具的方式。戒具非绝对必要时不得继续使用。

### 囚犯应获资料及提出申诉

35.（1）囚犯入狱时应发给书面资料，载述有关同类囚犯待遇、监所的纪律要求、领取资料和提出申诉的规定办法等规章以及使囚犯明了其权利义务、适应监所生活的其他必要资料。

（2）如果囚犯为文盲，应该口头传达上述资料。

36.（1）囚犯应该在每周工作日都有机会向监所主任或奉派代表主任的官员提出其请求或申诉。

（2）监狱检查员检查监狱时，囚犯也得向他提出请求或申诉。囚犯应有机会同检查员或其他检查官员谈话，监所主任或其他工作人员不得在场。

（3）囚犯应可按照核定的渠道，向中央监狱管理处、司法当局或其他适当机关提出请求或申诉，内容不受检查，但须符合格式。

（4）除非请求或申诉显然过于琐碎或毫无根据，应迅速加以处理并予答复，不得无理稽延。

### 同外界的接触

37. 囚犯应准在必要监视之下，以通信或接见方式，经常同亲属和有信誉的朋友联络。

38.（1）外籍囚犯应准获得合理便利同所属国外交和领事代表通讯联络。

（2）囚犯为在所在国没有外交或领事代表的国家的国民和囚犯为难民或无国籍人时，应准获得类似便利，同代管其利益的国家的外交代表或同负责保护这类人的国家或国际机构通讯联络。

39. 囚犯应该以阅读报章杂志和特种机关出版物、收听无线电广播、听演讲或以管理单位核准或控制的类似方法，经常获知比较重要的新闻。

### 书　籍

40. 监所应设置图书室，购置充足的娱乐和教学书籍，以供各类囚犯使用，并应鼓励囚犯充分利用图书馆。

### 宗　教

41.（1）如果监所囚禁的同一宗教囚犯达到相当人数，应指派或批准该宗教的合格代表一人。如果就囚犯人数而言，确实恰当而条件又许可，则该代表应为专任。

（2）第（1）款中指派的或批准的合格代表应准按期举行仪式，并在适当时间，私自前往同一宗教的囚犯处进行宗教访问。

（3）不得拒绝囚犯往访任一宗教的合格代表。但如果囚犯反对任何宗教代表前来访问，此种态度应受充分尊重。

42. 在可行范围之内，囚犯应准参加监所举行的仪式并准持有所属教派宗教、戒律和教义的书籍，以满足其宗教生活的需要。

### 囚犯财产的保管

43.（1）凡囚犯私有的金钱、贵重物品、衣服和其他物件按监所规定不得自行保管时，应于入狱时由监所妥为保管。囚犯应在清单上签名。应该采取步骤，保持物品完好。

（2）囚犯出狱时，这类物品、钱财应照数归还，但囚犯曾奉准使用金钱或将此财产送出监所之外，或根据卫生理由必须销毁衣物等情形，不在此限，囚犯应签收所发还的物品钱财。

（3）代囚犯所收外界送来的财物，应依同样办法加以管理。

（4）如果囚犯携入药剂或药品，医官应决定其用途。

死亡、疾病、移送等通知

44．（1）囚犯死亡、病重、重伤或移送一个机构接受精神治疗时，主任应立即通知其配偶（如果囚犯已婚），或其最近亲属，在任何情况下，应通知囚犯事先指定的其他任何人。

（2）囚犯任何近亲死亡或病重时，应立即通知囚犯。近亲病情严重时，如果情况许可，囚犯应准随时单独或在护送之下前往访问。

（3）囚犯有权将他被监禁或移往另一监所的事，立刻通知其亲属。

囚犯的迁移

45．（1）囚犯被送入或移出监所时，应尽量避免公众耳目，并应采取保安措施，使他们不受任何形式的侮辱、好奇的注视或宣传。

（2）禁止用通风不良或光线不足的车辆，或使囚犯忍受不必要的肉体痛苦的其他方式，运送囚犯。

（3）运送囚犯的费用应由管理处负担，囚犯所享条件一律平等。

监所人事

46．（1）监所的正确管理端赖管理人员的正直、仁慈、专业能力与个人是否称职，所以，监狱管理处应该对谨慎挑选各级管理人员，作出规定。

（2）监狱管理处应经常设法唤醒管理人员和公众，使其保持这项工作为极其重要的社会服务的信念；为此目的，应利用一切向公众宣传的适当工具。

（3）为保证达成上述目的，应指派专任管理人员为专业典狱官员，具有公务员身份，为终身职，但须符合品行优良、效率高昂、体力适合诸条件。薪资应当适宜，足以罗致并保有称职男女；由于工作艰苦，雇用福利金及服务条件应该优厚。

47．（1）管理人员应该具有教育和智力上的适当水平。

（2）管理人员就职前应在一般和特殊职责方面接受训练，并必须通过理论和实际测验。

（3）管理人员就职后和在职期间，应该参加不时举办的在职训练班，以维持并提高他们的知识和专业能力。

48．管理人员全体应随时注意言行、善尽职守、以身作则，感化囚犯改恶从善，以赢得囚犯尊敬。

49．（1）管理人员中应该尽可能设有足够人数的精神病医生、心理学家、社会工作人员、教员、手艺教员等专家。

（2）社会工作人员、教员、手艺教员应确定为终身职，但不因此排除兼职或志愿工作人员。

50．（1）监所主任应该在性格、行政能力、适当训练和经验上都合格胜任。

（2）他应以全部时间执行公务，不应是兼职的任用。

（3）他应在监所房舍内或附近居住。

（4）一位主任兼管两个以上监所时，应常常不时访问两个监所；每一监所应有一位常驻官员负责。

51．（1）主任、副主任及其他大多数管理人员应能操囚犯最大多数所用或所懂的语言。

(2) 必要时，应利用口译人员的服务。

52. (1) 监所规模较大，需有一个以上专任医官服务时，其中至少一人应在监所房舍内或附近居住。

(2) 其他监所的医官应每日到所应诊，并应就近居住，以便应诊急病而无稽延。

53. (1) 监所兼收男女囚犯时，其女犯部应由一位女性负责官员管理，并由她保管该部全部的钥匙。

(2) 除非有女性官员陪同，男性工作人员不得进入监所中的女犯部。

(3) 女犯应仅由女性官员照料、监督。但此项规定并不妨碍男性工作人员，特别是医生和教员，在专收女犯的监所或监所的女犯部执行其专门职务。

54. (1) 除非自卫或遇企图脱逃、根据法律或规章所下命令遭受积极或消极体力抵抗，典狱官员在同囚犯的关系中不得使用武力。使用武力的官员不得超出严格必要的限度，并须立即将此事件向监所主任提出报告。

(2) 典狱官员应接受特别体格训练，使他们能够制服凶恶囚犯。

(3) 除遇特殊情况外，工作人员执行职务而同囚犯直接接触时，不应武装。此外，工作人员非经武器使用训练，无论如何不得配备武器。

## 检　查

55. 主管当局所派富有经验的合格检查员应按期检查监所，他们的任务在于特别确保监所的管理符合现行法律规章，实现监所及感化院的目标。

## 第二部分　对特种囚犯的规则

### 服刑中的囚犯

#### 指　导　原　则

56. 下述指导原则目的在说明按照本规则序言第1段内的陈述管理所应守的精神和监所应有的目的。

57. 监禁和使犯人同外界隔绝的其他措施因剥夺其自由、致不能享有自决权利，所以使囚犯感受折磨。因此，除非为合理隔离和维持纪律等缘故，不应加重此项情势所固有的痛苦。

58. 判处监禁或剥夺自由的类似措施的目的和理由毕竟在保护社会避免受犯罪之害。唯有利用监禁期间在可能范围内确保犯人返回社会时不仅愿意而且能够遵守法律、自食其力，才能达到这个目的。

59. 为此，监所应该利用适当可用的改造、教育、道德、精神和其他方面的力量及各种协助，并设法按照囚犯所需的个别待遇来运用这些力量和协助。

60. (1) 监所制度应该设法减少狱中生活同自由生活的差别，以免降低囚犯的责任感，或囚犯基于人的尊严所应得的尊敬。

(2) 刑期完毕以前，宜采取必要步骤，确使囚犯逐渐纳入社会生活。按个别情形，可以在同一监所或另一适当机构内订立出狱前的办法，亦可在某种监督下实行假释，来达到此项目的；但监督不可委之于警察，而应该结合有效的社会援助。

61. 囚犯的待遇不应侧重把他们排斥于社会之外，而应注重他们继续成为组成社会的成员。因此，应该尽可能请求社会机构在恢复囚犯社会生活的工作方面，协助监所工作人员。每一监所都应联系社会工作人员，由此项人员负责保持并改善囚犯同亲属以及同有用社会机构的一切合宜关系。此外,应该采取步骤,在法律和判决所容许的最大可能范围之内,保障囚犯关于民事利益的权利、社会保障权利和其他社会利益。

62. 监狱的医务室应该诊疗可能妨碍囚犯恢复正常生活的身心疾病或缺陷。为此应提供一切必要的医药、外科手术和精神病学上的服务。

63. (1) 要实现以上原则,便需要个别地对囚犯施以待遇,因此并需要订立富有弹性的囚犯分组制度。所以,宜把各组囚犯分配到适于进行各该组待遇的不同监所中去。

(2) 监所不必对每组囚犯都作出同样程度的保安。宜按各组的需要,分别作出不同程度的保安。开放式监所由于不作具体保安来防止脱逃,而依赖囚犯的自我约束,所以对严格选定的囚犯恢复正常生活便提供最有利条件。

(3) 关闭式监所的囚犯人数不宜过多,以免妨碍个别施以待遇。有些国家认为,这种监所的人数不应超过五百。开放式监所的人数愈少愈好。

(4) 另一方面,监狱又不宜过小,以致不能提供适当设备。

64. 社会的责任并不因囚犯出狱而终止。所以应有公私机构能向出狱囚犯提供有效的善后照顾,其目的在减少公众对他的偏见,便利他恢复正常社会生活。

待　　遇

65. 对被判处监禁或类似措施的人所施的待遇应以在刑期许可范围以内,培养他们出狱后守法自立的意志,并以使他们有做到这个境地的能力为目的。此种待遇应该足以鼓励犯人自尊、培养他们的责任感。

66. (1) 为此目的,应该照顾到犯人社会背景和犯罪经过、身心能力和习性、个人脾气、刑期长短、出狱后展望,而按每一囚犯的个人需要,使用一切恰当办法,其中包括教育、职业指导和训练、社会个案调查、就业辅导、体能训练和道德性格的加强,在可能进行宗教照顾的国家包括这种照顾。

(2) 对刑期相当长的囚犯,主任应于囚犯入狱后,尽早取得关于上款所述一切事项的详细报告,其中应包括医官,可能时应有在精神病学方面合格的医官,对囚犯身心状况加以报告。

(3) 报告及其他有关文件应列入个别档案之内。档案应该反映最新情况,并应加以分类,使负责人员需要时得以查阅。

分类和个别待遇

67. 分类的目的如下:

(a) 将由于犯罪记录或恶劣个性,可能对人发生不良影响的囚犯,同其他囚犯隔离;

(b) 将囚犯分类,以便分别待遇,使他们恢复正常社会生活。

68. 可能时应该对不同种类的囚犯所施的待遇在不同的监所或一个监所的不同部分进行。

69. 在囚犯入狱并对刑期相当长的每一囚犯的人格作出研究后,应尽快参照有关他个人需要、能力、性向的资料,为他拟定一项待遇方案。

优　　待

70. 每一监所应针对不同种类的囚犯及不同的待遇方法,订立优待制度,以鼓励端正行为,启发责任感、确保囚犯对他们所受待遇感兴趣,并予合作。

工　　作

71. (1) 监狱劳动不得具有折磨性质。

(2) 服刑囚犯都必须工作，但以医官断定其身心俱宜为限。

(3) 在正常工作日应交给足够的有用工作，使囚犯积极去做。

(4) 可能时，所交工作应足以保持或增进囚犯出狱后诚实谋生的能力。

(5) 对能够从中受益的囚犯，特别是对青少年囚犯，应该提供有用行业方面的职业训练。

(6) 在符合正当选择职业方式和监所管理及纪律上要求的限度内，囚犯得选择所愿从事的工作种类。

72. (1) 监所内工作的组织与方法应尽量接近监所外类似工作的组织和方法，使囚犯对正常职业生活情况有所准备。

(2) 但囚犯及其在职业训练上的利益不得屈居于监所工业盈利的目的之下。

73. (1) 监所工业和农场最好直接由管理处而不由私人承包商经营。

(2) 囚犯受雇的工作不受管理处控制时，应经常受监所工作人员的监视。除为政府其他部门工作外，工作的全部正常工资应由获得此项劳动供应的人全数交付管理处，但应考虑到囚犯的产量。

74. (1) 监所应同样遵守为保护自由工人而订立的安全及卫生方面的防护办法。

(2) 应该订立规定，以赔偿囚犯所受工业伤害，包括职业疾病，赔偿条件不得低于自由工人依法所获条件。

75. (1) 囚犯每日及每周最高工作时数由法律或行政规则规定，但应考虑到当地有关雇用自由工人的规则或习惯。

(2) 所订时数应准许每周休息一日且有足够时间依规定接受教育和进行其他活动，作为对囚犯所施待遇和恢复正常生活的一部分。

76. (1) 对囚犯的工作，应订立公平报酬的制度。

(2) 按此制度，囚犯应准至少花费部分收入，购买核定的物件，以供自用，并将部分收入交付家用。

(3) 此项制度并应规定由管理处应扣出部分收入，设立一项储蓄基金，在囚犯出狱时交给囚犯。

*教育和娱乐*

77. (1) 应该设法对可以从中受益的一切囚犯继续进行教育，包括在可以进行的国家进行宗教教育。文盲及青少年囚犯应接受强迫教育，管理处应予特别注意。

(2) 在可行范围内，囚犯教育应同本国教育制度结合，以便出狱后得以继续接受教育而无困难。

78. 一切监所均应提供文娱活动，以利囚犯身心健康。

*社会关系和善后照顾*

79. 凡合乎囚犯及其家庭最大利益的双方关系，应特别注意维持和改善。

80. 从囚犯判刑开始便应考虑他出狱后的前途，并应鼓励和协助他维系或建立同监所外个人或机构间的关系，以促进他家庭的最大利益和他自己恢复正常社会生活的最大利益。

81. (1) 政府或民间协助出狱囚犯重新自立于社会的服务处和机构都应在可能和必要范围以内，确保出狱囚犯持有正当证件，获得适当住所和工作，能有对季节和气候适宜的服装，并持有足够金钱，以前往目的地，并在出狱后一段时间内维持生活。

(2) 此类机构经核可的代表应准于必要时进入监所，会见囚犯，并应在囚犯判刑后受邀咨询囚犯的前途。

（3）这些机构的活动应当尽可能集中或协调，以发挥最大的效用。

精神错乱和精神失常的囚犯

82.（1）经认定精神错乱的人不应拘留在监狱之中，而应作出安排，尽快将他们迁往精神病院。

（2）患有其他精神病或精神失常的囚犯，应在由医务人员管理的专门院所中加以观察和治疗。

（3）这类囚犯在监狱拘留期间，应置于医官特别监督之下。

（4）监所的医务室或精神病服务处应向需要此种治疗的其他一切囚犯提供精神治疗。

83. 应该同适当机构设法采取步骤，以确保必要时在囚犯出狱后继续精神病治疗，并确保社会和精神治疗方面的善后照顾。

在押或等候审讯的囚犯

84.（1）本规则下称"未经审讯的囚犯"，指受刑事控告而被逮捕或监禁、由警察拘留或监狱监禁但尚未经审讯和判刑的人。

（2）未经判罪的囚犯视同无罪，并应受到如此待遇。

（3）在不妨碍法律上保护个人自由的各项规则或订立对于未经审讯的囚犯所应遵守的程序的范围内，这种囚犯应可享受特殊办法，下述规则仅叙述此项办法的基本要件。

85.（1）未经审讯的囚犯应同已经判罪的囚犯隔离。

（2）未经审讯的青少年囚犯应同成年囚犯隔离，原则上应拘留于不同的监所。

86. 未经审讯的囚犯应在单独房间单独睡眠，但地方上因气候而有不同习惯时不在此限。

87. 在符合监狱良好秩序的限度以内，未经审讯的囚犯得随意通过管理处或通过亲友从外界自费购买食物。否则，管理处便应供应食物。

88.（1）未经审讯的囚犯如果服装清洁适宜，应准穿着自己的服装。

（2）上项囚犯如穿着监狱服装，则应与发给已经判罪的囚犯的服装不同。

89. 未经审讯的囚犯应随时给予工作机会，但不得要求他工作。如果他决定工作，便应给予报酬。

90. 未经审讯的囚犯应准自费或由第三人支付购买不妨碍司法行政和监所安全及良好秩序的书籍、报纸、文书用具或其他消遣用品。

91. 如果未经审讯的囚犯所提申请合理且有能力支付费用，应准他接受私人医生或牙医的诊疗。

92. 在只受司法行政、监狱安全及良好限制和监督之下，未经审讯的囚犯应准将他被拘留的事立刻通知亲属，并应给予同亲友通讯和接见亲友的一切合理便利。

93. 未经审讯的囚犯为了准备辩护、而社会上又有义务法律援助，应准申请此项援助，并准会见律师，以便商讨辩护，写出机密指示，交给律师。为此，囚犯如需文具，应照数供应。警察或监所官员对于囚犯和律师间的会谈，可用目光监视，但不得在可以听见谈话的距离以内。

民 事 囚 犯

94. 在法律准许因债务或因其他不属刑事程序的法院命令而监禁人犯的国家，此项被监禁人所受限制或保安管理，不得大于确保安全看管和良好秩序所必要的限度。他们所受待遇不应低于未受审讯的囚犯,但也许可以要求他们工作。

未经指控而被逮捕或拘留的人

95. 在不妨碍《公民权利和政治权利国际公约》第九条规定的情况下,未经指控而被逮捕或被监禁的人应享有第一部分和第二部分 c 节所给予的同样保护。如第二部分 a 节的有关规定可能有利于这一特定类别的被拘押的人,也应同样适用,但对于未经判定任何刑事罪名的人不得采取任何意味着他们必须接受再教育或改造的措施。

## 参 考 文 献

[1] 李福全主编. 监狱民警执法质量评估. 北京：法律出版社，2008.
[2] 夏征农，陈至立主编. 辞海. 上海：上海辞书出版社，2009.
[3] 于世忠主编. 中国刑法学总论. 厦门：厦门大学出版社，2008.
[4] 陶驷驹主编. 新中国第一任公安部长——罗瑞卿. 北京：群众出版社，1996.
[5] 邵名正主编. 监狱学. 北京：法律出版社，1996.
[6] 钟安惠著. 西方刑罚功能论. 北京：中国方正出版社，2001.
[7] [法] 米歇尔·福柯著. 规训与惩罚. 刘北成等译. 北京：生活·读书·新知三联书店，1999.
[8] 王志亮著. 外国刑罚制度研究. 桂林：广西师范大学出版社，2009.
[9] 司法部劳改局编. 毛泽东等老一辈革命家论改造罪犯工作. 北京：北京出版社，1993.
[10] 张明楷著. 外国刑法纲要. 北京：清华大学出版社，2007.
[11] [法] 孟德斯鸠著. 论法的精神. 张雁深译. 北京：商务印书馆，1961.
[12] 赵秉志著. 刑法基本问题. 北京：北京大学出版社，2010.
[13] [英] 边沁著. 道德与立法原理导论. 时殷弘译. 北京：商务印书馆，2000.
[14] 陈志海著. 行刑理论的多维探究. 北京：北京大学出版社，2008.
[15] [美] E·博登海默著. 法理学——法律哲学和法律方法. 邓正来译. 北京：中国政法大学出版社，2004.
[16] 黄勇峰. 论监狱执法中的自由裁量权. 中国监狱学刊，2007；5.
[17] 曾小滨. 监狱刑罚执行理论与实务. 北京：中国政法大学出版社，2010.
[18] 金鉴主编. 监狱学总论. 北京：法律出版社，1997.
[19] 张绍彦著. 刑罚变革和刑罚实现. 北京：法律出版社，1999.
[20] 赵运恒著. 罪犯权利保障论. 北京：法律出版社，2008.
[21] 陈兴良著. 陈兴良刑法学教科书之规范刑法学. 北京：中国政法大学出版社，2003.
[22] 金鉴主编. 监狱学总论. 北京：法律出版社，1997.
[23] 郑学群，孙晓雳等著. 劳改法学基本建设问题. 北京：社会科学文献出版社，1992.
[24] 于爱荣，魏钟林等著. 《监狱囚犯论》，南京，江苏人民出版社 2011 版.
[25] 黄明. 论我国罪犯人权保障. 福建政法管理干部学院学报，2002；2.
[26] 冯建仓，陈文斌著. 国际人权公约与中国监狱罪犯人权保障. 北京：中国检察出版社，2006.
[27] 曾小滨等著. 监狱刑罚执行理论与实务. 北京：中国政法大学出版社，2010.
[28] [法] 卡斯东·斯特法尼著. 法国刑法总论精义. 罗结珍译. 北京：中国政法大学出版社，1998.
[29] [意] 加罗法洛著. 犯罪学. 耿伟，王新译. 北京：中国大百科全书出版社，1996.
[30] [美] 理查德·霍斯金等著. 美国监狱制度. 北京：中国人民公安大学出版社，1991.
[31] [英] 凯伦·法林顿著. 刑罚的历史. 陈丽红等译. 太原：希望出版社，2003.
[32] 董淑君著. 刑罚的要义. 北京：人民出版社，2004.
[33] 周祖勇主编. 监狱执法实务手册. 北京：北京法律出版社，2009.
[34] 汪勇主编. 监狱刑务处理实务. 武汉：华中科技大学出版社，2011.
[35] 王秉中主编. 监所执法实务. 北京：法律出版社，2003.
[36] 孙平主编. 监狱管理与实务. 北京：中国政法大学出版社，2004.